普通高等学校工业工程专业系列教材

基础工业工程

Fundamental Industrial Engineering

主　编　王有远
副主编　尹春建　张顺堂
参　编　乐承毅　伍建军　孙士平　杜涛　尹懿

清华大学出版社
北　京

内容简介

本书作为工业工程专业核心主干课程的教材之一,全面系统地阐述了工业工程的基本理论、应用原则和方法。全书分 4 篇,共 10 章。第 1 篇介绍工业工程的基本概念、发展历程、研究内容及体系结构等;第 2 篇介绍程序分析、操作分析和动作分析的技术与方法等;第 3 篇介绍时间研究、工作抽样、预定时间标准法等作业测定技术,以及工时定额的理论与方法等;第 4 篇介绍现场管理的基本概念、5S 管理、目视管理、定置管理、异常管理与防错法等。

本书可作为高等院校工业工程、管理工程及工科相关专业本科生、研究生的教材,也可作为工业工程培训及相关工程技术与管理人员的参考书。

版权所有,侵权必究。举报: 010-62782989,beiqinquan@tup.tsinghua.edu.cn。

图书在版编目(CIP)数据

基础工业工程/王有远主编. —北京: 清华大学出版社,2014(2023.7重印)
(普通高等学校工业工程专业系列教材)
ISBN 978-7-302-34721-7

Ⅰ.①基… Ⅱ.①王… Ⅲ.①工业工程-高等学校-教材 Ⅳ.①F402

中国版本图书馆 CIP 数据核字(2013)第 292356 号

责任编辑: 张秋玲　洪　英
封面设计: 常雪影
责任校对: 王淑云
责任印制: 丛怀宇

出版发行: 清华大学出版社
  网　　　址: http://www.tup.com.cn, http://www.wqbook.com
  地　　　址: 北京清华大学学研大厦 A 座　　　邮　编: 100084
  社 总 机: 010-83470000　　　邮　购: 010-62786544
  投稿与读者服务: 010-62776969, c-service@tup.tsinghua.edu.cn
  质量反馈: 010-62772015, zhiliang@tup.tsinghua.edu.cn
印 装 者: 天津鑫丰华印务有限公司
经　　销: 全国新华书店
开　　本: 185mm×230mm　　印　张: 16.75　　字　数: 363 千字
版　　次: 2014 年 3 月第 1 版　　印　次: 2023 年 7 月第 9 次印刷
定　　价: 48.00 元

产品编号: 036428-03

PREFACE 序言

在人类的发展史上,任何一门科学技术的产生和发展都有其深刻的社会、经济及生产力发展的原因。工业工程(Industrial Engineering,IE)起源于20世纪初的美国,为美国经济腾飞贡献非凡,它以现代工业化生产为背景,在发达国家得到了广泛应用。现代工业工程是以大规模工业生产及社会经济系统为研究对象,在制造工程学、管理科学和系统工程学等学科基础上逐步形成和发展起来的一门交叉的工程学科。工业化强国在第一、二次世界大战中均受益于工业工程。特别是战后经济恢复期,日本、德国等均在工业企业中大力推广工业工程的应用和培养工业工程人才,获得了良好的效果。

Industry 既有工业之意,又可译为产业,也可称为产业工程。工业工程不仅对工业制造业,对服务业、农业等产业有作用,对现代社会人类生产生活各个方面都大有益处,因为应用工业工程可以靠人的智慧节约资源、提高效率、保障质量,是工业化和经济发展的规律性手段和重要方法。作用之大令人震惊,美国战时可以做到每小时出产一架B-24"解放者"轰炸机,严格的质量控制保障了千万亿枪支弹药的威力,所以麦克阿瑟认为是工业工程帮助美国打赢了两场世界大战,并把它引进到战后的日本。麦克阿瑟聘请的专家朱兰博士将工业工程称之为"美国在世界上最值得夸耀的成果"。丰田方式的创始人大野耐一曾评说:"20世纪50年代全日本都在研究工业工程,这种赚钱的技术,所谓丰田生产方式就是丰田式的工业工程。"日本在20年间成为世界第二大经济体,丰田至今都是世界上最赚钱的公司,成功不仅有原因,而且一定有方法。韩国、新加坡及我国的台湾、香港地区等所谓"亚洲四小龙"20世纪60年代引进工业工程,也取得了令人瞩目的经济成就。受益最深的当属雇员过百万的富士康,其总裁郭台铭甚至说:"工业工程无处不在,工业工程无所不能。"台湾地区大学和专科院校几乎都设有工业工程专业,也让台积电、台塑等公司成长为世界级企业。目前,在大陆的台资企业都设有工业工程部和工业工程工程师岗位。

1990年6月中国机械工程学会工业工程研究会(现已更名为工业工程分会)的正式成立,以及首届工业工程学术会议在天津大学的顺利召开,标志着我国工业工程学科步入了一个崭新的发展阶段。推广工业工程,人才必须先行。1997年,国家教育部将IE正式设立为管理科学与工程一级学科下属的二级学科,时至今日,全国开设工业工程专业的高校已有

206所(几乎所有重点大学均设立IE专业),设立工业工程工程硕士的高校66所,设立工业工程博士的高校30余所。发展速度之快,令世界瞩目。

我国走新型工业化道路,就要发展资源节约型、环境友好型的现代产业,而工业工程正是助力企业走出低效率、高污染、低质量保障、低效益泥潭的发动机,更是推动工业化与信息化融合、不断创新的核动力。

当前,我国推行工业工程,工业工程高水平人才的培养是急需解决的问题之一。教材建设是培养工业工程人才的基础,本书的出版,无疑对我国IE教学和促进IE在我国的应用和发展具有积极的促进作用。

齐二石　教授

教育部工业工程类学科教学指导委员会主任

科技部创新方法研究会管理技术分会理事长

中国机械工程学会工业工程分会主任

天津大学原管理学院院长

2013年12月于天津

前言

工业工程是融工程技术和管理为一体的一门学科,以提高系统效率和效益为目标,其综合运用自然科学、社会科学和工程技术,以实现生产要素的合理配置,优化运行,从而不断降低成本,提高产品质量及生产效率。改革开放后,我国企业面临着资源利用率低、质量和效益不高、环境适应性较差、国际竞争力及创新能力亟待增强等问题,工业工程是企业挖掘潜力、增强实力和赢得竞争优势的有效工具。随着体制改革和市场经济的发展,工业工程将在国民经济建设中发挥越来越重要的作用。

本书作为工业工程专业核心主干课程的教材之一,全面系统地阐述了基础工业工程的基本概念、基本原理、工作研究方法与应用,介绍了企业推广应用工业工程的方法和步骤。同时,引入了企业实施工业工程的案例,旨在使读者树立工业工程意识,掌握工业工程知识、技术及应用技能,学会综合运用工业工程知识解决生产实际问题的方法。本书融合了作者教学实践和有关研究成果,为适应当前企业管理的需求,加强了现场管理方法与技术的内容,体现了工业工程实践性强的特点。本书可作为高等学校的本科生教材,也可作为企事业单位工业工程技术人员的参考书。

全书分 4 篇,共 10 章。第 1 篇主要介绍工业工程的基本概念、发展历程、研究内容及体系结构;第 2 篇主要介绍程序分析、操作分析和动作分析的技术与方法;第 3 篇主要介绍时间研究、工作抽样、预定时间标准法等作业测定技术,以及工时定额的理论与方法;第 4 篇介绍现场管理的基本概念、5S 管理、目视管理、定置管理、异常管理与防错法等。

本书由南昌航空大学工业工程研究所所长王有远教授任主编;华东交通大学尹春建副教授、山东工商学院张顺堂教授任副主编;具体编写分工如下:第 6、7、9 章由王有远编写;第 3、5 章由尹春建编写;第 2 章由张顺堂编写;第 1 章由尹春建、南昌航空大学杜涛、南昌工程学院尹懿编写;第 4 章由江西理工大学伍建军、南昌航空大学孙士平编写;第 8 章由南昌航空大学乐承毅编写;第 10 章由王有远、张顺堂编写。全书由王有远统稿。南昌航空大学姜俊华教授、南昌大学黄定成副教授提出了宝贵意见,谢成明和朱腾建绘制了部分图表。

在此，我们深表感谢！

本书引证了有关著作的例证和参考资料，并得到许多业内专家的帮助，在此一并表示衷心感谢。

限于编者水平，书中不妥和错误之处在所难免，恳请广大读者批评指正。

编　者

2013 年 12 月

目录

第1篇 工业工程概论

第1章 工业工程概述 ... 3
1.1 工业工程的概念 ... 3
1.1.1 工业工程的定义 ... 3
1.1.2 工业工程的目标 ... 4
1.1.3 工业工程的基本职能 ... 4
1.1.4 工业工程的意识 ... 5
1.2 工业工程的产生与发展历程 ... 6
1.2.1 工业工程的起源 ... 6
1.2.2 工业工程的发展历程 ... 8
1.2.3 现代工业工程的新发展 ... 9
1.3 工业工程的研究内容 ... 10
1.3.1 工业工程学科的范畴 ... 10
1.3.2 工业工程技术人员的职责 ... 10
1.3.3 工业工程的应用领域 ... 11
1.4 生产率与生产率管理 ... 12
1.4.1 生产率 ... 12
1.4.2 生产率管理 ... 14
1.4.3 影响生产率的因素及提高途径 ... 15
思考题 ... 17

第2篇 方法研究

第2章 方法研究 ... 21
2.1 方法研究概述 ... 21

2.2 方法研究的内容与层次 ··· 23
2.3 方法研究的基本步骤 ··· 25
思考题 ··· 26

第 3 章 程序分析 ·· 27
3.1 程序分析概述 ··· 27
3.2 工艺程序分析 ··· 31
3.2.1 工艺程序分析的概念 ··· 31
3.2.2 工艺程序图 ··· 31
3.2.3 工艺程序分析的应用 ··· 33
3.3 流程程序分析 ··· 37
3.3.1 流程程序分析概述 ··· 37
3.3.2 流程程序图 ··· 37
3.3.3 流程程序分析的应用 ··· 40
3.4 线路图分析 ··· 49
3.4.1 线路图的概念 ··· 49
3.4.2 线路图的应用 ··· 50
3.5 线图分析 ··· 54
3.5.1 线图的概念 ··· 54
3.5.2 线图的应用 ··· 56
3.6 管理事务分析 ··· 58
3.6.1 管理事务分析概述 ··· 58
3.6.2 管理事务分析工具 ··· 59
3.6.3 管理事务分析的应用 ··· 59
思考题 ··· 62

第 4 章 操作分析 ·· 65
4.1 操作分析概述 ··· 65
4.2 人机操作分析 ··· 66
4.2.1 人机操作分析概述 ··· 66
4.2.2 人机操作图 ··· 66
4.2.3 人机操作分析内容 ··· 67
4.2.4 人机操作分析的案例分析 ··· 69
4.3 联合操作分析 ··· 74
4.3.1 联合操作分析概述 ··· 74

  　　4.3.2　联合操作分析图 75
  　　4.3.3　联合操作分析的案例分析 75
　4.4　双手操作分析 80
  　　4.4.1　双手操作分析的概念和作用 80
  　　4.4.2　双手操作程序图 81
  　　4.4.3　双手操作分析的案例分析 82
　思考题 87

第 5 章　动作分析 88
　5.1　动作分析概述 88
  　　5.1.1　动作分析的基本概念 88
  　　5.1.2　动作分析的方法 89
　5.2　动素分析 90
  　　5.2.1　动素分析的基本要素——动素 90
  　　5.2.2　动素分析的用途 93
  　　5.2.3　动素分析图表 94
  　　5.2.4　动素分析的过程 94
　5.3　动作经济原则 97
  　　5.3.1　动作经济原则的4项基本原则 97
  　　5.3.2　动作经济原则的具体内容 97
  　　5.3.3　动作经济原则的归纳及应用 98
　思考题 109

第 3 篇　作 业 测 定

第 6 章　作业测定的概念及劳动定额 113
　6.1　作业测定的概念 113
  　　6.1.1　作业测定的定义 113
  　　6.1.2　作业测定的主要方法 114
  　　6.1.3　作业测定的常用工具 116
　6.2　劳动定额的制定与管理 117
  　　6.2.1　劳动定额概述 117
  　　6.2.2　劳动定额的种类 118
  　　6.2.3　劳动定额的作用 120
  　　6.2.4　劳动定额的制定方法 121

6.2.5　劳动定额的管理 …………………………………………………… 124
　思考题 …………………………………………………………………………… 126

第7章　时间研究 ………………………………………………………………… 127
　7.1　时间研究概述 ……………………………………………………………… 127
　7.2　时间研究的步骤与方法 …………………………………………………… 128
　　　7.2.1　时间研究的准备 …………………………………………………… 128
　　　7.2.2　划分操作单元 ……………………………………………………… 128
　　　7.2.3　测时 ………………………………………………………………… 129
　　　7.2.4　评定正常时间 ……………………………………………………… 135
　　　7.2.5　确定宽放时间 ……………………………………………………… 136
　　　7.2.6　确定标准时间 ……………………………………………………… 139
　7.3　常用的评定方法 …………………………………………………………… 139
　　　7.3.1　速度评定法 ………………………………………………………… 139
　　　7.3.2　平准化法 …………………………………………………………… 141
　　　7.3.3　客观评定法 ………………………………………………………… 144
　　　7.3.4　合成评定法 ………………………………………………………… 146
　思考题 …………………………………………………………………………… 147

第8章　工作抽样 ………………………………………………………………… 148
　8.1　工作抽样概述 ……………………………………………………………… 148
　　　8.1.1　工作抽样的概念 …………………………………………………… 148
　　　8.1.2　工作抽样的应用 …………………………………………………… 150
　　　8.1.3　工作抽样的特点 …………………………………………………… 151
　　　8.1.4　工作抽样与秒表测时研究比较 …………………………………… 152
　8.2　工作抽样的方法与步骤 …………………………………………………… 153
　　　8.2.1　工作抽样的方法 …………………………………………………… 153
　　　8.2.2　工作抽样的步骤 …………………………………………………… 155
　8.3　工作抽样的应用实例 ……………………………………………………… 164
　思考题 …………………………………………………………………………… 170

第9章　预定时间标准法 ………………………………………………………… 171
　9.1　预定时间标准法概述 ……………………………………………………… 171
　　　9.1.1　预定时间标准法的概念 …………………………………………… 171
　　　9.1.2　预定时间标准法的特点 …………………………………………… 173

9.1.3 预定时间标准法的用途 173
9.2 模特法 174
  9.2.1 模特法的原理 174
  9.2.2 模特法的特点 176
  9.2.3 模特法的动作分类及其代号 178
9.3 模特法的动作分析和动作改进 180
  9.3.1 模特法的动作分析 180
  9.3.2 模特法的动作改进 189
9.4 模特法的应用 192
  9.4.1 应用模特法制定标准时间 192
  9.4.2 应用模特法进行作业改善 194
  9.4.3 应用模特法平整流水线 196
思考题 201

第4篇 现场管理

第10章 现场管理 205
10.1 现场管理概述 205
  10.1.1 现场管理的主要内容 206
  10.1.2 现场管理的特点 207
  10.1.3 现场管理的原则 208
10.2 5S管理 209
  10.2.1 5S管理概述 209
  10.2.2 5S管理的内容 210
  10.2.3 5S管理的延伸——6S 216
  10.2.4 开展5S活动的常用工具 217
  10.2.5 5S活动推行步骤 220
  10.2.6 5S应用案例 223
10.3 目视管理 224
  10.3.1 目视管理概述 224
  10.3.2 目视管理的内容与常用方法 226
  10.3.3 目视管理的实施 230
10.4 定置管理 231
  10.4.1 定置管理概述 231
  10.4.2 定置管理的内容 232

10.4.3 定置管理的实施 …………………………………… 238
10.5 异常管理与防错法 ………………………………………… 239
　10.5.1 异常管理 …………………………………………… 239
　10.5.2 防错法 ……………………………………………… 246
思考题 …………………………………………………………… 252

参考文献 ……………………………………………………… 253

第1篇

工业工程概论

工业工程概述

1.1 工业工程的概念

1.1.1 工业工程的定义

工业工程(Industrial Engineering,IE)是19世纪初出现的一门技术与管理相结合的学科,其不仅是一门实践性、实用性很强的工程技术,也是一门具有明显管理特征的现代管理技术。

工业工程的发展迄今已有一个多世纪了,随着理论研究和实践需要的不断发展,IE涉及的范围越来越广泛,研究的内容也不断深化和充实。在其形成和发展过程中的不同阶段,不同国家和不同组织的学者对工业工程下过多种定义。

美国工业工程师协会(American Institute of Innovation& Entrepreneurship,AIIE)在1995年将IE定义为:"工业工程是对人员、物料、设备、能源和信息组成的集成系统进行设计、改善和实施的工程技术,它综合运用数学、物理学和社会科学的专门知识和技术,结合工程分析和设计的原理与方法,对该系统所取得的成果进行确定、预测和评价。"该定义是目前被广泛采用的定义,并被美国国家标准学会(American National Standards Institute,ANSI)采用,作为标准术语收入美国国家标准。

日本工业工程协会(Japan Institute of Industrial Engineering,JIIE)于1959年在AIIE对IE的定义的基础上略加修改后,将工业工程定义为:"IE是对人、材料、设备所集成的系统进行设计、改善和实施。为了对系统的成果进行确定、预测和评价,在利用数学、自然科学、社会科学中的专门知识和技术的同时,还采用工程上的分析和设计的原理和方法。"随着IE长期在日本的广泛应用和取得的成果,IE在理论上和方法上都取得了很大的发展。JIIE对IE重新定义为:"IE是这样一种活动,它以科学的方法,有效地利用人、财、物、信息、时间等资源,优质、廉价并及时地提供市场所需要的商品和服务,同时探求给从事这些工作的人们带来满足和幸福的各种方法。"

也有学者将 IE 的定义简化成"IE 是质量和生产率的技术和人文状态"或者"IE 是用软科学的方法获得最高的效率和效益"。

对 IE 的定义虽然有多种不同的描述,但各种定义都说明:

(1) IE 的学科性质:IE 是一门技术与管理相结合的交叉学科。

(2) IE 的研究对象:IE 的研究对象是由人员、物料、设备、能源、信息组成的各种生产经营管理系统以及服务系统。

(3) IE 的研究方法:IE 综合运用数学、物理学以及社会科学中的专门知识和工程学中的分析、规划、设计等理论,特别是系统工程的理论、方法和计算机系统技术。

(4) IE 的任务:IE 的任务就是将人员、物料、设备、能源和信息等要素融合为一个集成系统,并不断提升这个系统的效率,实现有效运行。

(5) IE 的目标:IE 以提高系统运行效率,降低系统运行成本,保证系统输出质量为目标,最终获得多方面的综合效益。

(6) IE 的功能:IE 的功能是对生产系统进行规划、设计、评价和创新。

1.1.2　工业工程的目标

企业的管理者希望以最小的投入得到最大的产出,即获取最大的效益。如何将企业的投入以最有效的组合达到高效率、高质量、低成本、准时交付、浪费少等,这就是近代工业工程迅速发展的原因。工业工程比企业管理起步晚,但是 20 世纪中期以后在美国、日本等国家的发展相当快,几乎取代了大部分的传统管理工作。

著名工业工程专家希克斯(Philip E. Hicks)指出:"工业工程的目标就是设计一个生产系统及该系统的控制方法,使它以最低的成本生产出具有特定质量水平的某种或几种产品,并且这种生产必须是在保证工人和最终用户的健康和安全的条件下进行。"

工业工程的目标是使生产系统投入的要素得到有效的利用,并降低成本,保证质量和安全,提高生产率,获得最佳效益。即其目标是将人、原材料、设备等放到一个立体空间内,使其统一地、巧妙地、最佳地组合在一起,进行综合分析,统一设计,全面改善,整体确定,以实现各种要素的合理配置,优化运行,达到低成本、低消耗、安全、优质、准时和高效。

1.1.3　工业工程的基本职能

工业工程是综合运用工业知识和系统工程的概念和方法,将人力、物质、装备、技术和信息等组成有效的综合系统,其所从事的规划、设计、评价和创新等活动,为管理提供科学依据。工业工程的基本职能包括规划、设计、评价和创新 4 个方面。

1. 规划

规划是确定一个组织在未来一定时期内从事生产所应采取的行动方案,既包括总体目标、方针政策、战略和战术的制定,也包括中长期和短期实施计划的制定。它是协调资源利用,以获取最佳效能的重要工具。对一个工业工程师来说,常见的规划任务主要有:设施规划、产品规划、生产规划、技术规划和教育规划等。

2. 设计

设计是实现某一既定目标而创建具体实施系统的前期工作,包括技术准则、规范、标准的拟订,最优方案的选择和蓝图绘制。IE 的设计不同于一般的机器设计,而是侧重于工程系统设计。

3. 评价

评价是对存在的各种系统、规划和设计方案以及个人与组织的业绩做出是否符合既定目标或标准的评审与鉴定活动,包括各种评价指标和规程的制订及评价工作的实施。IE 评价为管理者的科学决策提供了依据,是避免决策失误的重要手段。

4. 创新

创新是对现存各种系统的改进提出崭新的创造性和建设性见解的活动。任何一个系统,不论是一种产品、一条生产线或一个企业,都将随着时间的推移而耗损、老化,乃至失效衰亡,只有通过创新才能使其获得新的生命力。创新是系统维护和发展的重要途径。

1.1.4　工业工程的意识

所谓 IE 意识,就是对工业工程应用有指导作用的思想方法。IE 的意识主要包括以下几个方面。

1. 成本和效率意识

IE 追求最佳整体效率(以提高总生产率为目标),必须树立成本和效率意识。一切工作从大局着眼,从总目标出发,从小处着手,力求节约,杜绝浪费,寻求以成本更低、效率更高的方式方法去完成。

2. 问题和改革意识

工业工程师有一个基本信念,即做任何工作都会找到更好的方法,改善无止境。为了使工作方法更趋合理,就要坚持持续改善。因此,必须树立问题和改革意识,不断发现问题,考察分析,寻求对策,勇于改革创新。无论是一项作业、一条生产线还是整个生产系统,都可以运用5W1H提问技巧来进行研究和改进。

3. 简化、专门化和标准化意识

IE产生以来,推行工作简化(simplification)、专门化(specialization)和标准化(standardization),即所谓的3S,对降低成本、提高效率起到重要作用。尽管现代企业面对变化多端的市场需求,经常开发新产品、新工艺、新技术,生产方式以多品种、小批量为主,但简化和标准化依然是保证高效率和优质生产的基本条件。每一次生产技术改进的成果都以标准化的形式确定下来并加以贯彻,这是IE的重要方法。在不断改善的同时,更新标准,推动生产向更高的水平发展。

4. 全局和整体意识

现代IE追求系统整体优化,各生产要素和各系统效率的提高,必须从全局和整体需要出发。

5. 以人为中心的意识

人是生产经营活动中最重要的一个要素,其他要素都要通过人的参与才能发挥作用,所以IE必须坚持以人为中心来进行生产系统的设计、管理、创新和发展,使每个人都关心和参加改进工作,以提高效率。

1.2 工业工程的产生与发展历程

1.2.1 工业工程的起源

工业工程的发展是从经验开始并逐步走向成熟的,并最终形成了一套比较完整的理论体系。工业工程起源于20世纪初的美国,它以现代工业化生产为背景,在发达国家得到了广泛应用。现代工业工程是以大规模工业生产及社会经济系统为研究对象,在制造工程学、管理科学和系统工程学等学科基础上逐步形成和发展起来的一门交叉的工程学科。它是将人、设备、物料、信息和环境等生产系统要素进行优化配置,对工业等生产过程进行系统规划与设计、评价与创新,从而提高工业生产率和社会经济效益专门化的综合技术,且内容日益广泛。

在小农经济和手工业生产的时代,人们是凭着自己的经验去管理生产。到20世纪初,工业开始进入"科学管理时代",美国工程师泰勒(F. W. Taylor)发表的《科学管理的原理》一书是这一时代的代表作和工业工程的经典著作。他围绕提高效率这一目标,通过工作程序的改进、操作方法的改善、工具的改进,以及合理地制定劳动定额、采用标准化作业等,极大地提高了工作效率,降低了成本。泰勒所创立的"时间研究",对工业工程的形成起到了非常重要的作用。

美国的吉尔布雷斯夫妇(Frank & L. Gilbreth)创造了与时间研究密切相关的"动作研究"。从1910年前后开始,吉尔布雷斯夫妇从事动作(方法)研究和工作流程研究,提出了17种动作的基本因素(动素,Threbligs),然后进行科学分析,建立了高效的操作方法,实现了降低工作疲劳、提高工效的目的。

泰勒和吉尔布雷斯是最著名的工业工程创始人,他们所创立的"时间研究"和"动作研究",是工业工程基础"工作研究"的主要内容,其中"动作研究"经过进一步的延伸和完善,扩大到操作和作业流程的研究,逐步形成了"方法研究"的完整体系。"时间研究"经过补充和完善更名为"作业测定","方法研究"和"作业测定"统称为"工作研究"。

1908年美国宾州大学首次开设了工业工程课程,后来又成立了工业工程系,1917年美国成立了工业工程师协会。此后有人主张把当时从事"动作研究"、"时间研究"等提高劳动生产率的各种研究工作,从管理职能中分离出来,由懂得工程技术的人员去进行,逐步培养出一批将工程技术和管理相结合的工业工程工程师。

在"二战"和其后的一段时间内,工作研究(包括时间研究与方法研究)、质量控制、人事评价与选择、工厂布置、生产计划等都已正式成为工业工程的研究内容。随着制造业的发展,费希(J. Fish)开创了工程经济分析的研究领域;由于战争的需要,运筹学得到了很大的发展。"二战"后由于经济建设和工业生产发展的需要,工业工程与运筹学结合起来,并为工业工程提供了更为科学的方法基础,工业工程的技术内容得到了极大的丰富和发展。1948年,美国正式成立了工业工程师学会。20世纪五六十年代,美国许多大学先后成立了工业工程系,到1975年,已有150多所大学开设了工业工程课程。

与发达国家相比我国的工业工程研究起步较晚,直到20世纪80年代初期,工业部门才开始对工业工程有所认识,并逐步推广,1991年召开了第一次全国性学术会议。

工业工程的应用前景十分广阔。20世纪80年代,日本能率协会专家三上展喜受日本政府委托,在我国北京、大连等地推广应用工业工程技术,他认为,中国许多企业不需要在硬件方面增加投资,只要在管理方式、人员素质和工业工程等方面着力改进,生产效率就可提高2~3倍,甚至5~10倍。国内应用工业工程技术比较典型的企业有:北京机床电器厂、一汽集团、鞍山钢铁公司等,而且都取得了明显的经济效益。

当前我国发展工业工程的一项重要工作是人才培养,我国最早于1993年开始招收工业工程专业的本科生,1994年起开始招收硕士生,目前我国已有二百多所院校开设了工业工程专业。

工业工程在国外与国内发展及应用的实践表明,这门工程与管理有机结合的综合技术对提高企业的生产率和生产系统综合效率及效益;提高系统综合素质;增强企业在开放经济条件下的国际市场竞争能力和知识经济环境中的综合创新能力;赢得各类生产系统、管理系统及社会经济系统的高质量、可持续发展等,具有不可替代的重要作用。

我国以企业为基础和主体的工业及产业经济系统面临着资源利用率低,质量和效益不高,产品综合结构不合理,环境适应性较差,国际竞争力及创新能力亟待增强,以及战略管理和内部管理弱化,技术与管理脱节,特色化缺乏,产品、市场、技术等方面的发展不平衡,企业与市场和政府及其他企业间关系欠规范等诸多问题和困境。现代工业工程是企业和整个产业经济摆脱困境、赢得竞争优势的有效武器。

1.2.2 工业工程的发展历程

早在18世纪,亚当·斯密在1776年出版的《国富论》中提出了劳动分工的概念,成为推动当时工业化生产的一个重要里程碑。IE的发展历程大致可分为以下4个阶段。

1. 萌芽阶段

产业革命后生产力有很大发展,1799年美国的惠特尼提出了"互换性"概念,并奠定了工业工程合理化、专业化、机械化、简单化和标准化的基础,因而能向批量化生产发展。1832年英国的巴比奇在《论机器和制造业的经济》一书中论述了专业分工、工作方法、机器与工具的使用、制造的经济原则等。人们开始用新的思考方法来研究提高效率,这就孕育了IE的思想,为IE的诞生和发展打下基础。

2. 传统IE阶段

从19世纪末到第一次世界大战期间,泰勒受"作为经济学家的工程师"的思想影响,在机械制造领域提出了这样一个概念:方法设计、时间测定、生产计划安排与控制等都是工程师的职责。他努力实践这个概念,进行了一系列试验等并提出了工作定额原理和标准化原理,使生产率成倍得到提高。吉尔布雷斯夫妇致力于动作研究,设定了17种基本动作要素以及工作流程分析,他们为工作与操作的改进和后来的预定时间标准创造了科学的依据,提供了至今人们仍在使用的思维方法。亨利·福特首创了符合标准化、专业化的生产线同步化系统(流水线),使制造领域的生产率大幅度提高。这一时期,亨利·甘特创造了"计划控制图"或叫"甘特图",艾马逊提出了"奖金计划"和"提高个人效率的十二原则",他们为生产管理和生产率的提高做出了很大的贡献。1917年成立了IE协会和泰勒协会。

3. IE与运筹学结合阶段

从20世纪20年代到第二次世界大战期间,科学家们将当时的数学、经济学、社会学和心理学的成果引入IE活动中,从多种学科的角度来考察、分析和改进所研究的系统。

1924—1932年梅奥进行了著名的"霍桑试验",使人们认识到生产过程中人的行为和作用对生产效率提高更为重要,提高工人的士气是提高生产率的有效方式。

1924年休哈特首创的质量控制图使统计学成为IE研究中一项有力的武器。工作研究、质量控制、人事评价与选择、工厂布置、生产计划与控制等都成为IE的研究内容。随着机械化的迅速发展,费希首创"工程经济",解决设备的"经济性"问题。运筹学的产生为决策者提供了在多种方案中进行决策的方法,工业工程师将其应用到工厂管理中,使得IE的技术内容得到极大的丰富与发展。

4. 与系统工程结合阶段

第四阶段为第二次世界大战以后。1945年希亚公布了"因数分析法"。1947年米鲁兹创立"价值工程"理论,总结出一套既能保证产品或作业必要功能,又能最大限度地降低成本的方法。"二战"以后,随着自动化、电子化的进一步发展,IE关于人的因素的研究有了新的发展。IE工程师们逐渐认识到必须把人和系统结合起来加以分析和研究,于是出现了"人机工程",又称工效学(Ergonomics)。IE从战前经验主义发展到战后更讲求定量的方法。IE的研究方法随着应用数学所取得的成就以及电子计算机的诞生与发展而产生了巨大的变化。定量化技术逐渐成为IE研究的主导和趋势,通过数学模型的建立来分析、设计、描述复杂的工业生产系统。特别是计算机科学、系统科学与工程的产生,使得IE工程师们能够对大规模的经济与社会系统建立数学模型来进行分析、实验、多方案对比、决策,以及运行过程的控制与创新的研究。

1.2.3 现代工业工程的新发展

随着知识经济时代的到来,工业工程的理论与方法结构发生了重大变化,这个发展趋势表现在兼收并蓄高新技术理论,注重快速、柔性、精益、并行制造系统的集成开发与应用。

1. 研究对象系统的范围不断扩大

现代IE已扩展到包括市场研究、技术开发、生产制造和销售服务在内的广义生产系统,即整个生产经营系统。狭义的IE主要面向生产过程,而广义的IE已向经营系统扩展,使用IE的原则和方法对整个生产经营活动进行预测、评价和规划。企业由生产型转变为经营型,由以产品为中心转变为以效益为中心,就必须应用现代IE的系统整体优化技术。

2. 广泛采用计算机和信息技术

企业信息化已经成为现代工业工程的重要特征。传统的工业工程经历了近百年的发展,其基本研究领域包括:人因工程学、运筹学、生产运作与管理等,已经发展得相当成熟。随着信息时代的到来,工业工程进入了现代发展阶段,其基本特征就是信息技术在生产与管理中无所不在地应用,而且这种应用将永不停止。企业信息化一方面促进着企业的发展,另一方面又不断产生新的问题,这些问题是以前工业工程所没有涉及到的,其本身需要运用包括信息技术在内的综合知识进行研究,其复杂性也超过以往,是现代工业工程研究需要回答和解决的新问题。

3. 强调对象系统的高效、集成与柔性

企业面临经营环境不断变化的挑战,市场竞争的全球化、顾客和市场需求的多样化和不确定性、产品寿命的缩短、价格竞争的加剧等都对企业现存的生产方式提出新的、更高的要求。制造业已从单一规格的大规模批量生产发展到根据不同用户的具体需求生产的柔性制造系统,这是制造业发展的最高阶段。通过应用先进的计算机和信息通信技术,实现柔性制造,这是工业工程发展的方向之一。

4. 工业工程被广泛应用到非制造领域

现代工业工程不仅应用于制造业,也广泛地应用于医疗卫生、银行等服务行业中。工业工程的精益理念和定量化技术方法可以从 Q(quality,质量)、C(cost,成本)、T(time,时间)、S(service,服务)等方面全面提升服务业的管理水平。随着经济的发展,在流通、商贸、服务业等非制造业领域工业工程技术也将得到广泛的应用。

1.3 工业工程的研究内容

1.3.1 工业工程学科的范畴

对于 IE 学科范畴,有多种不同的表述方法。迄今为止,较正规和有代表性的是美国国家标准 ANSI-Z94(1982 年修订版)表述,其从科学的角度把 IE 知识领域划分为 17 个分支,即:①生物力学;②成本管理;③数据处理与系统设计;④销售与市场;⑤工程经济;⑥设施规划(含工厂设计、维修保养、物料搬运等);⑦材料加工(含工具设计、工艺研究、自动化等);⑧应用数学(含运筹学、管理科学、统计质量控制、统计和数学应用等);⑨组织规划与理论;⑩生产规划与控制(含库存管理、运输组织、调度、发货等);⑪实用心理学(含心理学、社会学、工作评价、工资激励、人事实务等);⑫方法研究和作业测定;⑬人因工程;⑭薪酬管理;⑮人体测量;⑯安全;⑰职业卫生与医学。

还有其他一些分类方法,例如,日本从应用的角度把 IE 技术分为 20 类 113 种,包括:方法研究与作业测定、质量管理、标准化、工厂设计、能力开发等。

1.3.2 工业工程技术人员的职责

工业工程工程师的职责就是把人员、机器、资源和信息等联系在一起,以求有效运行。

他们主要从事生产系统的集成设计和改善(即再设计),工业工程技术人员要处理人与物、技术与管理、局部与整体的关系。所以,工业工程技术人员不仅要有广博的知识,而且还要注重应用这些知识的综合性和整体性,才能达到工业工程的目标。

美国工业工程师学会(AIIE)对工业工程人员所做的定义如下:"工业工程技术人员是为达到管理者的目标(目标的根本含义是使企业取得最大利润,且风险最小)而贡献出技术的人。工业工程技术人员协助上下各级管理人员,在业务经营的设想、规划、实施、控制方法等方面从事研究和发明,以期达到更有效地利用人力与各种经济资源。"

从上述定义可以看出,IE技术人员涉及的业务面很宽,从基本的动作与时间研究到系统的规划、设计和实施控制等方面为经营管理提供方法。可以说,一个企业在各方面、各层次的业务都需要工业工程人员发挥作用。因此,工业工程师必须具备广博的知识和技能;有很强的综合应用各种知识和技术的能力;有革新精神,不断探索和创造新的方法,改进工作,改善生产系统的结构和运行机制,求得更佳的总效益。为此,一个称职的工业工程技术人员应有良好的技术素养和品德,如进取和创新精神、全局观点、善于团结协作以及敏锐的观察、分析能力等。

我国工业工程技术人员目前主要从事以下9个方面的工作:
(1) 研究与开发管理;
(2) 生产系统的设计与控制;
(3) 效率工程;
(4) 质量控制与质量保证;
(5) 设施规划与设计;
(6) 物流管理;
(7) 供应链管理;
(8) 工业卫生与安全;
(9) 人力资源管理。

1.3.3 工业工程的应用领域

工业工程用系统工程和运筹学的观点和方法来研究生产系统的规划、设计和改进,分析各种因素对整个生产过程的作用与影响,在确保产品质量和人的健康与安全的前提下,寻求低成本,高效率和最佳的整体效益。工业工程所研究的系统,可以是一个工厂,也可以是一条生产作业或一个服务系统。它所分析的因素包括人、物料、设备、信息、资金和能源,等等。因此它是技术-经济-管理"三位一体"的交叉学科。

工业工程首先在制造业中产生和应用,至今已经一个多世纪过去了,其应用领域已逐步扩大到制造业以外的其他领域,如建筑业、交通运输、销售、航空、金融、医院、公共卫生、军事后勤、政府部门以及其他各种服务业,应用范围极其广泛。

美国萨尔文迪主编的《工业工程手册》根据哈里斯对英国667家公司应用IE的实际情况调查统计,总结出IE常用的方法和技术有32种,分别是:①方法研究;②作业测定(直接劳动);③奖励;④工厂布置;⑤表格设计;⑥物料搬运;⑦信息系统开发;⑧成本与利润分析;⑨作业测定(间接劳动);⑩物料搬运设备运用;⑪组织研究;⑫职务评估;⑬办公设备选择;⑭管理的发展;⑮系统分析;⑯库存控制与分析;⑰计算机编程;⑱项目网络技术;⑲计划网络技术;⑳办公室工作测定;㉑动作研究的经济效果;㉒目标管理;㉓价值分析;㉔资源分配网络技术;㉕工效学;㉖成组技术;㉗事故与可操作性分析;㉘模拟技术;㉙影片摄制;㉚线性规划;㉛排队论;㉜投资风险分析。

我国常用的工业工程知识和技术有:工作研究、设施规划与设计、生产计划与控制、工程经济、价值工程、质量管理与可靠性、人机工程、组织行为学、管理信息系统、现代制造技术等。

1.4 生产率与生产率管理

1.4.1 生产率

1. 生产率的概念

工业工程的目标是设计和不断改善生产系统,使之更有效地运行,取得更好的效果。生产率就是衡量生产要素使用效率的尺度,也是衡量IE应用效果的重要指标,是IE工程师必须掌握的一个尺度。

生产率是经济学上用来衡量生产系统转换效率的一个指标,一般定义为"生产率就是产出与投入之比",即

$$生产率 = \frac{产出}{投入} \tag{1-1}$$

式中,"产出"指合格的产品或服务;"投入"指为获得合格产品或服务而投入的生产要素。

生产率的改进需要一种标杆或者标准来衡量,并以此标准来决定为达到某一目标所需的改进程度。经常使用的标准包括本企业过去的生产率指标,已经制定的行业标准,或者由企业高层确定的一种标杆。

管理科学家德鲁克指出"生产率是一切经济价值的源泉"。所以,生产率是一切生产组织,一个企业、一种行业、一个地区乃至一个国家最为关心和追求的指标。提高生产率的意义在于:

(1) 生产率的提高速度决定国家经济发展的速度。

(2) 提高生产率是增加工资和改善人民生活的基本条件。

(3) 提高生产率可以缓和通货膨胀。

(4) 提高生产率可以增强市场竞争力。

(5) 提高生产率对就业和社会发展有促进作用。

(6) 生产率和质量是同步发展的关系。

2. 生产率的分类

由于所考察的生产要素或测定方法的不同,生产率可分为不同的种类。

1) 按生产要素的种类分类

单独考察某一种生产要素,用其投入量作为生产率公式的分母,所得到的生产率称为该要素的生产率。

(1) 劳动生产率:用劳动消耗量作为总投入计算的生产率。

(2) 资本生产率:用折旧费或者固定资产面值作为总投入计算的生产率。

(3) 原材料生产率:以投入原材料量作为总投入计算的生产率。

(4) 能源生产率:以投入能源量作为总投入计算的生产率。

2) 按生产要素的数量分类

根据所考察的生产要素数量多少,生产率可分为以下几种。

(1) 单要素生产率:只考虑一种资源投入所计算出的生产率,其计算公式为

$$单要素生产率 = \frac{产出量总和}{某要素投入量} \tag{1-2}$$

(2) 多要素生产率:考虑多种资源投入所计算出的生产率,其计算公式为

$$多要素生产率 = \frac{产出量总和}{多种资源投入量} \tag{1-3}$$

(3) 总生产率或全要素生产率:考虑全部资源投入所计算出的生产率,其计算公式为

$$全要素生产率 = \frac{产出总量}{全部资源投入量} \tag{1-4}$$

3) 按测定方式分类

(1) 静态生产率:某一给定时期产出量与投入量之比,其计算公式为

$$静态生产率 = \frac{测定期内总产出量}{测定期内要素投入量} \tag{1-5}$$

(2) 动态生产率:一时期(测定期)的静态生产率与以前某个时期(基准期)静态生产率的比值,其计算公式为

$$动态生产率指数 = \frac{测定期内静态生产率}{基准期静态生产率} \tag{1-6}$$

动态生产率反映了不同时期生产率的变化。如指数大于1,表示与基准期相比现期生产率提高了;若指数小于1,表示与基准期相比,现期生产率降低了。

1.4.2 生产率管理

生产率管理是对一个生产系统的生产率进行规划、测定、评价、控制和提高的系统管理过程。生产率管理是一个管理过程中的子系统,其内容包括根据系统产出和投入之间的关系来进行规划、组织、领导、控制和调节,主要是生产率的测评和生产率的提高。

1. 生产率测评的概念和意义

1) 生产率测评的概念

生产率的测评包括生产率的测定(productivity measurement)和评价(productivity evaluation),是对某一生产、服务系统或社会经济系统的生产率进行测定、评价及分析的活动。

生产率测定是根据生产率的定义,客观地度量和计算对象系统当前生产率的实际水平,为生产率分析提供基本素材和数量依据。

生产率评价是在将对象系统生产率实际水平测算的结果与既定目标、历史发展状况或者同类系统水平进行比较的基础上,对生产率状况及存在的问题进行系统的评价和分析,为生产率的改善与提高提供全面、系统和有价值的信息。

生产率的测定和评价相互依存,缺一不可。测定是评价的重要基础,没有经过测定的生产率评估是缺乏客观依据和说服力的。评价是测定的目的和必然发展,不进行评估和分析的生产率实际意义不大,所提供的信息没有实用价值。

2) 生产率测评的意义

在企业生产系统等微观组织进行生产率测评的意义主要表现在以下几个方面:

(1) 定期或快速评价各种投入资源或生产要素的转换效率及系统效能,确定与调整组织发展的战略目标,制定适宜的资源开发与利用规划和经营管理方针,保证企业或其他组织的可持续发展。

(2) 合理确定综合生产率的目标水平和相应的评价指标及调控体系,制定有效提高现有生产率水平、不断实现目标要求的策略,以确保用尽可能少的投入获得较好或者满意的产出。

(3) 为企业或组织诊断分析建立现实可用性的"检查点",提供必要的信息,指出系统绩效的"瓶颈"和发展的障碍,确定需优先改进的领域和方向。

(4) 有助于比较某一特定产业部门或者地区、国家各层次中不同微观组织的生产率水平及发展状况,通过规范而详细的比较研究,提出有针对性的并容易被人们接受的提高生产率的发展方案或相应措施,以提高竞争力,求得新发展。

(5) 有助于决定微观组织内部和工作人员的相对绩效,实现系统内各部分、各行为主体间利益分配的合理化和工作的协同有序,从而保证集体努力的有效性。

2. 生产率评价的方法

生产率评价要有切实的客观依据,这是第一位的,同时评价的最终结果在某种程度上又取决于评价主体的主观认识,这是由价值的特点所决定的。因此,可用来进行生产率评价的具体方法是多种多样的,比较有代表性的包括以经济关系和量化及优化分析为基础的成本-效益(投入-产出)分析法和数据包络分析法;以多指标评价和定性与定量分析相结合的层次分析法、模糊综合评判法等,参见图1-1。

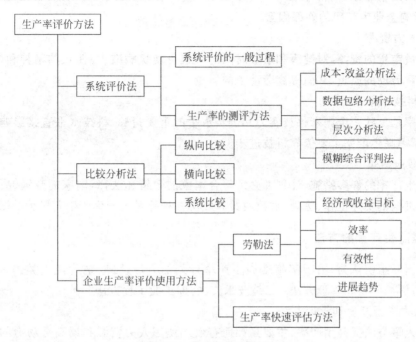

图1-1 生产率评价方法

劳勒认为,生产率是一个综合的量度和系统的评价,应满足以下几个目标的要求:①经济或收益目标;②效率,即产出对投入的关系;③有效性,即充分利用所有资源而可能得到的业绩相比较的结果;④进展趋势,即确认企业绩效是提高还是下降以及变动速度如何等。

生产率快速评估方法是一种对企业赢利率和生产率绩效、其固有的长处和弱点进行评估的方法。主要目的是分离出改进的问题领域,并确定改进的优先领域,为整个组织建立生产率测评与控制指标。包括三部分:企业绩效评价、定性评价和产业绩效评价。

1.4.3　影响生产率的因素及提高途径

1. 影响生产率的因素

影响生产率提高的因素很多,也很复杂。既有人的因素,也有物的因素;既有宏观因素,也有微观因素;既有历史因素,也有现实因素;既有技术因素,也有管理和政策因素;还有教育、文化等多方面的因素。在这些因素中,有些因素是生产系统本身的构成因素,有些则是生产系统外部的环境因素,并且它们相互影响,相互制约,共同发挥作用。

1) 影响企业生产率的内部因素

影响企业生产率的内部因素可分为硬因素(不易变化)和软因素(易变化)。硬因素包括产品、技术、设备和原材料;软因素包括劳动力、组织系统和程序、管理方式和工作方法。

2) 影响企业生产率的外部因素

(1) 人力资源

人是最宝贵的资源,对健康和余暇时间的重视可使疾病减少,使人的精神和体力充沛,提高管理和劳动的质量,从而提高劳动力的质量。

(2) 科技水平

生产率是反映一个国家科技实力和进步水平的重要指标,科技水平直接影响企业的生产率,不断提高生产率主要依靠科技进步。

(3) 政府政策

提高生产率的许多措施、计划都必须符合国家的政策和法律,国家的政策、战略和计划通过政府机构的实际工作、法规、财政政策和经济杠杆等对生产率产生着极大的影响。

2. 提高生产率的方法

一些国际组织认为,用于实施提高生产率计划的方法,可归纳为两大类:一是人事方法,即人力资源开发和管理方法;二是技术方法,即工业工程方法。

1) 人力资源开发和管理方法

运用人事方法提高生产率,主要是如何有效地使用人力资源和提高劳动力的质量。生产率提高计划能够顺利实施的关键在于让员工分享生产率提高所带来的物质和精神成果。

(1) 物质激励。在企业内有计划地分配生产率提高所获得的利益,是激励劳动者更好工作的关键。

(2) 非物质鼓励。在某些情况下,精神鼓励比物质鼓励对员工更有作用。精神鼓励能够促进更多的员工参与管理,能使员工感到自我价值的实现。

(3) 教育与培训。只有经过充分的教育培训,人才能成为有价值的资源,成为最重要的生产因素。教育和培训也可作为一种激励手段。

(4) 职业保障。在生产率提高计划实施阶段,管理者或有关部门应向员工解释提高生产率的目的和宗旨,并向员工提出职业保障的保证,以解除员工的忧虑,让每个员工都参与到提高生产率的活动中。这种职业保障在一定程度上也起到激励员工的作用。

2) 工业工程的方法

工业工程从产生开始就是为了追求更高的生产率。在我国,企业可以采取下列方法提高生产率。

(1) 运用工业工程原理和方法对现有生产组织进行系统分析,改进生产布局;

(2) 采用现代化制造技术,如 CNC、CAD、CAM、CAPP、FMC、FMS 和 CIM 等对生产

技术和设施进行更新改造；

（3）加强研究开发，开发新工艺，建立新流程；

（4）运用价值分析改进产品设计，减少工作量，降低成本；

（5）开展工作研究，改善作业和工艺系统，减少多余操作和无效工作时间；

（6）运用现代生产、库存技术，建立均衡和高效的生产系统；

（7）在生产系统设计和改造中运用现代物流技术；

（8）运用可靠性工作进行系统维护，保证系统运行质量；

（9）采用工效学知识和技术改善作业环境，创造良好的工作条件。

当前，工业工程技术在我国企业的运用还很不普遍，与国外发达国家相比还有很大差距，导致我国工业企业普遍存在诸如产品质量差、生产水平低、劳动消耗大、成本高等问题，造成企业生产水平低，经济效益差。因此，推广运用工业工程技术来解决以上问题是我国工业企业的一项紧迫任务。

思考题

1. 工业工程发展经历了哪几个阶段？各有什么特点？
2. 工业工程的意识是什么？具体包含什么内容？
3. 现代工业工程面临什么挑战？
4. 生产率是指什么？如何测定生产率？
5. 如何理解工业工程与生产率管理的关系？
6. 根据工业工程的定义，说明工业工程的基本特点。
7. 工业工程有哪些常用技术？
8. 工业工程的基本职能是什么？各有什么特点？
9. 简述影响企业生产率的因素和提高生产率的方法。

第2篇

方法研究

方法研究

2.1 方法研究概述

工作研究又称为基础 IE,其最显著的特点是只需很少投资或不需要投资的情况下,通过改进作业流程和操作方法,降低成本,提高产品质量和生产率,增强企业的竞争力。工作研究运用系统分析的方法消除工作中不合理、不经济的因素,寻求更好、更经济、更简捷的工作方法,以提高系统的生产率,其目的是避免浪费。工作研究包括的方法技术主要有两大类:方法研究和作业测定,其具体内容如图 2-1 所示。

方法研究的着眼点是挖掘系统的内部潜力,在不增加人员、设备和投资的情况下,借助于改善现行的方法和管理来提高劳动生产率,其实施效果要运用作业测定来衡量,而作业测定是减少生产中的无效时间,为作业制定标准时间,两者相辅相成。在进行工作研究时,一般是先进行方法研究,制定出标准的作业方法,然后再测定作业时间。

1. 方法研究的定义

方法是人们进行工作和生活所运用的整体手段和组成部分,好的方法可以帮助人们减少物资、能源、时间以及资金的消耗和浪费,实现低投入高产出。方法研究是运用各种技术对现有工作(加工、制造、装配、操作)方法进行系统的记录、严格的考察,设计出更经济、更合理和更有效的工作方法,从而减少人员、机器的无效动作,降低资源的消耗。

2. 方法研究的特点

(1) 求新意识。永不自满,永无止境的求新意识是方法研究的一个显著特点,不以现行的工作方法为满足,力图改进,不断创新。

(2) 着眼于企业内部挖潜。走内涵式发展的道路,寻求最佳的作业方法,力求在不投资

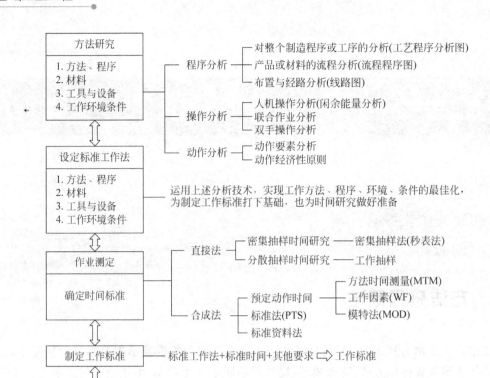

图 2-1 工作研究的内容

或少投资的情况下,获得更大的经济效益。

(3) 系统整体优化。方法研究首先着眼于整个工作系统、生产系统的优化(程序分析),然后再深入地解决局部问题(操作分析),进而解决微观问题(动作分析),从而达到系统整体优化的目的。

3. 方法研究的目的

开展方法研究主要有以下目的:
(1) 改进工艺和程序;
(2) 改进工厂、车间和工作场所的平面布置;
(3) 改进整个工厂和设备的设计;
(4) 经济地使用人力,减少不必要的疲劳;
(5) 改进物料、机器和人力的使用,提高生产率;
(6) 改善实际工作环境,实现文明生产;
(7) 降低劳动强度。

2.2 方法研究的内容与层次

方法研究以整个生产过程及生产过程的组成为研究对象,解决系统优化的问题。生产过程是指从产品投产前一系列生产技术组织开始,经过一系列的加工,直至成品生产出来的全部过程。生产过程又可分为自然过程和劳动过程。

自然过程是指借助于自然力直接作用于劳动对象而完成生产过程中的一部分,如油漆的自然干燥、热处理零件的自然冷却等。劳动者使用劳动工具,作用于劳动对象,使劳动对象按照人们预定的目的制成质量合格的产品,这一过程就是劳动过程,如将原材料加工成产品的过程。劳动过程按其功能又可分为生产准备过程、基本生产过程、辅助生产过程和生产服务过程。

方法研究与生产过程之间的关系如图 2-2 所示。

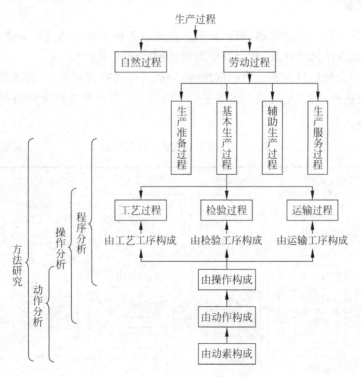

图 2-2 方法研究与生产过程之间的关系

方法研究立足于全局,是从宏观到微观,从整体到局部,从粗到精的研究过程。进行方法研究时常用的分析技术有:程序分析、操作分析和动作分析。

1. 程序分析

程序分析以整个生产过程为对象,研究分析一个完整的工艺程序,从第一工作地到最后一个工作地全面研究,分析有无多余或重复的作业,程序是否合理,完善工作程序和工作方法。其目的是:取消不必要的程序,合并一些过于细分或重复的工作;改变部分操作程序,以避免重复;调整布局,以节省搬运;重排和简化剩余的程序,重新组织一个效率更高的程序。

2. 操作分析

操作分析着眼于解决局部关键问题,研究分析以人为主体的工序,使操作者、操作对象、操作工具三者科学地组织、合理地布局和安排,以减轻工人的劳动强度,减少作业时间的消耗,使工作质量得到保证。

3. 动作分析

动作分析深入解决微观问题,研究分析人在进行各种操作时的身体动作,以排除多余动作、减轻疲劳,使操作简便有效,从而制定出最佳的动作程序。

方法研究的分析过程具有一定的层次性,一般首先进行程序分析,使工作流程标准化及优化,然后进行作业分析,最后进行动作分析。表 2-1 是日本规格协会介绍的方法研究的分析层次和技术。

表 2-1 方法研究的分析层次和技术

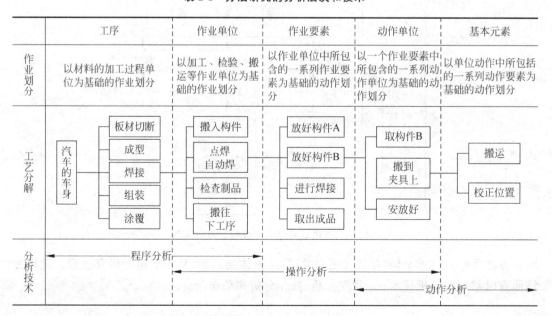

2.3 方法研究的基本步骤

方法研究将复杂的问题逐步地加以剖析,以寻求得到最佳的解决方法,实施方法研究的步骤如下。

1. 选择所要研究的工作和工艺

在选择某项作业进行方法研究时,必须考虑以下因素:

(1) 经济因素。考虑该项作业在经济上有无价值,如阻碍其他生产工序的"瓶颈"、长距离的搬运物料或需要大量人力和反复搬运物料的操作等。

(2) 技术因素。需要明确是否有足够的技术手段来从事这项研究。

(3) 人的因素。要充分调动员工的积极性,取得他们的支持,激发他们的工作热情,从而使方法研究更深入地开展。

2. 观察现行方法,记录全部事实

在选定了研究对象后,就需要利用适当的记录方法,记录与现行方法有关的事实,这些事实是分析现行方法、开发新方法的基础。记录的事实要求准确、清晰和明了,需要对记录的每一件事逐项进行考察,考察的内容包括:该事的目的、发生的地点、完成的顺序、当事人、采用的方法,等等。常用的记录技术是图表法和图解法,主要有如下几类。

(1) 表示工艺过程的图表,如工艺程序图、流程程序图和双手操作图等。

(2) 利用时间坐标的图表,如人机程序图、联合作业分析图等。

(3) 表示活动的图解,如线路图、线图等。

3. 分析研究和设计新的方法

分析的方法采用 5W1H 提问技术和 ECRS 四大原则,通过提问技术发掘问题之所在,然后按照取消(eliminate)、合并(combine)、重排(rearrange)、简化(simplify)的原则来建立新方法。

4. 评选最优方案

通过综合评价和作业测定,挑选出改善效果最好的方案。判断最佳方案时需要考虑如下因素。

(1) 经济性。在评选方案时,必须对每个方案做成本预算,进行比较,选择节省费用最多的方案。

(2) 安全与管理问题。所设计的新方案中,需要考虑机器设备及其工具的安全性、维护保养方式,以及产品质量和管理等问题。

(3) 相关单位的协作配合。新方案的实施需要得到所在部门领导的支持,还需各有关单位的协作配合。

5. 计算标准作业时间

确定所选方法的工作量及有关的作业时间,通过作业测定制定该项工作的标准作业时间。

6. 制定标准方法

在新方案实施取得预期效果后,将其内容编制成相应的工作标准,如产品标准、原材料标准、机器设备和工具标准、工作环境标准、动作标准以及作业指导书等,建立新的工作目标,并按照新的工作目标培训操作工人。

7. 实施与维持新方案

在实施中观察新方案的各种效果,检查新方案是否达到预定目标,所定标准与实际情况是否有差异、有无调整的必要。如发现有不当之处,应加以修正;如达到预期目标,效果良好,则以适当的管理方法来维持。

方法研究按照上述步骤不断循环进行,每循环一次解决系统中存在的部分问题,循环往复,使整个工作系统不断得到优化。

思考题

1. 方法研究的概念、特点与目的是什么?
2. 方法研究的内容是什么?
3. 方法研究的基本步骤有哪些?
4. 简述方法研究在企业应用的场合。
5. 方法研究要具有强烈的问题意识,你认为企业生产和管理的改进是永无止境的吗?为什么?
6. 简要说明 5W1H 提问技术的实施程序(可用流程图表示)。
7. ECRS 原则的具体内容是什么?

Chapter 3 程序分析

3.1 程序分析概述

1. 程序分析的基本知识

1) 程序分析的含义

程序分析是以产品的整个生产过程为研究对象的一种研究方法,它按照生产流程,从第一个工作地到最后一个工作地,从第一道工序到最后一道工序,从原材料入厂到产品出厂,对生产全过程进行全面的分析。程序分析通过调查分析现行工作流程,改进流程中不经济、不均衡、不合理的现象,以提高工作效率。

程序分析采用规定的符号,对研究对象从原材料投入到成品产出的全过程进行记录,分析生产流程改进的可能性。从生产过程中的加工、搬运、检验、工具设备等方面着手,对生产过程整体进行分析,有效地掌握现有流程的问题点,制定改善对策,提高流程的效率。

程序分析是对整个生产过程的宏观分析,不是针对一个生产站点、生产环节或生产工序为研究对象,而是以整个生产系统为研究对象,是对生产全过程全面、系统而概略的研究分析。它的主要作用是掌握生产工艺过程、检验过程、物料搬运过程的实际情况,改善不合理、不科学的作业内容、作业方法以及现场布置,减少浪费,提高作业效率。

2) 程序分析的研究对象

程序分析的研究对象是企业的生产系统,而生产过程通常由加工(操作)、检验、搬运、等待和储存5种活动构成,因此,程序分析通常从这5个方面着手进行,其主要内容如下。

(1) 操作分析。对加工操作方法与步骤进行分析,通过改善,直接减少操作时间与操作量,减少搬运等步骤,优化生产工艺,改进整个生产过程。它是程序分析中最重要的分析过程,涉及产品设计和新的生产工艺及设备的应用。

(2) 搬运分析。分析搬运重量、距离与时间消耗,改进搬运方法与工具,减轻劳动强度和时间消耗。同时,对厂区及车间设施布局进行改善,改进物流路线,减少搬运距离。

(3) 检验分析。检验的目的是为了剔除不合格产品。因此,应根据产品的功能与精度要求,利用必要的工具与现代化手段,设计合理、简便的检验方法,提高检验效率。

(4) 储存分析。从现代物流的角度,库存应追求及时化而非最大化。因此,储存分析应着重对库存管理策略、管理方法、及时供应等方面进行,以保证能及时地将生产所需的物料按所需的数量供应到所需的地点。

(5) 等待分析。任何等待都会增加成本,因此等待应降低至最低限度。要分析引起等待的原因,进行相应的改进。

2. 程序分析的种类

程序分析的种类,按照不同的研究对象和目的,主要分为以下几类:
(1) 工艺程序分析;
(2) 流程程序分析;
(3) 线路图或线图分析;
(4) 管理事务分析。

对产品的整个生产过程进行分析时,采用工艺程序分析图进行记录和分析。对产品或人员的流动进行分析时,采用流程程序图进行记录和分析,流程程序图又有人型和物型之分。对平面布置、搬运过程、物流线路等进行分析时,采用线路图或线图进行记录和分析。对管理业务流程进行分析时,采用管理事务分析图进行分析和记录。

3. 程序分析的符号

程序分析中所用到的记录符号主要有以下几种,如表 3-1 所示。

表 3-1　程序分析的常用符号

符号	名称	符号的含义
○	加工(操作)	表示对生产对象进行加工、装配、包装、处理等
⇨	搬运	表示对生产对象进行搬运、输送、运输等,或作业者位置的变化
□	检验	表示对生产对象进行数量或质量的检验及某种操作执行情况的检查
D	暂存	表示生产对象在工作地附近的临时存放、暂存或等待。为事情进行中的等待,如前后两道工序间处于等待的工作、零件,等电梯、公文等候批示,等待开箱的货箱
▽	储存	表示受控制的储存,有计划地将产成品等存入仓库
◎	加工及检验	这是在原来 5 种符号的基础上派生出的符号。表示同一时间或同一工作场所由同一人执行操作与检验工作

储存与暂存不同,储存是有目的的停留,储存物品需办理票据手续,登记入账。而暂存则是临时的等待,无须办理票据手续。

4. 程序分析的基本方法

1) 5W1H 分析法

程序分析时,用 5W1H 分析法进行提问,能以科学、简洁的思路,尽快找到生产现场存在的问题。在分析时,针对现场中操作、搬运、检验、暂存、储存 5 个方面的内容,运用 5W1H 进行分析,做什么——What? 在何处做——Where? 何时做——When? 由谁做——Who? 为何要做——Why? 如何做——How? 称之为 5W1H 提问法,见表 3-2。用提问的形式对所记录的生产流程中的事实进行分析,从而发现其中存在的浪费或不合理之处。

表 3-2 5W1H 提问法

	第一次提问	第二次提问	第三次提问	结　　论
	现状	为什么	能否改善	新的方案
对象	做什么(What)	为何要做(Why)	能否用别的代替	应该做什么
地点	在什么地方做(Where)	为何在此地做(Why)	能否在别处做	应该在哪里做
时间	在什么时间做(When)	为何在此时做(Why)	能否在别的时间做	应该在什么时间做
人员	由何人做(Who)	为何由他做(Why)	能否由别人做	应该由谁做
方法	怎样做(How)	为何这样做(Why)	能否用别的方法做	应该如何做

2) ECRS 原则

通过 5W1H 提问对以上 5 个方面逐一分析后,运用 ECRS 原则进行处理,找到解决问题的方法。无论对何种工作、工序、动作、布局、时间、地点等,都可以运用取消、合并、重排和简化 4 个原则进行分析,形成一个新的人、物、场所结合的新概念和新方法。

取消(eliminate):对所研究的工作,首先考虑取消的可能性。对于不必要的内容予以取消,是不需要投资的改进,是改进的最高原则。例如,分析现场某道工序是否有必要,如果可以就取消这道工序。

合并(combine):对于不能取消的内容,再看能否合并,从而达到省时、简化的目的。例如,在生产中考虑能否将几道工序合并,尤其是在流水线生产上,合并的效果能立竿见影地改善并提高效率。

重排(rearrange):对工作的先后顺序进行重新组合,达到改善的目的。例如考虑能否在生产中改变一下工艺顺序,改变后能否提高效率。

简化(simple):对某一工作流程进行取消、合并、重排的尝试之后,依据动作经济原则对该项工作进行深入的分析研究,使方法和动作尽量简化。使新的工作方法科学合理,效率更高。

3) 动作经济原则

动作经济原则是吉尔布雷斯所首创,称为"动作经济与效率法则",后来经过工业工程方面的学者多年研究、完善,称为"动作经济原则"。它是为配合人体手臂及手的动作,归纳出最省力省时的动作原则,用以检视工作场所及操作效率是否有值得改善的地方,以减少工作人员的疲劳并提高工作效率。应用这些原则来改善个人、家庭及公司内的工作方法,可以达到舒适、省力、省时、提高效率的效果。

程序分析时考虑动作的经济节省,可以在不增加操作人员的疲劳甚至减少作业人员疲劳的前提下,实现缩短操作人员的操作时间、提高工作效率的目的。

5. 程序分析的步骤

程序分析按选择、记录、分析、建立、实施、维持6个步骤进行,其具体内容如表3-3所示。

表3-3 程序分析的步骤

步骤	内容
选择	选择分析的对象
记录	针对不同的研究对象,用不同种类的分析图表对现行的生产及业务流程进行记录
分析	用5W1H方法对所记录的事实进行逐项分析,并运用ECRS原则对有关程序进行处理
建立	在上述基础上,建立最实用、最经济、最合理的新方法
实施	实施新的工作方法
维持	坚持规范及经常性的检查,维护标准方法,持续改善,直至完善

6. 程序分析的实施原则

(1) 程序分析实施的基本原则——ECRS原则。即尽可能取消不必要的工序;合并工序,减少搬运;安排最佳的顺序;使各工序尽可能经济化;找出最经济的移动方法;尽可能地减少在制品的储存。

(2) ECRS原则在用于分析工序、操作时应考虑的因素:是否是必要的工序或操作?工作的顺序能否变更?设备是否能变更或更新?工厂、车间的布置或设备能否重新组合?操作、储存位置能否改变?材料规格是否需重新订购?是否发挥操作者的个人技术特长?

(3) ECRS原则在用于分析搬运时应考虑的因素:取消不必要的操作;改变物品存放的场所或位置;改变工厂、车间布置;采用另一种搬运方法;重新制定工艺路线和工作顺序;重新进行产品设计;改变原材料或零部件的规格。

(4) ECRS原则在用于分析等待时取消或缩短时间应考虑的因素:能否改变工作顺序、工厂、车间布置?能否改造设备或采用新设备?

(5) ECRS原则在用于分析检验时应考虑的因素:它们是否真的有必要?有何效果?有无重复性?别人做是否更适合?能否采用数理统计技术?

(6) 尽可能地减少在制品的储存

总之,针对操作、搬运、检验、等待、储存各个因素,利用ECRS原则进行取消、合并、重排、简化。

7. 程序分析时的注意事项

程序分析时需注意以下事项，以更好地实现目标。
（1）注意明确区分分析对象是产品还是作业者；
（2）开始分析时，要首先明确分析范围和分析的目的，不要遗漏问题；
（3）在现场与作业者和管理者共同分析，获得他们的支持和帮助；
（4）以最基本的主流程为基准进行分析，临时的工序流程变更一般不作为分析的范围；
（5）制订改善方案时，以流程整体的改善作为优先考虑目标。

3.2 工艺程序分析

3.2.1 工艺程序分析的概念

工艺程序分析是对现场的宏观分析，是以生产系统或业务工作系统为分析对象，对生产或工作全过程所进行的概略分析。它利用工艺程序图，针对生产过程中的"操作"和"检验"两种主要工序，对产品生产的工艺方法、工艺过程、原材料使用等进行描述，分析与改善产品的生产全过程。

工艺程序分析目的是改善整个生产过程中不合理的工艺内容、工艺方法和工艺程序，优化作业现场的空间配置，通过科学的考察与分析，设计出最经济合理、最优化的工艺方法、工艺程序、空间配置。

3.2.2 工艺程序图

1. 工艺程序图的概念

工艺程序图是对生产过程的概略描述，主要反映生产系统的全面概况以及各构成部分之间的相互关系。工艺程序图是将所描述对象的各个组成部分，按照加工顺序或装配顺序自上而下、自右至左依次画出，并注明各项材料和零件的规格、型号、加工时间、装配顺序和加工要求。

工艺程序图是编制生产计划、采购计划、核算零件工艺成本以及控制外购件进货日期等的重要依据。

2. 工艺程序图的构成

工艺程序图由表头与图形构成。

1) 表头

工艺程序图的表头一般应包括研究对象的名称或编号、研究内容、研究者、审核者、研究时间、所在部门等内容,并说明研究的是现行方法还是改进方法。此外,绘出工艺程序图后,对绘制出来的工艺程序图,对图中"加工"、"检验"两工序分别进行统计,得到统计结果,如表3-4所示。

表 3-4 工艺程序图表头

研究对象:	研究方法:	统计		
编号:		内容	次数	时间/h
		加工		
研究者:	研究日期:	检验		
审核者:	审核日期	合计		

2) 工艺程序图的绘制

在绘制工艺程序图之前,必须先掌握充分的资料,如产品的工艺过程(加工工艺、装配工艺)和原材料(或零件)的品种、规格、型号及每一工序的时间等。

在工艺程序图中,工艺程序的顺序以垂直线表示,而以水平线代表材料(或零、部件)的引入,无论是自制件还是外购件,均以水平线导引至垂直线,加入行列。主要零件画在最右边,其余零件按其在主要零件上的装配顺序,自右向左依次排列。

垂直线表示工艺流程的顺序,以主要零件作为工艺程序图的主要垂直线,"加工"与"检验"符号画在垂直线上,各加工(检验)符号之间用垂直短线(长 6mm)连接。

水平线代表材料及零件的投入,引入线上应填写材料或零件的规格和型号。

在加工或检验符号的右边填写加工或检验的内容,还可注明使用的工具或设备,符号的左边记录加工时间。

按照实际加工、装配的先后顺序,将加工与检验的符号分别编号,由序号1编起,从上向下,自右至左,遇有水平线即转入下一个零件连续编号,序号写在符号内。

工艺程序图的基本形式如图3-1所示。

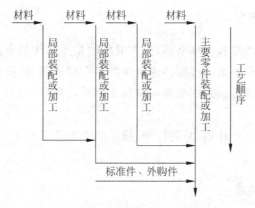

图 3-1 工艺程序图的基本形式

如果一件工作需分成几部分分别处理,此时一个主要程序要分成几个分程序,形成分解型的工艺程序图。通常是将主要的分程序置于最右边的一行,其余的依其重要性自右向左依次排列。如电拖车修理可分成动力、车架、电池 3 个部分分别进行检查及维修,动力部分最重要,置于最右边,画出部分的工艺程序图见图 3-2。

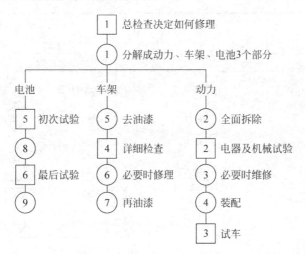

图 3-2 分解型工艺程序图示例

3.2.3 工艺程序分析的应用

进行工艺程序分析时,通过工艺程序图,我们可以清晰地了解以下几点:
(1) 操作及检验的内容及其在生产线上的大致位置,判定质量管理的重点工序;
(2) 零件或原材料的规格、型号和数量,因而也提供了新产品的预算及产品的生产成本。
(3) 制造工艺,从而形成对工厂布局的大体概念;而操作及检验时间数据,可以作为生产线平衡的依据;

可以认为工艺程序分析引导出产品生产的最佳工艺流程设计,在生产现场具有广泛的应用。

例 3-1 某机车车辆厂对敞车中梁生产工艺进行技术革新,敞车中梁组件主要由主梁、心盘座、中梁隔板、枕梁下盖板 4 个零件组成,敞车中梁组件的工艺程序图如图 3-3 所示。主梁材料为乙型钢,心盘座材料为 Q450NQR1,中梁隔板材料为 Q235 钢板,枕梁下盖板材料为 Q450NQR1 高强度耐候钢板。

1. 记录

用工艺程序图对中梁组件的生产过程进行记录。

研究对象：中梁组件	研究方法：	统计		
编号：		内容	次数	时间/h
研究者：	研究日期：	加工	34	
审核者：	审核日期：	检验	6	
		合计	40	

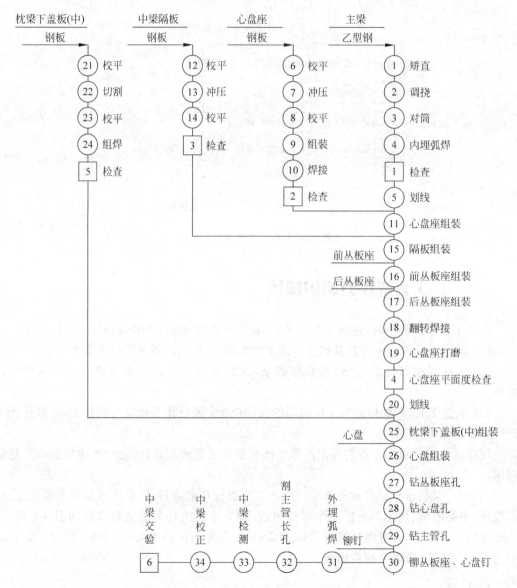

图 3-3 敞车中梁工艺程序图（改进前）

2. 考察

运用5W1H方法进行分析,提出如表3-5所示的问题。

表3-5 中梁组件生产工艺程序提问表

问	答
主梁矫直和调挠是否可以同时进行?	可以,但是需要配置新的型钢矫直机
对筒组装和内埋弧焊是否可以合并?	可以
前丛板和后丛板的组装是否可以同时完成?	可以,但是需要使用工装夹具
心盘座配件的组装与焊接是否可以一次完成?	可以,可以设计组装焊接台一次成型焊接
心盘座组装与隔板组装及其划线是否可以合并?	可以
心盘与枕梁下盖板(中)的组装及其划线是否可以合并?	可以
为何要在不同的工序钻丛板座孔、心盘孔?是否可以一次完成?	钻孔需要定位,所以要分别钻孔。可以采用组合钻同时钻丛板座和心盘的全部铆钉孔
主管为何要先钻孔,后割长孔,是否可以在同一工序完成	可以。采用机械手切割一次成型

3. 改进

针对以上问题,以ECRS技术进行分析改进,得到以下结论。

(1) 中梁矫直及调挠工序通过配置新的型钢矫直机合并工序,提高效率;

(2) 对筒组装和内埋弧焊工序可合并,既减少了转运时间又可防止组装后转运造成的变形;

(3) 前丛板、后丛板组装工序可通过设计工装夹具一次组装成功,合并工序;

(4) 钢板冲压、切割前工序可减少;

(5) 心盘座配件组装、焊接可通过设计组装焊接台一次成型焊接;

(6) 心盘座组装、隔板组装及其划线工序可合并;

(7) 心盘、枕梁下盖板(中)组装及其划线工序可合并;

(8) 采用组合钻钻全部铆钉孔,合并工序;

(9) 原割主管长孔工序采用先钻两孔再割长孔,工艺不合理,通过重排、合并,采用机械手切割一次成型,大大提高了效率。

通过以上分析改进,加工工序数由34道减为20道,简化了工艺,提高了工作效率。改进后的工艺程序图如图3-4所示。

研究对象：中梁组件	研究者：	统计		
研究日期：		内容	次数	时间/h
审核者：	审核日期：	加工	20	
		检验	6	
		合计	26	

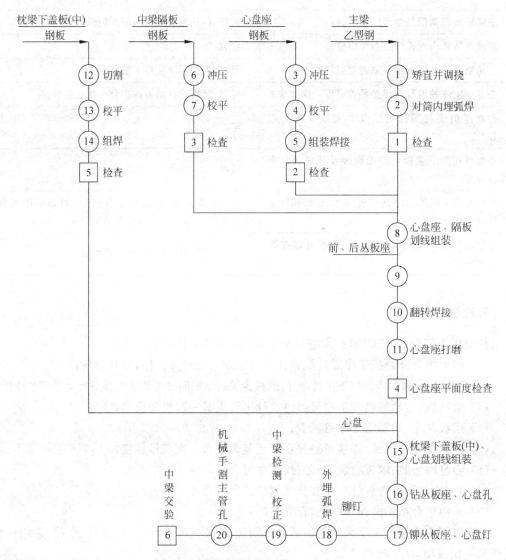

图 3-4　敞车中梁工艺程序图（改进后）

3.3 流程程序分析

3.3.1 流程程序分析概述

1. 流程程序分析的概念

流程程序分析是程序分析中最基本、最重要的分析技术。它以零件的加工制造全过程或人员进行某项工作的活动全过程为研究对象，运用程序分析的方法和工具，用流程程序图对整个制造(或活动)过程作详细的记录。流程程序分析将生产过程划分为操作、检验、搬运、储存、暂存5种状态加以记录。

流程程序分析与工艺程序分析相似，都属于对工作现场的宏观分析，它借助于流程程序图进行记录和分析，一般是对某一关键零部件的加工制造全过程进行研究，以发现搬运、等待、储存等过程中"隐藏"的成本浪费。它们的不同之处在于，工艺程序分析研究的是一个产品或组成件的工艺流程，而流程程序分析研究的是一个零件的加工过程或一个人的活动过程。

2. 流程程序分析的用途

(1) 帮助研究者了解零件生产制造全过程，为生产流程的进一步优化提供依据；
(2) 获取零件生产的流程、设备、方法、时间等方面的详细资料，为制定生产计划提供依据；
(3) 为生产现场设施、设备的优化布置提供基础资料；
(4) 不论工作研究过程中运用何种技术，流程程序图是必经的一步，它是最基本的也是应用最普遍的一种工具。

3.3.2 流程程序图

流程程序图是以图的形式对生产现场的某一产品或零件的整个制造程序作详细的记录。由操作、检验、搬运、储存、暂存5种符号组成。

与工艺程序图相比，流程程序图增加了对搬运、储存、等待程序的记录。除了记录时间外，还要记录搬运的距离。

1. 流程程序图的分类

流程程序图根据其研究对象可以分为对材料或产品的生产过程进行记录的流程程序图(物料型)，对人员的工作过程进行记录的流程程序图(人型)。图3-5和图3-6为一个车工在现场工作时的工作范围及车制一根长轴的流程程序图，其中图3-6为物料型流程程序图。

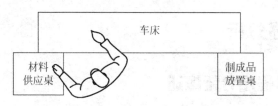

图 3-5　某车工的工作范围

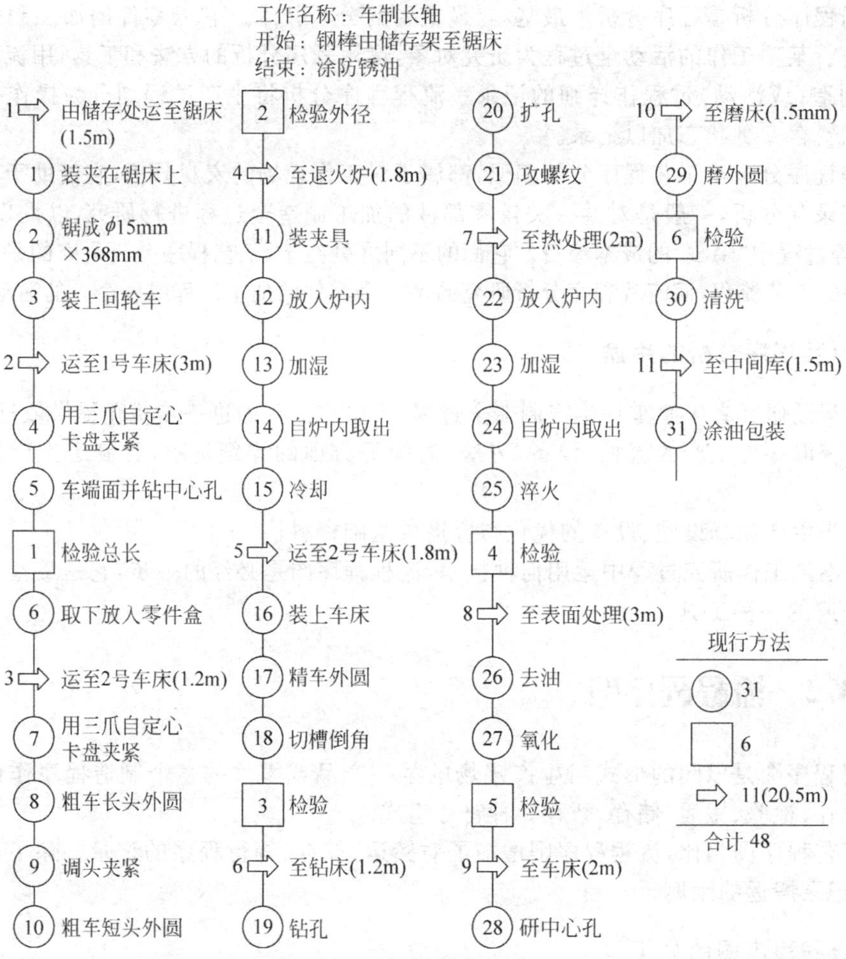

工作名称：车制长轴
开始：钢棒由储存架至锯床
结束：涂防锈油

1⇨ 由储存处运至锯床(1.5m)	2▢ 检验外径	20○ 扩孔
1○ 装夹在锯床上	4⇨ 至退火炉(1.8m)	21○ 攻螺纹
2○ 锯成 φ15mm×368mm	11○ 装夹具	7⇨ 至热处理(2m)
3○ 装上回轮车	12○ 放入炉内	22○ 放入炉内
2⇨ 运至1号车床(3m)	13○ 加湿	23○ 加湿
4○ 用三爪自定心卡盘夹紧	14○ 自炉内取出	24○ 自炉内取出
5○ 车端面并钻中心孔	15○ 冷却	25○ 淬火
1▢ 检验总长	5⇨ 运至2号车床(1.8m)	4▢ 检验
6○ 取下放入零件盒	16○ 装上车床	8⇨ 至表面处理(3m)
3⇨ 运至2号车床(1.2m)	17○ 精车外圆	26○ 去油
7○ 用三爪自定心卡盘夹紧	18○ 切槽倒角	27○ 氧化
8○ 粗车长头外圆	3▢ 检验	5▢ 检验
9○ 调头夹紧	6⇨ 至钻床(1.2m)	9⇨ 至车床(2m)
10○ 粗车短头外圆	19○ 钻孔	28○ 研中心孔
		10⇨ 至磨床(1.5mm)
		29○ 磨外圆
		6▢ 检验
		30○ 清洗
		11⇨ 至中间库(1.5m)
		31○ 涂油包装

现行方法
○ 31
▢ 6
⇨ 11(20.5m)
合计 48

图 3-6　加工一根长轴的流程程序图（物料型）

图 3-7 为某工人用量规测量工件尺寸的流程程序图（人型）

```
1 ⇨ 到仪器柜(5m)
① 开仪器柜
② 拿起量规
2 ⇨ 带量规回工作台(5m)
③ 调整量规
□ 用量规核对工件尺寸
3 ⇨ 带量规至仪器柜(5m)        现行方法
④ 放回量规                    ○ 5
⑤ 关仪器柜                    □ 1
                              ⇨ 4(20m)
4 ⇨ 回工作台(5m)               10
```

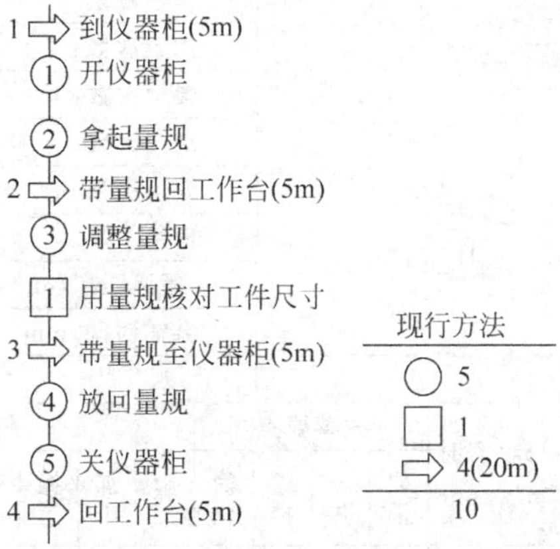

图 3-7　某工人用量规测量工件尺寸的流程程序图（人型）

2．流程程序图的形式

在实际工作中，流程程序一般用设计好的图表加以记录。主要由表头、图形和统计 3 个部分组成。表头部分是对所研究的工作的说明，主要有工作名称、工作部门、工作方法、编号、开始状态、结束状态、研究者、审核者、日期等。

流程程序图的格式通常有两种，见图 3-8 和图 3-9。与图 3-2 所示的工艺程序图相比，流程程序图表使用更方便，记录更详尽。

工作名称：_____编号：_____	统计			
	项别	次数	时间/min	距离/m
开　　始：	加工 ○			
结　　束：	检查 □			
研究者：_____日期：_____	搬运 ⇨			
审阅者：_____日期：_____	等待 D			
	储存 ▽			
工作说明	距离/m	时间/min	工序系列				
			加工	检查	搬运	等待	储存
			○	□	⇨	D	▽
			○	□	⇨	D	▽
			○	□	⇨	D	▽
			○	□	⇨	D	▽

图 3-8　流程程序图格式一

								统	计 表			
								项别	现行方法	改良方法	节省	
工作部别：_____ 编号：_____								加工次数：○				
工作名称：_____ 编号：_____								搬运次数：⇨				
开　　始：_____								检查次数：□				
结　　束：_____								等待次数：D				
研究者：_____　____年____月____日								储存次数：▽				
审阅者：_____　____年____月____日								搬运距离/m				
								共需时间/min				
现行方法								改良方法				
步骤	情况					工作说明	距离/m	需时/min	改善要点				步骤	情况					工作说明	距离/m	需时/min
	加工	搬运	检查	等待	储存				取消	合并	重排	简化		加工	搬运	检查	等待	储存			
—	○	⇨	□	D	▽								—	○	⇨	□	D	▽			
—	○	⇨	□	D	▽								—	○	⇨	□	D	▽			
—	○	⇨	□	D	▽								—	○	⇨	□	D	▽			

图 3-9　流程程序图格式二

通过流程程序图，可以直接在表上记录并进行提问考察分析，把改进点（取消、合并、重排、简化）直接注出。同时，使用流程程序图格式二时，还可把改良方法列于图的右侧以对改善前后两种方法加以对比。

值得注意的是，图上所记录的应是对生产工艺流程进行直接观察所得，并通过工作说明提供完整、连续、准确的信息，使人能看懂流程的全过程。

3.3.3　流程程序分析的应用

例 3-2　某电饭煲公司产品装配作业的改善。

1. 选择

对生产现场进行调查研究，发现该公司在电饭煲组装过程中，其装配环节大多数工作是人工操作，工作量大，作业效率不高，且管理难度大，是影响电饭煲生产效率和质量的关键环节。因此，选择装配环节作为研究对象，用流程程序分析技术对其进行分析和改善，优化作业流程。

2. 观察并记录

对某品种电饭煲装配作业流程进行认真的观察，并在事先准备好的流程程序图表上加以记录，见图 3-10。

工作部门：装配组
开　　始：装开盖按钮
结　　束：彩箱封箱
研　究　者：韦某某
审　阅　者：
编号：

统计表

活动内容	现行	改良	节约
操作	41	28	13
搬运	35	25	10
检验	4	3	1
等待			
储存			
距离			
时间			

现行方法

步骤	操作	搬运	检查	等待	储存	工作说明	距离/m	需时/s	取消	合并	重排	简化
1	●	⇨	□	D	▽	装开盖按钮		8.7				
2	○	⬆	□	D	▽	搬往下一道工序	0.5	1				
3	●	⇨	□	D	▽	放上盖总成与导线穿入导线孔		11.6				
4	○	⬆	□	D	▽	搬往下一道工序	1.8	3.6				
5	●	⇨	□	D	▽	安装上盖总成		6.3		√		
6	○	⬆	□	D	▽	搬往下一道工序	2	4		√		

改良方法

步骤	操作	搬运	检查	等待	储存	工作说明	距离/m	需时/s
1	●	⇨	□	D	▽	外壳罩与开盖按钮安装		11.5
2	○	⬆	□	D	▽	搬往下一道工序	0.5	1
3	●	⇨	□	D	▽	安装防溢盖板、打码、贴警语		11.2
4	○	⬆	□	D	▽	搬往下一道工序	1.8	3.6
5	●	⇨	□	D	▽	面盖穿线与安装		9.0
6	○	⬆	□	D	▽	搬往下一道工序	2	4

图 3-10　某公司电饭煲装配流程程序图

序号	●	⇧	□	▽	工序内容	时间	✓	时间	工序内容	▽	□	⇧	●	序号
7	●	⇧	□	▽	贴显示板、电路板与机架安装	11.7		8.3	外锅紧固接地螺钉	▽	□	⇧	●	7
8	○	⬆	□	▽	搬往下一道工序	1.8/3.6	✓	1.8/3.6	搬往下一道工序	▽	□	⬆	○	8
9	●	⇧	□	▽	电热盘点焊端子板	8.5		8.5	电热盘点焊端子板	▽	□	⇧	●	9
10	○	⬆	□	▽	搬往下一道工序	2/4	✓	2/4	搬往下一道工序	▽	□	⬆	○	10
11	●	⇧	□	▽	紧固电热盘与外锅	10.3		10.3	紧固电热盘与外锅	▽	□	⇧	●	11
12	○	⬆	□	▽	搬往下一道工序	1.5/3	✓	1.5/3	搬往下一道工序	▽	□	⬆	○	12
13	●	⇧	□	▽	安装外锅总成	9		9	外壳罩装外锅总成	▽	□	⇧	●	13
14	○	⬆	□	▽	搬往下一道工序	2/4	✓	2/4	搬往下一道工序	▽	□	⬆	○	14
15	●	⇧	□	▽	紧固电路板及电路板支架	11.3	✓	6.9	撕电路板膜	▽	□	⇧	●	15
16	○	⬆	□	▽	搬往下一道工序	1.8/3.6	✓	6.9	紧固电路板	▽	□	⬆	○	16
17	●	⇧	□	▽	关键物料扫码、放置电路板总成	11.8		6.9	紧固电路板支架	▽	□	⇧	●	17
18	○	⬆	□	▽	搬往下一道工序	1.8/3.6	✓	1.8/3.6	搬往下一道工序	▽	□	⬆	○	18

图 3-10（续）

编号	●	⇧	□	D	▽	说明	数量	时间	✓	时间	数量	说明	▽	D	□	⇧	●	编号
19	●	⇧	□	D	▽	按钮支架粘贴LED纸		8.7				外钢扣合、传感器安装、电路板插线	▽	D	□	⇧	●	19
20	○	⬆	□	D	▽	搬往下一道工序	2	4	✓	12.1		搬往下一道工序	▽	D	□	⬆	○	20
21	●	⇧	□	D	▽	关键物料扫码		10.4	✓	4	2	紧固传感器、电路板插线	▽	D	□	⇧	●	21
22	○	⬆	□	D	▽	搬往下一道工序	2	4	✓	11.9		搬往下一道工序	▽	D	□	⬆	○	22
23	●	⇧	□	D	▽	紧固电热盘与外壳		7.4	✓	4	2	紧固电热盘与外壳	▽	D	□	⇧	●	23
24	○	⬆	□	D	▽	搬往下一道工序	1.5	3	✓	10.4		搬往下一道工序	▽	D	□	⬆	○	24
25	●	⇧	□	D	▽	端子板紧固配线		8.8	✓	3	1.5	端子板紧固配线	▽	D	□	⇧	●	25
26	○	⬆	□	D	▽	搬往下一道工序	1	2	✓	8.8		搬往下一道工序	▽	D	□	⬆	○	26
27	●	⇧	□	D	▽	电路板插黑线与蓝线		7.7	✓	2	1	紧固插座、安装控制面板	▽	D	□	⇧	●	27
28	○	⬆	□	D	▽	搬往下一道工序	1	2	✓	12.1		搬往下一道工序	▽	D	□	⬆	○	28
29	●	⇧	□	D	▽	紧固主温控器与外钢		6.7	✓	2	1	插插座（地、火、零3线）套地线	▽	D	□	⇧	●	29
30	○	⬆	□	D	▽	搬往下一道工序	1.5	3		10.5		搬往下一道工序	▽	D	□	⬆	○	30
										3	1.5							

图 3-10（续）

序号	● ○	⇧ ⬆	□	D	▽	工序内容			时间
31	●	⇧	□	D	▽	主电路板插线			6.7
32	○	⬆	□	D	▽	搬往下一道工序		✓	2 1
33	●	⇧	□	D	▽	插座插线			8.6
34	○	⬆	□	D	▽	搬往下一道工序		✓	4 2
35	●	⇧	□	D	▽	外壳安装			6.5
36	○	⬆	□	D	▽	搬往下一道工序		✓	3.6 1.8
37	●	⇧	□	D	▽	提手与接地线安装			10.1
38	○	⬆	□	D	▽	搬往下一道工序		✓	3.6 1.8
39	●	⇧	□	D	▽	紧固接地线			7.7
40	○	⬆	□	D	▽	搬往下一道工序		✓	2 1
31	●	⇧	□	D	▽	电路板与机架外壳罩紧固			11.3
32	○	⬆	□	D	▽	搬往下一道工序			2 1
33	●	⇧	□	D	▽	扣紧外壳、放置插座盒与螺钉垫			10.8
34	○	⬆	□	D	▽	搬往下一道工序			3 1.5
35	●	⇧	□	D	▽	紧固螺钉垫、打底座螺钉（半自动化）			11.6
36	○	⬆	□	D	▽	搬往下一道工序			2 1
37	●	⇧	□	D	▽	安装与紧固铰链盖、安装提手			9.7 2
38	○	⬆	□	D	▽	搬往下一道工序			4 2
39	●	⇧	□	D	▽	检查有无异物、插电源线、产品耐压接地检测			11.3 2
40	○	⬆	□	D	▽	搬往下一道工序			4 2

图3-10（续）

序号	●	⇧	□	D	▽	说明	距离	数量
41	●	⇧	□	D	▽	产品功率检测，贴能效标贴和铭牌(自动化)		9.9
42	○	⬆	□	D	▽	安装蒸汽阀、披电源线		9.7
43	●	⇧	□	D	▽	搬往下一道工序	1	2
44	○	⬆	□	D	▽	放内锅、蒸笼和饭勺		10.1
45	●	⇧	□	D	▽	搬往下一道工序	1.5	3
46	○	⬆	■	D	▽	终检		3.5
47	○	⇧	□	D	▽	放量杯、纸隔板		8.4
48	○	⬆	□	D	▽	搬往下一道工序	1.5	3
49	○	⬆	■	D	▽	外观检查		4
50	○	⬆	□	D	▽	搬抹干净、套袋		7.5
51	○	⬆	□	D	▽	搬往下一道工序	1.8	3.6
52	○	⬆	□	D	▽	装彩箱、放珍珠桶与上盖泡沫		12.2
53	○	⬆	□	D	▽	搬往下一道工序	1.5	3
54	●	⇧	□	D	▽	放说明书、保修卡		5.6

序号	●	⇧	□	D	▽	说明	距离	数量
41	●	⇧	□	D	▽	插座盖安装，插座与底座安装		8.5
42	○	⬆	□	D	▽	搬往下一道工序	2	4
43	●	⇧	□	D	▽	放螺钉垫		8.1
44	○	⬆	□	D	▽	搬往下一道工序	1.8	3.6
45	●	⇧	□	D	▽	紧固底座两侧		7.2
46	○	⬆	□	D	▽	搬往下一道工序	1.8	3.6
47	○	⬆	□	D	▽	紧固底座边缘		8
48	●	⬆	□	D	▽	搬往下一道工序	1.5	3
49	●	⬆	□	D	▽	安装控制面板		6.4
50	○	⬆	□	D	▽	搬往下一道工序	1.5	3
51	○	⬆	□	D	▽	贴装饰贴纸		6.4
52	○	⬆	□	D	▽	搬往下一道工序	1	2
53	●	⬆	□	D	▽	安装铰链盖		7.6
54	○	⬆	□	D	▽	搬往下一道工序	2	4

图 3-10（续）

序号	工序说明	时间1	时间2	检查1	检查2	检查3	○	⇧	□	D	▽
55	贴警示标语和安装蒸汽阀		6.2	√			●	⇧	□	D	▽
56	搬往下一道工序	1.5					○	⬆	□	D	▽
57	检查有无异物		3	√			●	⇧	□	D	▽
58	搬往下一道工序		4	√			○	⬆	□	D	▽
59	插电源线		3.7		√		○	⇧	□	D	▽
60	搬往下一道工序	3.5	7				○	⬆	■	D	▽
61	产品耐压接地检测		8.4		√		○	⇧	□	D	▽
62	搬往下一道工序	2	4				○	⬆	■	D	▽
63	产品功率检测		8.9			√	●	⇧	□	D	▽
64	搬往下一道工序	2	4				○	⬆	□	D	▽
65	贴能效标和铭牌	1	6.3		√		○	⇧	□	D	▽
66	搬往下一道工序		2				●	⬆	□	D	▽
67	放量杯和内锅	1.5	5.8		√		○	⇧	□	D	▽
68	放蒸笼和饭勺		7.3		√		●	⬆	□	D	▽
69	搬往下一道工序	1.8	3.6		√		○	⬆	□	D	▽

彩箱封箱 55 / 3

图 3-10（续）

	70	71	72	73	74	75	76	77	78	79	80
	终检	放纸隔板	搬往下一道工序	外观检查	擦拭干净	搬往下一道工序	装彩箱	放珍珠棉与上盖泡沫	搬往下一道工序	放说明书、保修卡	彩箱封箱
	3.5	3	3	4	3.3	3.6	8.6	6.5	3	5.6	3
			1.5			1.8			1.5		
		✓	✓	✓			✓				

图 3-10（续）

3. 对电饭煲装配流程进行提问

应用5W1H提问技术,对电饭煲装配流程进行严格考察,发现流程中存在不合理的问题(见表3-6)。

表3-6 电饭煲生产流程提问表

问	答
为何工序3导线穿入导线孔后要移到下一工序5后再进行安装	因为要转身取上盖,消耗时间长
有无更好的办法	有
能在装按钮的时候将上盖放到流水线上吗	能
工序7先安装外壳罩到外锅上再紧固电路板和电路板支架会伤到外壳吗	会
有无更好的办法	有
能否重排	将两个工位调换
工序21进行关键物料扫码时为何要把外壳提起来	因为扫码机已被固定,外锅为关键物料,条码贴在外锅上,套入外壳后有时会挡住条码
能否重排	能,先扫码后安装外锅
为什么底座螺钉要分好几次,由多个人装	因为装螺钉需对准,耗时较长
有无更好的办法	有
能否同时装同一平面的螺钉	能
能否简化	引入半自动化设备

4. 对电饭煲装配流程提出改进措施

通过用5W1H技术对电饭煲装配流程提出问题,会发现流程中存在的其他问题。根据ECRS原则,用取消(E)、合并(C)、重排(R)、简化(S)方法进行改善。

(1) 将工序55贴警语移到工序3,将之前的工序1、2、3重排,在装按钮的同时放上盖,穿线后直接安装上盖,减少了一个工位的同时缩短了移动距离;

(2) 将工序7安外壳罩后置,避免了弄伤外壳及扫码不正常的现象;

(3) 将工序29和工序31合并,然后在同一个工位将温控器与电路板插线固定;

(4) 将工序27"电路板插黑线与蓝线"与工序37中的"接地线"合并,一次性接好地、火、零3线;

(5) 将工序49前移,与工序41合并,都是紧固动作,先安装好控制面板再装插座;

(6) 将工序37的装提手后置与工序53安装铰链盖合并;

(7) 工序43、45、47均引入自动化,底座螺钉可一次性装完,省时省力,采用自动化设备贴能效标贴和铭牌。

通过运用5W1H技术和ECRS原则对电饭煲装配流程进行分析和改良,改良后的电饭煲装配流程如图3-10所示。装配流程改良后,工序减少,效率提高。

3.4 线路图分析

3.4.1 线路图的概念

线路图是以作业现场为对象,对现场布置及物料(包括零件、产品、设备)和作业者的实际流通路线进行记录和分析的图。线路图常与流程程序图配合使用,以达到改进现场布置和移动路线,缩短搬运距离的目的。

绘制线路图时,首先按比例缩小绘制工厂的简图或车间平面布置图,将机器、工作台、工位器具等一一绘制在平面布置图上,并将流程程序图上所有的步骤以符号标示在平面布置图上,并用线条将这些符号按顺序连接起来。尤其是材料与人员的流通路线要按照流程程序图中记录的次序和方向在图上绘出。

如果现场的在制品种类较多,也可用实线、虚线、点画线或不同颜色的线条表示不同流程或不同搬运方法。各项动作发生的位置用符号及数字标示,流通的方向一般以箭头表示。应注意,在线与线的交叉处,应以半圆型线避开。

图 3-11 为汽缸头加工的线路图。图中可以直观地看出汽缸头由铸造车间制成后,经过的加工路线、运输方向和运输距离。

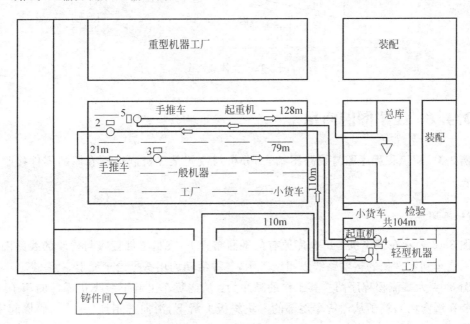

图 3-11 汽缸头加工线路图

如果流程包含立体流动时,则用立体线路图表示,如图 3-12 所示。

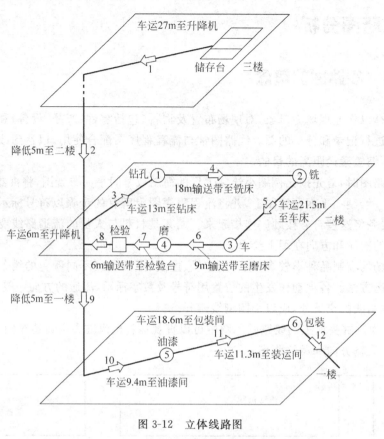

图 3-12 立体线路图

3.4.2 线路图的应用

例 3-3 用流程程序图与线路图结合,分析与改善某飞机制造厂仓库的零件接收与检验过程。

1. 记录

图 3-13 表示在某飞机工厂仓库原有的平面布置下,飞机零件接收与检验的线路图。零件从送货车到零件架的运输路线以粗线表示,各种活动均用符号绘于线上。

图 3-14 为其流程程序图。其工作的顺序为:从送货车上卸下装飞机零件的箱子(零件分别装在纸盒内),箱子从送货车尾部的一块斜板上滑下,滑向开箱地,并一一码垛起来,等待开箱。

开箱时将箱子搬下,从中取出送货单,把箱子一一装上手推车,推到接收台并放于地上。

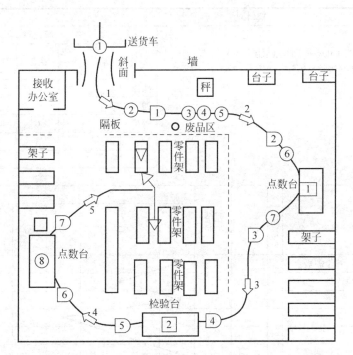

图 3-13 飞机零件接收与检验的线路图

稍等片刻,开箱,零件逐件从纸盒中取出,对照送货单点数。然后将零件放回纸盒,又将纸盒放入箱内,再把箱子搬到接收台的另一边,等待运往检查台。

到检查台后,箱子仍放在地上等待检查。检查时将纸盒从箱中取出,零件逐件从纸盒中取出,逐件检查、测量后,放回纸盒再放回箱内。等待片刻,将箱子运往点数台,拆箱、开纸盒、点数,重新放进纸盒及箱内,再次等待。用手推车运到零件架上储存。

2. 考察与分析

从线路图中可以看出,零件箱在运往零件架时在仓库内转了一圈。从流程程序图上则可以看到零件进仓库的每个步骤,用提问技术,严格考察,提出以下问题。

问:第二个操作是码垛,第三个操作是卸箱,既然要卸箱为何又要堆码起来?
答:因为卸车比较快,为避免地上到处都是箱子先码起来。
问:接收、检查、点数的地方为什么离得那么远?
答:无意中安置在那里的。
问:有无更好的办法?
答:可以放在一起。
问:应放在何处?
答:可放在接收台处。

流程程序图			物料型					
图　号：					统计表			
作图对象：成箱的飞机零件T形块(每箱10盒)				活动		次数	时间/min	距离/m
活　动：T形块的接收、检验、入库				操作 ○		9		
地　点：仓库				搬运 ⇨		7		
操作人：			编号：	等待 D		6		
制表人：				检验 □		3		
审定人：				储存 ▽		1		
						26	135	54.2

	数量箱	距离/m	时间/min	符号					备注
				○	⇨	D	□	▽	
1. 从货车上卸下，置于斜板上		11.2							
2. 从斜板上滑向堆垛地			10						
3. 堆垛									
4. 等待启封			10						
5. 卸箱垛			5						
6. 开启箱盖，取出交付票据									
7. 将箱子置于手推车中		1	5						
8. 推向收货台		9							
9. 从推车上卸下		1	10						
10. 将箱子搬上工作台		1	2						
11. 从箱子中取出纸盒，启封检查			5						
12. 重新装箱			10						
13. 将箱子重新放上手推车		1	2						
14. 等待搬运			10						
15. 运向检验工作台		16.5	3						
16. 待检			10						
17. 从箱中的盒里取出零件T形块			3						
18. 对照图样检验，然后复原			10						
19. 等待搬运工			5						
20. 推至点数工作台		9	5						
21. 等待点数			5						
22. 从箱中的盒里取出零件T形块			10						
23. 在工作台上点数然后复原			5						
24. 等待搬运工			5						
25. 运至储存位置		4.5	5						
26. 存放									
合计		54.2	135	9	7	6	3	1	

图 3-14　飞机零件入库流程程序图(改进前)

问:为什么物品要绕一圈才能放到零件架上?
答:因为储存处(零件架)的门在检查台的那边。
如果再继续考察,还会发现其他问题。

3. 改进

图 3-15、图 3-16 为研究人员提出的改良后的线路图和流程程序图。从图 3-15 中可以看到,在接收台的对面开了一个进库的新入口,使箱子可沿最短路线运进库房。

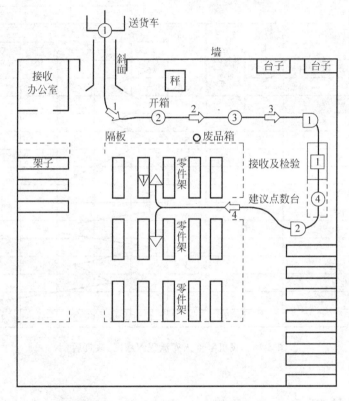

图 3-15 飞机零件接收与检验图(改良后)

新方法接收、检验与入库的方法是:箱子从送货车滑下滑板,直接放到手推车上,并送到开箱处,就在车上开箱,取出送货单。然后运到收货台,等待片刻,打开箱子,把零件放到工作台上,对照送货单点数并检查。检查与点数的工作台布置在收货台旁,因此可以用手传递零件来检查、测量并点数。最后把零件放回纸盒,重新装箱,运入仓库放置于零件架上。

由新的流程程序图 3-16 可见,检查从 3 次减为 1 次,运输从 7 次减为 4 次,而等待则从 6 次减为 2 次,运输的距离从 54.2m 减到 32.2m,接收、检验、入库全过程所需时间从 135min 减少到 55min。

流程程序图				物料型						
图号：						统计表				
作图对象：成箱的飞机零件T形块(每箱10盒)						活动	次数		时间/min	距离/m
活 动：T形块的接收、检验、入库						操作 ○	6			
地 点：仓库						搬运 ⇨	4			
操 作 人：				编号：		等待 D	2			
制 表 人：						检验 □	1			
审 定 人：						储存 ▽	1			
						共计	14		55	32.2
	数量/箱	距离/m	时间/min	符号						备注
				○	⇨	D	□	▽		
1. 从货车上卸下，置于斜板上		8.2	5	●						
2. 从斜板上滑下					●					
3. 置于手推车上				●						
4. 推至启箱处		6	5		●					
5. 移开箱盖			5	●						
6. 推向收货台		9	5		●					
7. 等待卸车			5			●				
8. 从箱子中取出纸盒，打开				●						
9. 将T形块放在工作台上			20		●					
10. 点数及检验							●			
11. 重新装箱				●						
12. 等待搬运工			5			●				
13. 运至分配储存地点		9	5		●					
14. 存放								●		
合计		32.2	55	6	4	2	1	1		

图 3-16 飞机零件入库流程程序图（改良后）

3.5 线图分析

3.5.1 线图的概念

线图是线路图的一种特殊形式，是按比例绘制的平面布置图或模型。在图上，用线条表示并度量工人、物料或设备在一系列规定活动中所走的路线。线路图只是近似地按比例作图，在图上标注相应的距离，而线图则因为是用线条来度量距离，因此要求精确地按比例绘制。

线图既可用来示出物料的流转情况,也可以准确记录工人的操作情况。

制作线图时可用一面有方格的软质木板或图纸,将生产现场有关的机器、工作台、库房、各工作点,以及可能影响移动线路的门、柱、隔墙等均按比例用硬纸片剪成(或画出)。用图钉按照实际位置的比例钉在软质木板上,长线的一端,用图钉钉在每一项工作或工艺流程的起点。然后依照其实际工作的顺序,绕过表示每个工序或每项工作所在位置的钉子,直至绕完了全部流程为止。这样,就建立了操作工的工作或零件的加工活动路线全部情况的模型,如图3-17所示。

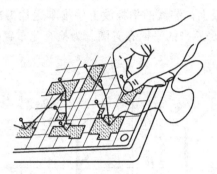

图 3-17 线图的画法

如果同一工作区内有两个以上工作人员或两个以上的产品移动时,可用不同颜色的线条,以示区别。越是频繁活动的路线,包含的线条就会越多(见图3-18)。也可以用画线表示工作活动的路线,以线条的数量(见图3-18)或按比例的线条宽度(见图3-19)表示活动的频繁程度。

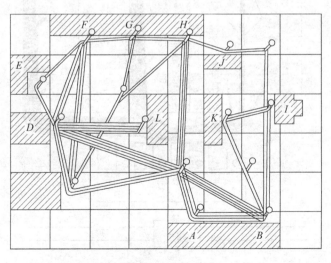

图 3-18 线图示例

3.5.2 线图的应用

例 3-4 某砖瓦厂存放瓦坯的仓库,用线图检查存放瓦坯的布置。

1. 记录

瓦坯(初烧后上釉前的瓦片)从窑车卸到平台上,在此进行检查。检查后将瓦坯按大小和形状的不同分别放在平板上。装满的平板放上手推车送往混凝土建造的存放架存放,准备送去上釉。图 3-19 为库房原来的平面布置图。为检查此布置的运输距离是否最短,因此用线图进行研究。

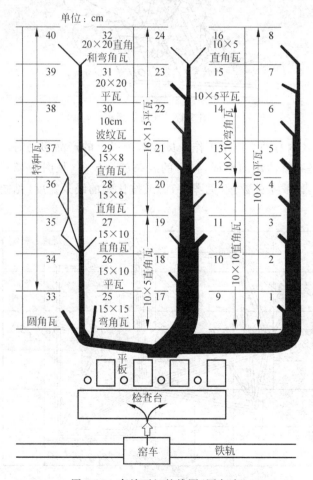

图 3-19 存放瓦坯的线图(原方法)

图 3-19 中阴影带的宽度代表各工作地点之间的线数,也就是代表各工作地点的相对活动量。

2. 考察

由线图记录中可以看出,最频繁的活动是在 10cm×10cm 平瓦与 15cm×15cm 平瓦这两行货架间。这两种尺寸的瓦片不断被提出去上釉,新的不断被运来。同样可以看出,供装饰用的特种瓦坯数量较少,其搬运量明显很少,其他瓦片的运送则较平均。

3. 改良

此例改良的原则为:将运输量最多的瓦片储存架尽量靠近检查台,而存放特种瓦片的储存架尽量远离检查台。经过试验证明,如图 3-20 所示的布置是运输时间最少的路程。

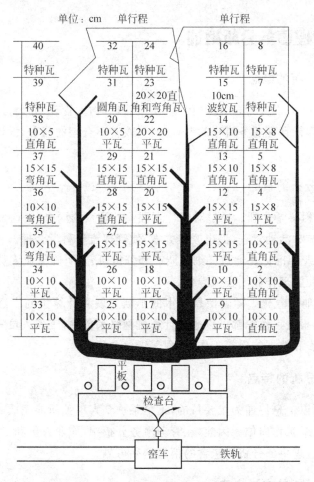

图 3-20 存放瓦坯的线图(改良方法)

3.6 管理事务分析

在日常工作中,不仅要进行各项作业活动,而且在作业前后要进行各种信息沟通。需要有许多事务性的工作,如安排生产计划,下达作业指令,传递生产信息,对生产的产品数量和质量进行统计,对现场事故、故障进行统计分析等。在产品的生产过程中,大部分时间都花费在辅助性的、事务性的工作上。因此,进行管理事务分析,对提高现场生产效率,降低成本具有重要的作用。

3.6.1 管理事务分析概述

1. 管理事务分析的概念

管理事务分析是以供应管理、生产控制、质量管理、物流管理、办公自动化等管理过程为研究对象,通过对现行管理业务流程的调查分析,改善不合理的流程,设计出科学、合理的流程的一种分析方法。

2. 管理事务分析的目的

(1) 使管理流程科学合理。通过对现行管理业务流程的调查分析,发现其中不增值、不合理、不经济的环节和活动过程,提出改善方案,使管理流程科学合理。

(2) 使管理作业标准化。通过详细地调查和分析研究,明确作业人员的作业内容,制定相关的作业规程,使管理作业规程标准化。

(3) 使管理作业信息化。随着信息技术的不断发展和计算机的广泛应用,原来手工记录工作、统计工作、报表工作等都可以通过计算机网络来传输,工作人员只需打开计算机,就可以完成统计、报表和数据传递等工作,实现无纸化办公。

3. 管理事务分析的特点

管理事务分析以信息传递为主要目的,不是某一个人单独所能完成的作业,它可能涉及多个工作人员和多个工作岗位。因此,在管理事务分析中,作业人员和工作岗位之间的协调非常重要。同时,管理事务分析所包含的信息必须可靠。

4. 管理事务分析的主要内容

(1) 是否存在不必要的账本、信息;
(2) 是否能在必要的时间将充分的信息传递到必要的地点;

(3) 在制作账本时,是否花费太多的时间;
(4) 账本的数量是否可以减少,内容是否可以简化;
(5) 信息传递的次数是否过多,时间是否过长,方法是否存在问题。

3.6.2 管理事务分析工具

管理事务流程图是管理事务分析的工具。在管理事务流程图中使用表 3-7 所示的符号将管理事务所涉及的内容形象化地记录下来,进行分析研究以加以改善。管理事务分析的符号与产品流程程序的符号一样,同时还有几个表示账本的特殊符号。

表 3-7 管理事务分析使用的符号

工序名称		记号	含义	备注
作业		○	签字、审批、处理等	
搬运		→	票据或实物从一地移向另一地	
停滞	储藏	▽	保管或存档	
	停滞	D	等待处理、等待签字、等待审批	
检查	数量检查	□	对照标准或技术要求检查数量	
	质量检查	◇	对照标准或技术要求检查数量	
	数量、质量检查	⊠	以数量检查为主,同时也检查质量	
特殊符号	单据	▱	填写或生成各种单据	
	外购实物	○	从外单位购回物品	

3.6.3 管理事务分析的应用

例 3-5 某企业外购件的接收事务涉及仓库管理员、采购员、检验员和会计,这一事务在执行时花费时间较多,中途转记步骤较多,需要对其进行改进。

1. 调查研究

(1) 调查的内容主要包括以下几个方面:
① 账本的种类、内容、频度、张数。
② 相关的部门、相关人员。
③ 账本信息的流程以及移动方法、移动时间。
④ 账本的制作方法、制作时间。
⑤ 作业与货物之间的关系等。
(2) 了解现行外购件接收事务中的账本流程、货物流程,编写外购件接收事务管理流程如下:

① 供应商对货物制作入库单、收货单,并交给仓库管理员。
② 仓库管理员进行数量和质量检查后在收货单上签字,并将收货单返回外购单位,将入库单给采购员,将产品给检验员。
③ 采购员根据入库单开出验货单一式三份,由库管员交给检验员。
④ 检验员收到验货单后,对货物进行检验,然后将验货单中的两份和货物一起交给仓库管理员,另一份交给会计。
⑤ 仓库管理员接到货物后,按照验货单在材料收支簿上记账,验货单一份自己留存,一份给采购员留存。
⑥ 会计根据验货单在账簿上记账。

2. 绘制管理事务流程图

根据外购件接收事务流程,用表 3-7 中规定的符号,绘出其管理事务流程图,见图 3-21。

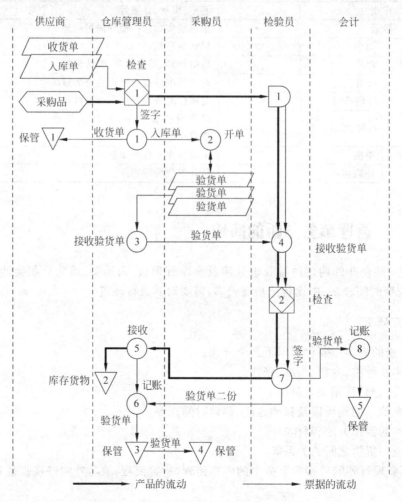

图 3-21 外购件的接收事务流程图(改良前)

3. 制订改良方案

(1) 分析现状

经过对图 3-21 的分析,发现外购件的接收事务共有 8 次加工,5 次保管,2 次检查,1 次等待,7 次搬运。对现行方案存在的问题,主要针对以下事项进行讨论:

① 各账本是否真正有必要,份数、内容是否存在问题;

② 制作账本是否费时、费工,转记作业、核对作业是否过多;

③ 流程是否畅通,是否存在滞留现象;

④ 传递方式是否有改善的余地;

⑤ 时机把握是否与现场作业十分吻合。

(2) 发现问题

运用 5W1H 方法技术,发现现行方案存在如下问题:

① 采购员转记以及开具验货单工序是多余的,而且转记还可能导致记录错误;

② 采购员将验货单交给仓库管理员,再由仓库管理员交给检验员工序是多余的,应该取消;

③ 检验员存在待工现象,检验员只有拿到从仓库管理员处来的验货单之后才进行验货,从而造成检验员待工现象。

(3) 制订改良方案

运用 ECRS 原则和改善分析表,对外购件接收事务流程进行分析改进,得到如下改善方案:

① 取消采购员转记以及开具验货单工序。

② 将验货单编入入货单内。由于入货单因外购工厂的不同可能有所差异,为了避免遗漏记录事项,公司采用统一规格的入货单,含验货单一式 4 份。

③ 取消采购员开具验货单工序。

(4) 改良后外购件接收事务流程

① 供应商开出入库单、验货单、接收单和收货单与货物一起交给仓库管理员。

② 仓库管理员进行数量和质量检验,然后将货物与入库单、验货单和收货单一起交给检验员。

③ 货物和票据在检验员处等待一定的时间后,检验员进行数量及质量检验,然后在单据上签字,并将收货单交给会计记账,将货物和入库单交给仓库管理员,将验货单交给采购员留存。

④ 会计根据收货单进行记账处理,并保存收货单。

⑤ 仓库管理员根据入库单进行记账,并保存入库单。

根据改进后的流程,绘出改善后外购件接收事务流程图,见图 3-22。

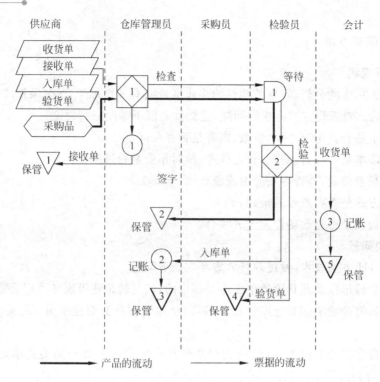

图 3-22 外购件的接收事务流程图(改良后)

(5) 改良的效果

通过改良,操作次数从原来的 8 次减少为 3 次,搬运次数从 7 次减少为 4 次,大大地简化了工作流程,缩短了验货等待时间,避免了未检验的单据直接传到会计处的现象,提高了工作效率。

第四步:实施和评价改善方案

由于管理事务工作涉及的人员较多,因此,当改善方案提出来以后,需要向有关部门说清楚,得到他们的协助,并让全体人员了解改良方案的宗旨,真正使改良方案得以实施。

改良方案一旦实施,需要对改良方案进行评价,了解其是否达到了预期的效果,还存在哪些不足之处,今后如何改进,等等。

第五步:改良方案的标准化

在改良方案的实施过程中,要使其不断完善,逐渐达到标准化。

思考题

1. 程序分析的概念、特点及作用是什么?
2. 进行程序分析时有哪几种图?每一种图的应用对象是什么?

3. 什么是程序分析时的5W1H技术和ECRS原则？它们的用途是什么？
4. 工艺程序分析的概念和研究对象是什么？
5. 流程程序分析的概念、特点和作用是什么？
6. 线路图和线图有何作用？
7. 试根据下列给出的水阀（自来水龙头）加工装配工艺，绘制其工艺程序图。

(1) 加工阀体（铸铁毛坯件）：车外圆、检验外圆、车螺纹、检验螺纹、锪平面、扩孔、车内螺纹、检验螺纹。

(2) 加工阀盖（铸铁毛坯件）：车外圆、检验外圆、车外螺纹、检验螺纹、扩孔、车内螺纹、检验螺纹。

(3) 加工阀杆（铜棒料）：车外圆、检验外圆、车螺纹、检验螺纹、钻孔、切断、铣小方头。

(4) 装配：

① 组装阀杆组件：将手柄与阀杆铆接、将压紧螺母套入阀杆、将O形密封圈套入阀杆、将阀杆穿进阀盖；

② 将阀芯放入阀体；

③ 将阀杆组件与阀体组装。

8. 某机械厂加工车轮轴的工艺过程如表3-8所示，试绘制加工此部件的流程程序图。

表3-8 车轮轴加工工艺流程

序号	工作内容	加工设备	时间/min	距离/m
1	下料	锯床	60	
2	运往1号车床	电瓶车	8	100
3	车端面、钻中心孔、检验长度	车床、游标卡尺	15	
4	运至2号车床	电瓶车	5	2
5	车外圆、检验外径	车床、游标卡尺	20	
6	送至热处理车间	电瓶车	12	500
7	退火	热处理炉	300	
8	运回2号机床	电瓶车	10	500
9	精床外圆、倒角	机床	20	
10	运往钻床	电瓶车	5	2
11	钻孔、扩孔、攻螺纹	钻床	15	
12	送至热处理车间	电瓶车	10	500
13	调质处理	热处理炉	300	
14	运回机加工车间1号磨床	电瓶车	12	500
15	磨外圆	磨床	25	
16	运往产成品仓库	电瓶车	8	200
17	涂油、包装		5	

9. 某公司设备配件管理事务流程如下：

(1) 需求部门根据需求情况提出采购要求，填写"采购申请表"，经所在单位领导审批后，送交采购部门。

(2) 计划员根据采购申请表和库存情况，做出"采购（加工）计划"，报采购部领导审批后，按类别分发给采购员。

(3) 采购员根据"采购（加工）计划"进行询价与比价，选择一个供应商签订合同，并由采购员填写"物资采购价格审核表"报领导审批。

(4) 审计小组对物资价格的合理性逐一进行审计，如审计通过，则采购员可进行采购，否则需重新询价/报价。

(5) 到货后，仓库检验人员进行数量、质量检验，合格则填写"检验结果通知单"，不合格则通知采购员。

(6) 采购员填写"入库通知单"。

(7) 仓储部门做实物账和入库的相应操作，财务人员记账、付款。

(8) 使用部门到配件仓库领料，并在本部门的配件库入库，设备维修人员在自己所在部门的配件库领取配件进行设备维修。

根据以上信息绘出现行配件管理事务流程图。

Chapter 4 操作分析

4.1 操作分析概述

1. 操作分析的定义

操作分析(operation analysis)也称作业分析,是指通过对以人为主的一道工序、一个工作地的工人(一人或者多人)使用机器或不使用机器的各个操作活动进行详细研究,将作业分解为工序,利用ECRS原则和动作经济原则分析和研究,使每个工序的操作者、操作对象、操作工具三者达到最佳组合,实现工序结构最优化。

2. 操作分析的特点

操作分析是方法研究中第二层次的分析技术,是在对整个生产运行过程进行程序分析之后,再对每道工序运行过程进行详细的研究,分析到操作为止。对影响该项作业质量和效率的全部因素(作业方法、作业环境以及材料、运输、工装和检查等)进行分析。应用程序分析的基本方法,对以人为主的操作系统进行分析,分析的重点是改进作业方法,取消多余的操作。

3. 操作分析的目的

操作分析的根本目的是提高产品质量和操作效率,减少作业消耗时间,减轻操作强度,具体作用有以下几点。

(1)通过删除、合并、简化,取消多余的操作,使作业结构合理,操作简单易行,操作总数量减至最低。如避免长时间用手把握物体,平衡双手负荷,尽量使用工具等。

(2)使人和机器能很好地协调配合工作,充分发挥人和机器的效能,消除不合理的空闲时间,如准备性工作、辅助性工作放在机动时间进行等。

(3) 设计操作工具，改进操作方法和工作地布置，使操作简便、高效，缩短整个工序的时间并减轻操作者的疲劳。如大量生产应设计自动上料落件装置，减少作业循环和频率，提供足够的作业空间等。

4. 操作分析的类型

操作分析的种类，按照不同的工序作业对象和调查目的，可分为3类：
(1) 人机操作分析；
(2) 联合操作分析；
(3) 双手操作分析。

4.2 人机操作分析

4.2.1 人机操作分析概述

1. 人机操作分析的概念

人机操作分析是应用于机器作业的一种分析方法，通过现场观察记录一个操作周期（加工完一个零件的整个过程称为一个操作周期或周程）内操作者和机器设备在同一时间内的工作情况与相互关系，绘制人机操作图并加以分析，研究人与机器的空闲时间，寻求合理的操作方法，使人和机器的配合更加协调，充分发挥人和机器的效率。

2. 人机操作分析的作用

人机操作分析的根本目的是提高机器的利用率与人员的工作效率。具体作用有以下几点：
(1) 分析影响人机操作效率的原因，减少并协调利用人与机器的空闲时间，使工人和机器的能量得到充分利用，平衡操作时间；
(2) 改善作业环境，降低生产成本，提高产能和生产效率。

在现代化生产中，机器设备几乎都是全自动或半自动的，因此，在每一操作周期中，操作者和机器总有一部分的空闲时间，这些空闲时间如能加以利用，既能降低成本，又能挖掘生产力和提高工人收入。如何充分利用这些空闲时间，可以使用人机操作图。

4.2.2 人机操作图

1. 人机操作图的概念

人机操作图（man-machine process chart）是记录和描述工人与机器在一个操作周期内

在时间上的协调与配合关系的图表,它能清楚地显示工人操作周期与机器工作周期在时间上的配合关系。

2. 人机操作图的构成

人机操作图由表头、图表、统计3个部分构成,具体内容包括:

(1) 表头部分。表头部分一般包括分析对象的基本情况,如产品名称、表号、操作者姓名、编号、研究日期、开始动作、结束动作等。

(2) 图表部分。图表部分绘制一个操作周期内人与机器的配合关系。绘制图表部分时,用适当的间隔或垂直竖线将人与机器分开,按一定的比例(如以 1cm 代表 1min),分别在人与机器栏,用规定的符号,依工序过程和时间由上而下顺序记录人与机器的活动情况。如用 ▨ 表示人或机器处于工作状态,用 ☐ 表示人或机器处于空闲状态,用 ▩ 表示人与机器处于同时工作状态。也可用其他形式,如粗实线、细实线、点画线等分别表示人与机器的工作状态。

(3) 统计部分。统计部分的内容包括操作周期时间,人和机器在一个操作周期内的工作时间和空闲时间,以及人和机器的利用率。

3. 人机操作图的绘制

(1) 填写表头各项。

(2) 绘制时间标尺。人机操作图中操作者与机器的工作时间采用相同的时间标尺,时间标尺的分档粗细依据工作周期的长短具体划分,对工作周期长的操作,分档要粗些,每档所代表的时间值要大些;对工作周期短的操作,分档相对细些,每档所代表的时间值要小些。

(3) 按作业中各操作的顺序分别记录操作内容和机器运转情况,并标注时间。

(4) 按规定的符号在时间标尺的格内标出人和机器的操作时间和空闲时间。

(5) 统计人和机器的操作时间和空闲时间并计算时间利用率。

(6) 分析并提出改进建议填写在表尾栏中。

在绘制人机操作图时应注意,虽然该图记录的是仅一个工作周期内人和机器的工作状态,但绘制时,需要反复观察数个工作周期。

4.2.3 人机操作分析内容

在人机操作分析过程中,要根据动作经济原则,利用 ECRS 法,确定目标,改进人和机器的操作方法和顺序,使人机操作合理化。

1. 人机操作活动分析

绘制人机操作图,分析人机作业的相互关系。在作业中,人和机器的活动按其相互关系可分为以下几种类型：

(1) 人独立操作。指与机器无关的一些操作，如工作场地布置、准备加工刀具、清理工具、检测已加工零件等。

(2) 机器独立操作。指机器的自动工作过程，该过程不需要人的参与，如机床等设备的自动加工过程等。

(3) 人机联合操作。指人与机器密切关联的操作，该操作要求机器处于某种状态，有操作者参与才能进行，如加工零部件的装夹与拆卸等。

对于以上活动进行分析时，应力求使(1)和(2)同时进行，以缩短工作时间。对(3)要尽量缩短其操作时间。

2. 空闲时间分析

在人机作业的工作周期中，操作者和机器总有一部分空闲时间。其中有些空闲时间是不可避免的，有些则是可以避免的。空闲时间包括以下几类：

(1) 机器的空闲时间。在机器运行过程中，装、卸工件是为了保证机器加工得以实现的辅助操作，对工件本身的变化不起作用，因此应尽量减少这部分工作所占的时间。此外，因为机器工作能力不平衡而产生的空闲，可从平整生产线来解决。而影响机器加工时间的因素，可从零件的加工精度与机器的负荷两方面来解决。

(2) 操作者的空闲时间。主要考虑因机器自动运行而造成的操作者空闲，这类空闲可以利用人机操作图进行分析，尽可能安排操作者在这个空闲时间内再进行一些操作，缩短整个操作周期或进行一人多机操作。

3. 分析一人多机操作的可能性

完成某项作业所需工人数量通常以一年或一月的工作量为依据计算：

工人数＝一月(年)总工作量/平均一个工人一月(年)有效工时

在人机操作中，如果发现满足下列条件：

人的操作时间＋人在机器间步行的时间＋必要的看管机器时间＜机器自动工作时间

则可以考虑单人操作多台机器的可能性，确定一个操作者能同时操作多少台机器，可用下式计算：

$$N \leqslant \frac{t + T_m}{t} \tag{4-1}$$

式中，N 为一个操作者操作的机器台数；t 为一个操作者操作一台机器所需的时间(包括操作者的必要休息时间和在机器之间移动花费的时间)；T_m 为机器完成该项作业的连续自动工作时间。

空闲能力分析的利用，目的是人不待机，机不待人。但在考虑一人多机操作的同时，还应考虑人身和设备的安全。所以，在机器设备上应该有限位装置和自动停车装置，以防止操作者来不及按时操作时发生事故。操作者必须要有一定的休息时间,以防止劳动强度过大和过度紧张,产生过度疲劳。

4.2.4 人机操作分析的案例分析

例 4-1 在立式铣床上精铣铸件的平面。
具体分析如下。

1. 绘制人机操作图

人机操作图如图 4-1 所示。

2. 人机操作活动分析

1) 人的操作活动

精铣过程中,工人在一个操作周期内要完成 6 项操作,即
(1) 放取铸件;
(2) 用压缩空气清洁夹具;
(3) 将铸件装在夹具上并开动车床走刀;
(4) 停车,松开夹具,用压缩空气清洁铸件;
(5) 测量铸件尺寸;
(6) 打毛刺,用压缩空气清洁。

上述操作中的(2)~(4)项属于人机联合操作,必须在机器停止工作时才能进行,而其他操作则属于人独立操作,可在机器自动工作时间内进行,不受机器状态的影响。

2) 机器的工作

精铣过程中,机器在一个操作周期内仅有一次自动走刀,时间为 0.8min。

3. 空闲时间分析

精铣过程中,操作周期是 2min,人的闲置时间为 0.8min,机器的空闲时间为 1.2min。人的时间利用率为:人的操作时间/操作周期时间=1.2min/2min=60%;机器的时间利用率为:机器的工作时间/操作周期时间=0.8min/2min=40%。

4. 操作改进分析

首先,将(1)、(5)、(6) 3 项人的操作安排在机器自动工作时间内进行,3 项操作共需要时间 0.6min,而机器自动工作时间为 0.8min,因此能够执行。其次,在操作者近处设置铸件中转站,将加工好的铸件和待加工的铸件先存放在中转站,然后进行第(1)项操作,即将中转站的铸件放入零件箱中并取出下一个待加工铸件放入中转站。改进后的人机操作图见图 4-1。

工作部门		表号			统计项目	现行的	改进的	节省效果
产品名称	H239铸铁	图号		人	周期时间/min	2.0	1.4	0.6
工序名称	铣平面	编号			工作时间/min	1.2	1.2	—
设备名称	立式铣床	型号			空闲时间/min	0.8	0.2	0.6
工艺参数	进给量	速度	铣削深度		时间利用率/%	60	85.7	25.7
				机	周期时间/min	2.0	1.4	0.6
操作者	技术等级	年龄	文化程度		工作时间/min	0.8	0.8	—
					空闲时间/min	1.2	0.6	0.6
制表者		审定者			时间利用率/%	40	57.1	14.1

现行方法		时间/min	改进方法	
操作者	机器		机器	操作者
用压缩空气清洁机器、夹具		0.20		用压缩空气清洁机器、夹具
将工件装入夹具,开车走刀加工		0.40		将工件装入夹具,开车走刀加工
	自动走刀	0.60	自动走刀	测量前加工铸件面板尺寸
		0.80		去毛刺,用压缩空气吹净
		1.00		装入箱中,取新工件
		1.20		
停车卸工件,用压缩空气吹净		1.40		停车卸铸件,用压缩空气吹净
测量面板尺寸		1.60		
去毛刺,用压缩空气吹净		1.80		
装入箱中,取新工件		2.00		

图 4-1 精铣铸件的人机操作图

5. 改进方案评估

经过上述改进,操作周期缩短 0.6min,即从原来的 2min 减少为 1.4min,减少了 30%;人的时间利用率从 60% 提高到 85.7%;机器的时间利用率也从 40% 提高到 57.1%。生产效率大幅提高。

6. 一人多机操作的可能性

由人机操作图 4-1 可知，人的操作时间为 1.2min，大于机器自动运行时间 0.8min，因此不具备单人多机操作条件。另外，根据式(4-1)，有

$$N \leqslant \frac{t + T_m}{t} = \frac{1.2 + 0.8}{1.2} \approx 1.7$$

即一人只能操作一台机器。

例 4-2 某人操作滚齿机加工齿轮，操作程序及时间值如下：取加工件 0.5min，装夹工件 0.75min，滚齿 8.0min，卸下工件 0.5min，去毛刺并检查尺寸 0.75min，加工件装箱摆放 0.5min。该滚齿机床自动加工并自动停机。试绘制此作业的人机操作图，并对其作业进行分析改进。

解 首先绘制人机操作图，如图 4-2 所示。

作业名称：		编号：	图号：	日期：	
开始动作：		结束动作：	研究者：		
	人/min			滚齿机/min	
取加工件	0.5			1.25	空闲
装夹工件	0.75				
空闲	8.0			8.0	滚齿
卸下工件	0.5			1.75	空闲
去毛刺并检查	0.75				
装箱摆放	0.5				
统计		周期/min	工作时间/min	空闲时间/min	利用率
	人	11	3	8	3/11=27%
	机	11	8	3	8/11=73%

图 4-2 滚齿加工的人机操作图（现行方法）

1. 人机作业活动分析

由图 4-2 可以看出，人的空闲时间太多，人的时间利用率仅为 27%。采用 5W1H 提问技术和 ECRS 原则进行分析改进：

1) 分析得出，取加工件为人的独立工作，与装夹工件前后顺序不紧密。

问：为什么是先取加工件再装夹工件后滚齿？

答：这是加工操作的习惯和顺序。

问：可不可以在机器滚齿过程中取加工件为装夹工作做准备？
答：可以，这样还可以减少机器空闲时间。

2) 分析得出，去毛刺和检查尺寸为人的独立工作。

问：为什么去毛刺和检查尺寸要在机器停止时进行？
答：过去一直是这样的。
问：有无改进的可能性？
答：有。
问：如何改进？
答：可将操作重排，在滚齿机加工齿轮时，可以对上一个已加工好的齿轮进行去毛刺和检查尺寸的作业。

改进后的人机操作图如图 4-3 所示。

由此可看出，通过重排，不需增加设备和工具，只是尽量利用机器工作的时间进行手工操作，就可以缩短周期，提高功效和人、机利用率。

作业名称：		编号：	图号：	日期：	
开始动作：		结束动作：	研究者：		
	人/min			滚齿机/min	
装夹工件	0.75			0.75	空闲
去毛刺并检查	0.75				
装箱摆放	0.5			8.0	滚齿
取加工件	0.5				
空闲	6.25				
卸下工件	0.5			0.5	空闲
统计		周期/min	工作时间/min	空闲时间/min	利用率
	人	9.25	3	6.25	3/9.25=32%
	机	9.25	8	1.25	8/9.25=86%

图 4-3 滚齿加工的人机操作图（第一次改进后的方法）

2. 一人多机操作的可能性

由图 4-3 可以看出，虽然改进方法缩短了操作周期 1.75min，提高了利用率，但在每一个操作周期内，工人仍有长达 6.25min 的空闲时间，但要进一步缩短周期却很困难。由于在一个周程内，人的操作时间为 3.0min，小于机器自动运行时间 8.0min，因此具备一人多

机操作条件。根据式(4-1)计算可得

$$N \leqslant \frac{t+T_m}{t} = \frac{3+8}{3} = 3.67$$

即一人能操作 3 台滚齿机。

这样既充分利用了工人的空闲时间,提高了工作效率,也节省了劳动力,图 4-4 为第二次改进后的方法。

由图 4-3 与图 4-4 可知,虽然两种方法的操作周期均为 9.25min,但第二次改进方法中在一个周期内加工完成了 3 件齿轮,显著地提高了生产率。

作业名称:		编号:	图号:	日期:	
开始动作:		结束动作:		研究者:	
		人/min	滚齿机1/min	滚齿机2/min	滚齿机3/min
装夹工件(滚齿机1)		0.75	空闲 0.75	滚齿 1.25	滚齿 3.0
取加工件(滚齿机2)		0.5	滚齿 8.0		
卸下工件(滚齿机2)		0.5		空闲 1.25	
装夹工件(滚齿机2)		0.75			
取加工件(滚齿机3)		0.5		滚齿 6.75	
卸下工件(滚齿机3)		0.5			空闲 1.25
装夹工件(滚齿机3)		0.75			
去毛刺并检查(滚齿机3)		0.75			滚齿 5.0
装箱摆放(滚齿机3)		0.5			
去毛刺并检查(滚齿机2)		0.75			
装箱摆放(滚齿机2)		0.5			
去毛刺并检查(滚齿机1)		0.75			
装箱摆放(滚齿机1)		0.5			
取加工件(滚齿机1)		0.5			
空闲		0.25			
卸下工件(滚齿机1)		0.5	空闲 0.5		
		周期/min	工作时间/min	空闲时间/min	利用率
统计	人	9.25	9	0.25	9/9.25=97%
	机1	9.25	8	1.25	8/9.25=86%
	机2	9.25	8	1.25	8/9.25=86%
	机3	9.25	8	1.25	8/9.25=86%

图 4-4 滚齿加工的人机操作图(第二次改进后的方法)

4.3 联合操作分析

4.3.1 联合操作分析概述

1. 联合操作分析的概念

在生产现场中,两人或两人以上同时对一台机器(或一项作业)进行操作,则称为联合操作。

联合操作分析(joint operation analysis)是利用"联合操作分析图"来记录几个操作人员、机器以及工作物的动作,分析其相互关系,以排除操作人员作业过程中存在的不经济、不均衡、不合理和浪费等现象的一种分析方法。

2. 联合操作分析的目的

联合操作分析可达到以下目的:

(1) 发现空闲与等待时间。利用联合操作分析图,可以显现操作过程不明显的空闲与等待时间,以便发现和改善不合理的操作。

(2) 使每位操作者的工作负荷趋于均衡,以获得较低的人工成本。

(3) 分析改善最耗费时间的作业,减少周期时间,提高操作效率及效益。

(4) 选配合适的人员和机器,挖掘最佳的作业方法,谋求人员、设备达到最有效的配置组合。

3. 联合操作分析的原则

利用联合操作分析图对联合操作进行分析的原则是:人与机器的动作如能同时完成为最佳。如图 4-5(a)所示为串行作业,加等待需 8h;图 4-5(b)所示为串行作业,无等待,需 7h;图 4-5(c)所示为并行作业,仅需 4h。

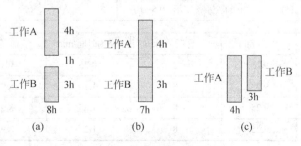

图 4-5 串、并行工作方式对比

由此可知：
(1) 消除工作中的等待，可以有效地缩短工作的周期时间；
(2) 如果有多项工作，若能同时开展，周期时间最短。

4.3.2 联合操作分析图

1. 联合操作分析图的概念

联合操作分析图是使用普通的时间单位，记录两个或两个以上的操作者、操作对象以及机器设备的动作，以显示其相互关系的图表。其画法与人机操作图基本一致，也由表头、图表、统计 3 个部分构成，首先要决定一组操作动作的起点、终点，即图表的起点和终点，将分析对象（员工或机器）填入各纵栏的顶端，根据时间标尺，在纵栏内分别填入各动作及其耗费时间，并用不同的形式（如空白、涂黑、斜线、网线等）表示"工作"、"空闲"或"等待"等，一次填入一个研究对象的动作，直至填入所有对象。

2. 联合操作分析图的分析

(1) 分析检查员工的各项操作，采用"提炼法"对多余的、无效的、不合理的操作进行改进。
(2) 分析空闲时间是否可以利用。
(3) 平衡员工的工作负荷，尽可能使其均衡。
(4) 改进工作地的布置，尽量缩短操作者的移动距离。
(5) 尽量用机械操作代替人工操作，用人体其他部位的动作来代替手的动作。
(6) 优化联合操作的作业程序，形成最佳的作业程序和作业方法。

4.3.3 联合操作分析的案例分析

例 4-3 转化塔触媒检验。

转化塔为很高的圆形设备，其作用是将一种气体转化为另一种气体。触媒即催化剂，其作用是促使化学反应加速进行。转化塔的内部分成许多格，放置触媒，原气体经加热器使温度升高后，自塔下部进入塔内，当气体逐渐上升时，与触媒起作用，转化成另一种气体自塔的上部放出，此时放出的气体仍混有少量原气体，故需将原气体分离出来，再送回塔内转化。

触媒在使用期间，必须经常检验，以维持其转化效率。检验时，塔的顶盖必须打开，前后的开关必须关闭。由于化工厂多为连续生产，故检验触媒的时间应尽量减少，以缩短周期。现行方法中需用不同工种的工人 4 名，其工作时间如图 4-6 所示。

作业名称：		编号：		图号：		日期：	
开始动作：		结束动作：				研究者：	

电工/min		钳工/min		起重工/min		操作工/min	
移开加热器	48	空闲	48	空闲	78	空闲	132
送至车间修理	90	松开顶盖	54	固定索具	24		
		移开顶盖	30	移开顶盖	30		
		空闲	54	空闲	54	检查触媒	54
空闲	132	顶盖还原	30	顶盖还原	30	空闲	138
		固定顶盖	54	移开索具	24		
加热器还原器	54	空闲	54	空闲	84		

统计

项目＼工人	电工	钳工	起重工	操作工
工作时间/min	192	168	108	54
空闲时间/min	132	156	216	270
周程时间/min	324	324	324	324
利用率	59%	52%	33%	17%

图 4-6 转化塔触媒检验的联合操作图（现行方法）

分析如下。

1. 人机作业活动分析

由图 4-6 可知转化塔触媒的检验是由电工、钳工、起重工和操作工联合完成的，存在人工利用率低的问题。采用 5W1H 提问技术和 ECRS 原则进行分析改进：

问：为什么有如此多的空闲？
答：以往工作顺序就是如此，需要等待。
问：有无办法使这些空闲减少？
答：有，可分析工人操作之间的关系，考虑操作是否可以同时进行。
问：为什么必须待电工移开加热器后，钳工才能松开顶盖？
答：过去都是如此。

问：能不能让这两个操作同时进行？

答：能，当电工把加热器移开的时候，钳工可将顶盖同时松开，而在顶盖还原装妥之时，加热器亦同时还原。

2. 改进方法和结果评价

根据上述分析，得到改进方法如图 4-7 所示：

作业名称：		编号：		图号：		日期：	
开始动作：		结束动作：				研究者：	
电工/min		钳工/min		起重工/min		操作工/min	
移开	48	松开顶盖	54	空闲	30	空闲	84
送至车间修理	90			固定索具	24		
		移开顶盖	30	移开顶盖	30		
		空闲	54	空闲	54	检查触媒	54
空闲	30	顶盖还原	30	顶盖还原	30	空闲	84
加热器还原	54	固定顶盖	54	移开索具	24		84
				空闲	30		
统计							
项目＼工人		电工		钳工	起重工	操作工	
工作时间/min		192		168	108	54	
空闲时间/min		30		54	114	168	
周程时间/min		222		222	222	222	
利用率		86%		76%	49%	24%	

图 4-7 转化塔触媒检验的联合操作图（改进方法）

由改进方法可知，电工、操作工、起重工、钳工的空闲时间大为减少，整个触媒检验周程时间由 324min 下降为 222min，减少了 102min，提高效率 45%。现行方法与改进方法的作业统计如表 4-1 所示。

表 4-1 现行方法与改进方法的作业统计

操作人员	操作项目	现行方法作业时间/min	现行方法时间利用率	改进方法作业时间/min	改进方法时间利用率	节省时间/min
电工	操作	192	59%	192	86%	0
	空闲	132	/	30	/	102
钳工	操作	168	52%	168	76%	0
	空闲	156	/	54	/	102

续表

操作人员	操作项目	现行方法作业时间/min	现行方法时间利用率	改进方法作业时间/min	改进方法时间利用率	节省时间/min
起重工	操作	108	33%	108	49%	0
	空闲	216	/	114	/	102
操作工	操作	54	17%	54	24%	0
	空闲	270	/	168	/	102
统计	操作	522	40%	522	59%	0
	空闲	774	/	366	/	408

例 4-4 图 4-8 为切布机简图,成匹的布置于切布机的后轴 A 上,布经过切刀 B 和转动滚轴 C 后绕于 D 轴上,当布经过切刀 B 时,可以切成顾客所需的宽度,然后绕于 D 轴上,切成所需长度后停机。操作者与其助手将切好的布卷用包装纸包好,贴上标签并注明品级、长度、颜色等,最后,自 D 轴取下,放入手推车上。其整个操作情况联合操作分析图如图 4-10 所示。从图中可以看出,机器的空闲时间太多,其利用率仅为 42%,操作者利用率为 71%,助手则为 62%。采用 5W1H 提问技术进行分析后,发现其原因在于当切好的布绕在 D 轴上后,必须等待操作者和助手完成包装后,机器才可再开始工作。

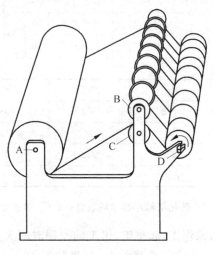

图 4-8 切布机

改良方法是增设一个连座轴架 E(见图 4-9)。当布被切成所需长度绕于 D 轴后,可将布卷全部滑移至连座 E 轴上。这是一个短时的简单动作,当布卷移到 E 轴后,操作者即可再次开动切布机,在此期间助手可以在 E 轴上完成包装,贴标签,注明品级、长度、颜色等,并放入手推车。

现行方法周期时间为 5.2min,即 1h 切布为 11.5 个周期(见图 4-10)。而改良后的布匹切割联合操作分析图如图 4-11 所示,其周期时间为 3.6min,1h 切布可达 16.6 个周期,每小时增加切布 5.1 个周期,提高切布生产能力达 44%,同时切布机的利用率也提高到 61%。

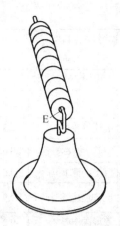

图 4-9 连座轴架

作业名称:		编号:	图号:	日期:			
开始动作:		结束动作:		研究者:			
人						机	
操作者	时间/min	助手	时间/min			切布机	时间/min
操作切布机	2.2	准备包装纸与标签	0.9			切成需要宽度和长度的布卷	2.2
		等待机器	1.3				
等待助手包装	0.7	包装布卷	0.9			空闲	3.0
布卷上贴标签	0.6						
打开摇柄	0.3	等待操作者	0.7				
等待助手移开布卷	0.8	移开布卷	0.8				
开动机器	0.6	置于手推车上	0.6				

统计		周期时间/min	工作时间/min	空闲时间/min	利用率
	操作者	5.2	3.7	1.5	3.7/5.2=71%
	助手	5.2	3.2	2	3.2/5.2=62%
	切布机	5.2	2.2	3.0	2.2/5.2=42%

图 4-10 布匹切割联合操作分析图(现行方法)

作业名称:		编号:	图号:	日期:		
开始动作:		结束动作:		研究者:		
人					机	
操作者	时间/min	助手	时间/min	切布机		时间/min
操作切布机	2.2	继续包装布卷	0.3	切成需要宽度和长度的布卷		2.2
		布卷上贴标签	0.6			
		置于手推车上	0.5			
		准备包装纸与标签	0.9			
打开摇柄	0.3	等待操作者	0.2	空闲		1.4
移开布卷	0.5	协助移开布卷	0.5			
开动机器	0.6	包装布卷	0.6			
统计		周期时间/min	工作时间/min	空闲时间/min		利用率
	操作者	3.6	3.6	0		3.6/3.6=100%
	助手	3.6	3.4	0.2		3.4/3.6=95%
	切布机	3.6	2.2	1.4		2.2/3.6=61%

图 4-11 布匹切割联合操作分析图(改进方法)

4.4 双手操作分析

4.4.1 双手操作分析的概念和作用

1. 双手操作分析的概念

生产工序中的作业主要靠工人的双手来完成。双手操作分析(hands operation analysis)是指通过双手操作分析图,以双手为对象,记录、分析如何用双手进行实际操作,以提高作业效率的分析技术。

2. 双手操作分析的作用

通过双手操作分析可以考察操作者的操作方法和步骤是否合理,左右手的分工是否恰当,是否存在多余和笨拙的动作需要改进,工作地的物料摆放、工作地的布置是否合理等等,经研究和改进,以达到降低劳动强度、提高作业效率的目的。其作用如下:

(1) 研究双手的动作及其平衡问题,取消不必要、不合理的动作,以提高工作效率;

(2) 发掘"独臂"式操作并进行改进。平衡左右手的负荷,降低工人的疲劳强度;
(3) 发现伸手、找寻以及笨拙而无效的动作;
(4) 发现工具、物料、设备等不合适的放置位置;
(5) 使动作规范化。

4.4.2 双手操作程序图

1. 双手操作程序图的概念

双手操作程序图是以双手为对象,按顺序记录其动作,表示其关系,并可指导操作者如何有效地动用双手工作,提供一种新的动作观念,找到一种新的改善途径的图表。

2. 双手作业程序图的构成

(1) 图的左上部。包括编号、作业名称、地点、作业人员、作业的起点、终点(结束)、日期等。

(2) 图的右上部。是平面布置简图,标明各种零件、工具、设备的位置。

(3) 图的中间部分。左、右两边分别为左、右手动作的代表符号以及动作说明,中间为时间记录。

(4) 图的右下方。左、右手动作的归纳和统计,改进前后的情况对比。

3. 双手操作程序图的绘制

(1) 填写表头各栏的内容,并绘制工作地的简图。

(2) 记录双手操作情况,记录符号为:

○ 表示操作,或称加工。如抓取物体、安装、拆卸等。

→ 表示移动,或称搬运。如伸手拿零件,将零件拿向另一处等。

H 表示握持,或称夹持、持住。

D 表示停顿,或称等待、迟延。

在绘制双手操作程序图时应注意:

(1) 开始记录前,要对整个作业周期认真研究若干次。

(2) 每个作业周期开始时,应以拿起新的工件的动作作为记录的起点。

(3) 一次记录一只手的动作,从左手或右手开始均可,一般应从工件最多的一只手开始,并将全部操作记录完毕。

(4) 当左、右手同时动作时要记录在同一水平线上,顺次发生的动作,记录在不同水平线上。要多次核对左、右手的动作关系,使记录准确无误。

4. 双手操作分析图的分析

(1) 分析左、右手是否存在不合理和多余的动作,可采用5W1H法和ECRS法进行分析改进。

(2) 双手是否充分利用,工作负荷是否平衡。分析D状态的动作是否能消除,尽量让手处于操作状态,使人的手能充分利用。对于H状态的动作,可考虑用夹具握持,能空出手来进行其他操作。对于→状态的动作,可考虑用滑道装置,以减少体力消耗和时间消耗,并可使手空出做其他工作。对于○状态的动作,尽量让双手同时操作,缩短操作时间,但应注意双手动作应基本相同且简单有规律。

(3) 分析工作地的布置是否适合人的操作,可利用动作经济原则进行分析。包括工作台设备设置应合乎操作者的身高,使操作者能保持正确舒适的作业姿势;工具物料摆放整齐规律,应靠近操作者的作业位置,方便操作者取放,减少走动和其他多余的动作。

4.4.3 双手操作分析的案例分析

例4-5 现有操作者在工作台上装配电脑主机主板及其配件的工作,要求操作者按图将CPU、CPU风扇、网卡、内存装在电脑主机的主板上。现有的双手操作程序图如图4-12所示,试对此进行操作分析。

1. 记录

由操作程序图4-12可知,现行方法是操作者首先伸左手取CPU,移至装配处装配,然后右手取风扇并装在主板上,之后左手依次取网卡和内存条并装上,最后放入右边的成品箱中。

2. 分析

(1) 检查和分析左、右手各动作是否有不合理和多余动作。经分析,存在3处不合理和多余之处。①第三步左手移至装配处时,右手处于等待状态,并未使双手同时操作。可改为双手同时移至装配处。②左手抓取内存条后还要送至右手装配,为多余动作。可改为右手抓取,且内存条放置在右边。③松手动作为多余,并未产生效用。

(2) 平衡双手负载,充分利用双手。由统计数据看出,本例中双手负荷是不平衡的,左手完成21个动作(含"操作"和"移动"),右手完成19个动作(含"操作"和"移动")。左手存在2次等待,而右手存在7次等待,虽然等待不能消除,但可考虑右手更灵活,把操作改为用右手,还可以考虑将工作台的布置进行适当改进。另外也存在"握持",左手有2个"握持",主要任务是固定主板的位置,以便右手往上安装CPU和插入风扇电源线,此处不好取消。

产品名称型号		电脑主板		工作地布置简图				黑点表示操作者，其前面为主板，左边分别是CPU、内存条、网卡，右边为风扇	
工序(工位)号									
作业内容		电脑主板装配							
操作者	姓名	年龄	技术等级						
绘图者		审定者							

左手	时间	符号				符号				时间	右手
		O	⇨	D	H	H	D	⇨	O		
伸手至CPU			●						●		等待
抓取CPU		●							●		等待
移至装配处			●						●		等待
装配CPU		●						●			伸向装配处
装配CPU		●							●		装配CPU
持住					●				●		合上CPU扳手
松手		●									松手
伸手至风扇			●				●				伸手至风扇
等待				●		●					抓取风扇
选择对应面		●							●		选择对应面
移至装配处			●						●		移至装配处
装风扇		●							●		装风扇
按住主板					●				●		插风扇电源线
松手		●							●		松手
移至网卡			●				●				等待
抓取网卡		●					●				等待
移至胸前				●				●			移至胸前
选择对应面		●							●		选择对应面
移至装配处			●						●		移至装配处
插网卡		●							●		插网卡
松手等待				●			●				松手等待
移至内存条			●				●				等待
握紧内存条		●					●				移至内存条
松手至装配处			●						●		抓取内存条
装内存条		●							●		装内存条
松手		●							●		松手

统计内容	符号	改进前		改进后		比较	
		左手	右手	左手	右手	左手	右手
次数	O	13	13				
	⇨	9	6				
	D	2	7				
	H	2	0				
合计		26					

图4-12 电脑主板装配双手操作程序图（现行方法）

3. 制定改善方案

(1) 改进工作地的布置,将零件按装配顺序放置,并采用滑道,每取出一个部件,自动滑下另一个部件。

(2) 由于各部件装配时都需用双手,可充分利用双手,同时抓取,同时移动,同时装配,减少等待单手移动的时间。

改进方案如图 4-13 所示。

4. 改善方案的实施及评价

(1) 平衡了双手负荷,使双手得到充分利用;
(2) 实现双手同时操作;
(3) 提高了工作效率,减少了操作数量,且操作速度加快。

例 4-6 将玻璃管切成定长。

1. 记录

原方法是将玻璃管压在夹具末端的停挡上,用锉刀做标记,然后管子回退一些,旋转管子开切口。接着从夹具中取出,双手把它折断。图 4-14 为这一方法的双手作业程序图。

2. 分析

用 5W1H 提问技术考察原方法的细节,发现以下问题:
(1) 为什么玻璃管放在夹具中必须用手握住?
(2) 为何不在管子旋转时开切口,免得右手闲着?
(3) 为何要从夹具中取出玻璃管来折断?
(4) 为何在每次工作循环的结束拿起和放下锉刀?不能把它一直拿在手里吗?

对图 4-14 进行研究之后,问题的答案就清楚了:
(1) 因为夹具夹住的长度与管子总长度相比太短,因此需要始终拿住管子,以免掉落。
(2) 没有理由说明管子为什么不能边转边切口。
(3) 必须将玻璃管取出才能折断,因为如果将管子靠在夹具端面弯曲而折断,则断下的短截取出时很难操作。如果把夹具设计成能使短截在折断时自动掉出,就没必要取出管子。
(4) 用现行方法必须要两手折断管子。如果能设计一种新夹具,就无此必要了。

3. 建立新方法

通过以上分析,重新设计一种夹具,支承件可在夹具底座上移动,根据要求切成的长度进行调整,然后夹紧,将切口放在支承件的右边。因此,轻轻一敲,短截就能掉下来,没有必要取出管子用双手来折断。改进后的双手作业程序见图 4-15。

产品名称型号		电脑主板			工作地布置简图					
工序(工位)号										
作业内容		电脑主板装配				半圆形表示操作者,其前面为工作台,最近处为主板,主板前则为有滑道的零件盒,依次为CPU、风扇、网卡和内存条				
操作者	姓名	年龄	技术等级							
绘图者		审定者								

左手	时间	符号				符号				时间	右手
		O	⇨	D	H	H	D	⇨	O		
伸手至CPU			●					●			伸手至CPU
抓取CPU		●							●		抓取CPU
移至装配处			●					●			伸向装配处
装配CPU		●							●		装配CPU
持住					●				●		合上CPU扳手
伸手至风扇			●					●			伸手至风扇
抓取风扇		●							●		抓取风扇
选择对应面		●							●		选择对应面
移至装配处			●					●			移至装配处
装风扇		●							●		装风扇
按住主板					●				●		插风扇电源线
移至网卡			●					●			移至网卡
抓取网卡		●							●		抓取网卡
选择对应面		●							●		选择对应面
移至装配处			●					●			移至装配处
插网卡		●							●		插网卡
移至内存条			●					●			移至内存条
抓取内存条		●							●		抓取内存条
移至装配处			●					●			移至装配处
装内存条		●							●		装内存条

统计内容	符号	改进前		改进后		比较	
		左手	右手	左手	右手	左手	右手
次数	O	13	13	10	12	-3	-1
	⇨	9	6	8	8	-1	+2
	D	2	7	0	0	-2	-7
	H	2	0	2	0	0	0
合计		26		20		-6	

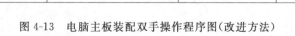

图4-13 电脑主板装配双手操作程序图(改进方法)

4. 实施

采用新方法后,操作次数和动作次数由 19 次减少为 6 次,生产率提高了 217%。

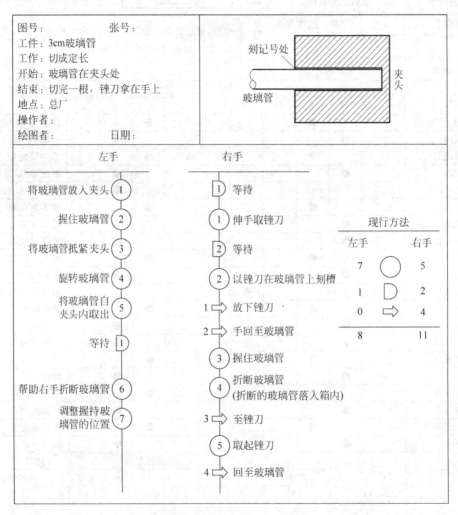

图 4-14 玻璃管切成定长(现行方法)

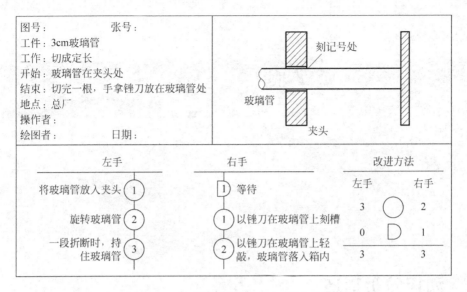

图 4-15 玻璃管切成定长(改进方法)

思考题

1. 什么是操作分析？操作分析与程序分析有何区别？
2. 操作分析的种类有哪些？不同分析技术的应用重点是什么？
3. 如何理解双手操作分析的适用条件和范围？
4. 什么叫操作分析？操作分析与程序分析有何异同？
5. 简述人-机操作分析的概念、用途和组成部分。
6. 什么叫空闲时间？怎样发掘空闲时间？
7. 简述联合操作分析的概念和用途。
8. 简述双手操作分析的概念和用途。

Chapter 5 动作分析

5.1 动作分析概述

5.1.1 动作分析的基本概念

1. 动作分析的含义

动作是指人的身体各部位的运动所组成的行动。动作分析是对人们在生产活动中的动作进行研究分析,它是在程序决定后对人体各种动作的研究,以寻求省力、省时、安全和最经济的动作。也就是说,动作分析是在进行了程序分析及操作分析以后(即对生产系统及作业程序进行优化以后),以操作的动作为对象进行的分析研究。

动作分析是按操作者实施的动作顺序观察动作,用特定的记号记录以手、眼为中心的人体各部位的动作内容,把握实际情况,并将上述记录图表化,以此为基础,判断动作的好坏,找出改善着眼点的一套分析方法。

动作分析的实质是研究分析人在进行各种操作的细微动作,删除无效动作,使操作简便有效,以提高工作效率。

2. 动作分析的目的

生产活动实际上是由人和机械设备对材料或零部件进行加工或检验组成的,而所有的检验或加工又都是由一系列的动作所组成,这些动作的快慢、多少、有效与否,直接影响着生产效率的高低。

许多工厂对工序动作的安排,往往是在产品刚开始生产时安排一次,此后除非出现重大问题很少进行变更。效率的提高一般视作业者的动作熟练程度而定,随着动作的逐渐熟练,作业者对作业动作习以为常,完全在无意识中进行操作。实际上,这样的做法潜藏着极大的效率损失。

许多人们认为理所当然的动作组合,其实都存在停滞、无效动作、次序不合理、不均衡(如太忙碌、太清闲等)、浪费等不合理现象。这些动作对产品的性能和结构没有任何作用,却使生产效率因之降低。吉尔布雷斯曾说过:"世界上最大的浪费,莫过于动作的浪费。"

动作分析就是对作业动作进行细致的分解研究,消除上述不合理现象,使动作更为简化,更为合理,从而提升生产效率的方法。

动作分析的目的是通过对工作时人体部位动作的分析研究,发现操作人员的无效动作或浪费现象,去掉多余的动作,把必要的动作组合成标准动作系列,简化操作方法,并且设计与之相适应的工位器具及工作地布置等,减少工作疲劳,降低劳动强度。在此基础上制定出合理、高效、标准的操作方法,为制定动作的时间标准作技术准备。

3. 动作分析的用途

动作分析主要有以下用途:
(1) 用记号和图表一目了然地说明动作顺序和方法;
(2) 比较动作顺序、方法改进前后的情况,预测和确认改善的效果;
(3) 探讨最适当的动作顺序、方法和人体各部位动作的同时实施;
(4) 为减轻作业疲劳,提高工作效率而找出动作存在的问题;
(5) 探讨最适合于动作的工夹具和作业范围内的布置;
(6) 改善动作顺序和方法,制定最适当的标准作业方法;
(7) 提高能细微分析动作和判断动作好坏的动作意识。

5.1.2 动作分析的方法

观察作业动作的方法,主要有以下两大类型:目视动作观察法和影像动作观察法。

1. 目视动作观察法

目视动作观察法是分析者直接观察实际的作业过程,并将观察到的情况直接记录到专用表格上的一种分析方法。主要有动素分析法和双手操作分析法。

动素分析法源于吉尔布雷斯提出的基本动作要素的思想。他认为人所进行的作业是由某些基本动作要素(简称动素或基本动素)按不同方式、不同顺序组合而成的。为了探求从事某项作业的最合理的动作系列,必须把整个作业过程中人的动作,按动作要素加以分解,然后对每一项动素进行分析研究,淘汰其中多余的动作,发现那些不合理的动作。

动素分析就是将作业的动作分解为基本动作要素,用特定的符号记录下来,逐项进行分析,以改善动作过程。

双手操作分析见 4.4 节。

2. 影像动作观察法

影像动作观察是通过录像和摄影，用胶卷和录像带记录作业的实施过程，再通过放映、成像的方法观察和分析作业动作的方法。影像动作分析方法通常包括高速摄影分析法(细微动作影像分析)、常速摄影分析法、慢速摄影分析法和 VTR(磁带录像机)分析法。

随着科技的进步，数码摄像机的出现为影像动作观察提供了新的手段。用数码摄影机将操作过程的动作拍摄成影片，然后在电脑上播放加以分析，而且可以根据需要采用不同的速度播放。由于数码摄像机的拍摄成本低廉、效果好，所以使用数码摄像机对作业动作进行记录和分析是一种很好的动作分析方法。

5.2 动素分析

5.2.1 动素分析的基本要素——动素

1. 动素的概念

动素可以从字面上理解为——动作的基本要素。吉尔布雷斯发现，所有操作都是由一系列的基本动作(fundamental motion)组成的，因此，他将人的手、眼、身体活动的基本动作细分为 17 种，并取名为动素。后来，美国机械工程师学会又增加了"发现"(Find)这个动素，用 F 表示，这样动素分析的基本要素就成为 18 种。动素是组成所有动作的基本单位。

2. 动素的名称、符号及改善要点

动素有伸手、握取、移物、定位、装配、拆卸、使用、放手、检查、寻找、发现、选择、思考、预置、手持、延迟、休息、故延 18 种要素。动素可以用符号表示，动素的含义、符号及改善要点见表 5-1。

表 5-1 动素的名称、符号及改善要点

序号	名称	字母符号	形象符号	说明	改善要点
1	伸手 Transport Empty	TE	⌣	空手接近或离开目的物	(1) 能否尽量缩短其距离 (2) 能否减少其方向的多变，尤其是突变 (3) 使工具物件移向手边

续表

序号	名称	字母符号	形象符号	说明	改善要点
2	握取 Grasp	G	∩	用手抓握或触及目的物	(1) 是否可一次握取多件或减少握取次数 (2) 是否能设计合理的容器使其方便握取 (3) 工具、物件能否预先放好，以利握取 (4) 是否能用其他工具代替手的握取
3	移物 Transport Loaded	TL	⌣	移动目的物	(1) 能否采取措施取消物料的搬运或减少其重量 (2) 是否能应用合适的工具或设备进行 (3) 能否用重力来滑运或坠送 (4) 搬运方向的突变是否可以取消，能否搬去其中的阻碍物 (5) 常用物料是否已放置于使用地点 (6) 是否已使用合适的工具、容器，且其排列是按操作顺序 (7) 双手的动作能否同时、对称而又反向
4	定位 Position	P	9	将目的物对准位置	(1) 是否必须对准 (2) 能否用工模夹具以利对准 (3) 精度能否放宽 (4) 手臂能否有依靠，使手能放稳而减少对准的时间 (5) 物件的握取是否容易对准
5	装配 Assemble	A	#	组合两个以上目的物	(1) 能否用夹具或固定器 (2) 能否使用自动设备 (3) 能否同时装配数件 (4) 是否可用电动工具，并已达最有效的速度及送进
6	拆卸 Disassemble	DA	⧣	分解目的物	(1) 能否用夹具或固定器 (2) 能否使用自动设备 (3) 能否同时拆分数件 (4) 是否可用电动工具，并已达最有效的速度及送进
7	使用 Use	U	U	使用器具进行操作	(1) 能否用夹具或自动设备 (2) 能否同时使用数种功能的工具 (3) 是否可用电动工具，并已达最有效的速度及送进 (4) 是否能考虑使用重力工具

续表

序号	名称	字母符号	形象符号	说明	改善要点
8	放手 Release Loaded	RL	⌒	放下目的物	(1) 能否取消此动素 (2) 能否在完成工作处放手,而且用坠送法收集物件 (3) 能否在运送途中放手 (4) 能否避免极其小心地放手 (5) 能否一次放手多件物件
9	检查 Inspect	I	◊	将目的物与规定的标准进行比较	(1) 能否取消或与其他操作合并 (2) 能否同时使用多种量具或使用多用途的量具 (3) 能否用固定尺寸的量具减少眼睛的动作 (4) 检验物的数量是否足够或采用光电自动检验
10	寻找 Search	SH	◉	眼睛寻找目的物	(1) 物件是否给予特别标识(用标签或涂颜色) (2) 良好的工作场所布置 (3) 物件、工具有固定位置,并放置于正常工作范围内
11	发现 Find	F	◉	找到目的物后眼睛注视该物瞬间	材料、零件、工具等是否以形状或颜色的不同而方便发现
12	选择 Select	SE	→	从两个以上目的物中挑选一个	(1) 是否可取消此动素 (2) 工具物件能否标准化及具备互换性 (3) 能否改善安排,而使选择较容易或取消 (4) 能否在前一操作完毕时即将零件(物料)放于下一操作预放位置 (5) 能否涂上颜色,以利选择
13	思考 Plan	PN	☉	为确定下一个动作而发生的考虑	(1) 是否可以改善工作方法,以简化动作 (2) 是否可改善工具、设备,使操作简单容易 (3) 操作人员是否已培训,使其熟练而减少或消除此动素
14	预置 Pre-Position	PP	◯	为方便定位动作而预先放置目的物	(1) 物件能否在运送途中预先对正 (2) 能否使用导轨、制动等装置取消预置 (3) 工具的设计是否能使放下后的手柄便于下次使用 (4) 工具能否悬挂起来,以便一伸手即可拿到

续表

序号	名称	字母符号	形象符号	说明	改善要点
15	手持 Hold	H		持住或支撑着目的物	(1) 能否取消"手持"用夹具来持物 (2) 能否运用磁力、摩擦力或黏着力 (3) 如不能取消"手持",则是否已设"手靠"、"手垫"等以减轻手的疲劳
16	延迟 Unavoidable Delay	UD		不可避免的停顿	(1) 在生产管理及作业方法上作改善,减少不必要的等待 (2) 对流程中的瓶颈环节能否加以改善,使整个流程同步
17	休息 Rest	R		为消除疲劳恢复体力的停顿	(1) 肌肉的运用及人体动作的等级是否合适 (2) 温度、湿度、通风、噪声、光线、颜色以及其他工作环境因素是否合适 (3) 工作台和工作椅的高度是否合适 (4) 操作者是否坐立均可 (5) 重物是否用机械装卸 (6) 工作时间长短是否合适
18	故延 Avoidable Delay	AD		可以避免的停顿	(1) 改善管理方法、规章、制度、政策,使操作者毫无抱怨 (2) 改善工作环境,提供一个合适、健康、愉快而有效的生产现场 (3) 改善工作方法,降低劳动强度等

3. 动素的分类

根据对操作的影响,通常将动素分为以下 3 种类型。

第 1 类为有效动素,有效动素指对操作有直接贡献的动素。包括:伸手、握取、移物、定位、装配、拆卸、放手、使用、检查 9 种动素。

第 2 类为辅助动素,包括:寻找、发现、选择、思考、预置 5 种动素。辅助动素有时是必需的,但是会影响动作的有效性。因此,辅助性动素在动作中越少越好,应尽量取消此类动素。

第 3 类为无效动素,包括:手持、迟延、休息、故延 4 种动素。此类动素对工作只有消耗性作用,因此,一定要想办法取消此类动素。

5.2.2 动素分析的用途

(1) 通过对动作方法及顺序的检查分析,去除不必要的动作,使动作更有效;

(2) 分析研究最合理的作业配置；
(3) 作业的工装设计及工装改善的基本数据；
(4) 作业改善前后的方法对比与评价；
(5) 对作业方法作详细说明；
(6) 设定标准作业。

5.2.3 动素分析图表

动素程序图表是用动素来表达人的动作过程的图表。表 5-2 为用动素符号将放置在桌上的笔帽和笔杆套在一起的动作过程的动素分析表。

表 5-2 套钢笔的双手动素分析表

序号	左手动作	基本动作符号 左手	基本动作符号 右手	右手动作
1	伸手至笔帽放置处	⌣	⌣	伸手至笔杆放置处
2	拿起笔帽	∩	∩	拿起笔杆
3	移至胸前	⌣	⌣	移至胸前
4	手持	∩	9	对准笔帽
5	手持	↓	#	将笔杆套进笔帽

5.2.4 动素分析的过程

动素分析的对象一般是重复进行的手工作业，通常时间比较短。其分析过程如下：

1. 找到动素分析的研究对象

对工艺流程进行研究分析，发现其中存在的制约整个流程效率的瓶颈环节，确定需要进行动素分析的作业，设计科学、合理的工夹具和现场布置，制定出合理、有效、稳定、没有浪费的动作顺序和方法，减轻作业者的作业强度，轻松作业，提高工作效率。

2. 动素分析的准备

动素工具包括动素分析表、记录纸、秒表、卷尺等，同时在记录前应充分理解和掌握作业内容。

3. 动素分析的实施

(1) 在动素分析表中填写必要的事项。

(2) 观察、分解、记录动作。由于动素分析是对动作进行细微的分解，为了在分析过程中不会遗漏动作，也便于记录分析动作，可以先将整个动作分为每一项要素作业，即分解为动作单元，然后再细分为动素。

(3) 整理分析结果，填写在动素分析表的下方的总结表。将动素符号按左右手分开统计，既要统计左右手每一个动素的数量，也要统计左右手每一类动作的数量，最后填写左右手动素的总数。

(4) 画出现场布置图，如图 5-2 为装配电缆夹的作业现场布置图，表 5-3 为相应的动素分析表。

4. 讨论分析结果，确定改善方案

通过分析每个动作的顺序和左右手动素的统计数据，基于动作经济原则，发现动作中的不合理因素，找到产生的原因，确定改善方案。具体方法归纳如下：

首先针对第 2 类动素和第 3 类动素，了解其数量及在整个动作中所占的比例，考虑如何尽量减少或消除。尤其是第 3 类动素即没有作用又影响作业效率，因此一定要想办法消除。在分析时要从现场着手，从人体尺寸、现场布置、环境等方面，找到产生第 2 类和第 3 类动素的原因所在，达到减少以至消除无效要素的目的。保证左右手同时从事第 1 类动素，减少动作浪费，提高工作效率。

而针对第 1 类动作要素，也可依据表 5-1 中动素的改善要点，用 5W1H 方法进行提问，用 ECRS 原则加以改善，使双手动作科学、有效，不易疲劳，进一步提高工作效率。

在改善后，再进行动素分析，比较改善前后的动素数量，总结改善结果。建立新的工作方法，并使之标准化。

例 5-1 装配电缆夹，电缆夹组件包括上夹、下夹、螺钉、垫圈（见图 5-1），装在一起后，用电动旋具将它们旋紧。装配过程是：①拿起螺钉和垫圈，将其套在一起；②拿起上夹和下夹装在一起；③再把螺钉组件对准上、下夹的孔，用电动旋具装在一起（见图 5-2）。

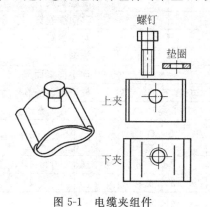

图 5-1 电缆夹组件

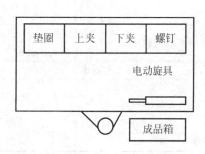

图 5-2 电缆夹装配示意图

表 5-3 装配电缆夹动素分析表

序号	作业要素	左手动作	基本动作记号(左手)	基本动作记号(右手)	右手动作
1	1、装配螺钉与垫圈	伸手至垫圈	⌣	⌣	伸手至螺钉
2		拿起一个垫圈	→+∩	→+∩	拿起一个螺钉
3		至胸前	⌣	⌣	至胸前
4		手持	∩	9	对准垫圈
5		手持	↓	#	插入垫圈
6		将螺钉组件放在桌上	⌢	⌢	等待
7	将上夹和下夹装在一起	伸手至下夹	⌣	⌣	伸手至上夹
8		拿起一个下夹	→+∩	→+∩	拿起一个上夹
9		至胸前	⌣	⌣	至胸前
10		手持	∩	9	对准下夹
11		手持		#	滑入上夹
12	将螺钉组件和上下夹组件装在一起	手持		⌣	伸手至螺钉组件
13		手持		∩	拿起螺钉组件
14		手持		⌣	至左手边
15		手持		9	对准上夹的孔
16		手持		#	将螺钉组套入上夹的孔里
17		手持		⌣	继续旋入至下夹
18		手持		9+#	旋入下夹孔
19	用电动旋具旋紧,放回成品箱	手持		⌣	伸手至电动旋具
20		手持		∩	拿起旋具
21		手持		⌣	移向螺丝钉
22		手持	↓	9	对准螺钉
23		手持		U	旋紧
24	将成品放入箱中	带至成品箱	⌢	⌣	伸手向桌面
25		将电缆夹成品放入箱中	⌢	⌢	放下电动旋具

	第1类动素							第2类动素				第3类动素			双手动素合计
	⌣	∩	⌢	9	#	#	⌢	U	○	合计	⌢	→	9	⌢	合计	∩	⌢	⌢	合计
左手	2	2	3		2					9	2			2	15			15	28
右手	4	4	6	5	4		1	1		21	2		5	7				0	28

从表 5-3 中,我们可以了解到,双手动素总计 28 个动作。其中左手的第 1 类动素为 9

个,第2类动素为2个,第3类动素为15个;右手第1类动素为21个,第2类动素为7个,没有第3类动素。

通过以上数据,我们可以发现:

(1) 左右手第1类动素的数量相距非常大,双手第1类动素不平衡,造成动作的有效性差,影响工作效率。

(2) 左手第3类动作很多,达到15个,在动素总量中所占比例达到53.6%,造成动作的严重浪费,必须加以改善。

5.3 动作经济原则

"动作经济原则"又称"省工原则",是使作业(动作的组成)能以最少的"能量"的投入,得到最有效率的结果,达成作业目的的原则。"动作经济原则"是由吉尔布雷斯提出的,其后经许多工业工程的专家学者研究整理而成。熟悉掌握"动作经济原则"对有效安排作业动作,提高作业效率,能起到很大的帮助。

5.3.1 动作经济原则的4项基本原则

动作经济原则中,对动作的改善可以4项基本原则作为基本思路:

(1) 减少动作数量。进行动作要素分析,减少不必要的动作是动作改善最重要且最有效的方法。

(2) 双手动作平衡。动作平衡能使作业人员的疲劳度降低,动作速度提高。比如双手动作能比单手大大提高效率,但必须注意双手动作的协调程度。

(3) 缩短动作移动距离。无论进行什么操作,"空手"、"搬运"总是必不可少的,而且会占用相当一部分动作时间。"空手"和"搬运"其实就是"空手移动"和"负荷移动",而影响移动时间的最大因素就是移动距离,因此,缩短移动距离也就成为动作改善的基本手段之一了。

(4) 使动作保持轻松自然的节奏。前面三项原则是通过减少、结合动作进行的改善。而进一步的改善就是使动作变得轻松、简单。也就是使移动路线顺畅,使用易把握的工具、改善操作环境以便能以更舒适的姿势进行工作。

5.3.2 动作经济原则的具体内容

动作经济原则由吉尔布雷斯所提出,在其应用过程中,经过多位工业工程专家学者的研究改进,美国专家巴恩斯将其整理后,分为三大类22条。熟练掌握动作经济原则,对科学地安排作业的动作,提高作业效率,能起到很大的作用。总体来说,动作经济原则的内容包括关于人体的利用、操作场所的布置、工具和设备的设计三个方面,其主要内容如下。

1. 关于人体的运用

(1) 双手应同时开始并同时完成其动作。
(2) 除规定的休息时间外,双手不应同时空闲。
(3) 双臂动作应该对称、反向并同时进行。
(4) 手的动作尽量以最低的等级而能得到满意的结果。
(5) 物体的动能应尽可能地利用,但是如果需要肌力制止时,则应将其减至最小程度。
(6) 连续的曲线运动,比方向突变的直线运动为佳。
(7) 弹道式的运动,较受限制或受控制的运动轻快自如。
(8) 动作应尽可能地运用轻快的自然节奏,且节奏能使动作流利自如。

2. 关于工作地布置

(9) 工具、物料应放置在固定的地方。
(10) 工具、物料及装置应布置在工作者前面近处。
(11) 零件、物料的供给,应利用其重量坠送至工作者的手边。
(12) 坠落应尽量利用重力实现。
(13) 工具、物料应按最佳的工作顺序排列。
(14) 应有适当的照明,使视觉舒适。
(15) 工作台及坐椅的高度,应保证工作者坐立适宜。
(16) 工作椅式样及高度,应能使工作者保持良好姿势。

3. 关于工具设备

(17) 尽量解除手的工作,而以夹具或脚踏工具代替。
(18) 可能时,应将两种工具合并使用。
(19) 工具、物料应尽可能预放在工作位置上。
(20) 手指分别工作时,各指负荷应按照其本能予以分配。
(21) 设计手柄时,应尽可能增大与手的接触面。
(22) 机器上的杠杆、十字杆及手轮的位置,应能使工作者极少变动作业姿势,并能最大地利用机械力。

任何操作的动作,凡符合以上原则的,即为经济有效的动作,否则就应改进。动作经济原则有两大功用,即帮助发掘问题和提供建立新方法的方向。

5.3.3 动作经济原则的归纳及应用

上述22条原则中,有些原则相互关联。因此,可以将其进行归纳。下面将以上原则归纳为10条,并说明其应用。

1. 第一条原则

第一条原则是将人体的运用第(1)~(3)条原则合并,归纳为:双手的动作应同时、对称而反向。

双手同时对称的动作能适合人体,使动作得以相互平衡,不易疲劳。如果只有一只手运动,则身体肌肉必须一方面维持静态,而另一方面保持动态,肌肉无法休息,易疲劳。

在设计作业方法时,应尽量使双手同时动作。为此,在必要情况下,可能需要设计一些合适的工夹具,使双手能同时有效地工作。

例 5-2 将 M10×25 的螺栓装上弹簧垫圈、平钢垫圈和橡皮垫圈构成一个组件(见图 5-3)。

其装配次序为:先装弹簧垫圈,然后装平垫圈,最后装平钢垫圈。原来的方法是把放置螺栓、弹簧垫圈、平钢垫圈和橡皮垫圈的小盒子成一字形排列在工作台上(见图 5-3),装配工将左手伸到放螺栓的盒子里取出一个螺栓,把它放到自己的正前方持住,同时用右手从弹簧垫圈盒内拿出一个弹簧垫圈并把它套到螺栓上,依次重复此动作套上平钢垫圈和橡皮垫圈,最后把装配完成的组件放到操作者左边的 5 号箱内。其动素程序见表 5-4。用这种方法每分钟能完成 12 个装配组件。

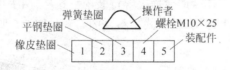

图 5-3 装配螺栓组件的原方法

由动素分析表中可以看出,在此整个操作过程中,左手绝大多数的时间用在持住螺栓上,而由右手单独动作。在整个动作过程中,左右手既没有同时利用也不对称。

表 5-4 装配螺栓与垫圈的动素分析表(原方法)

左手动作	动作符号	动作符号	右手动作
伸向 4 号箱中的螺栓	TE	TE	伸向 3 号箱中的弹簧垫圈
从箱中选取并拿出一个螺栓	St+G	St+G	从箱中选取并拿出一个弹簧垫圈
将螺栓带到桌子的中间	TL	TL	将弹簧垫圈带到桌子的中间

续表

左手动作	动作符号	动作符号	右手动作
手持螺栓	H	P+A+RL	将弹簧垫圈与螺栓对准并装在一起
		TE	伸向2号箱中的平钢垫圈
		St+G	从箱中选取并拿出一个平钢垫圈
		TL	将平钢垫圈带到螺栓处
		P+A+RL	将平钢垫圈与螺栓对准并装在一起
		TE	伸向1号箱中的橡皮垫圈
		St+G	从箱中选取并拿出一个橡皮垫圈
		TL	将橡皮垫圈带到螺栓处
		P+A	将橡皮垫圈与螺栓对准并装在一起
将已完成的螺栓组件送到5号箱	TL	RL	放开螺栓组件
放开螺栓组件	RL	UD	等待左手

从上表中可以看出，左手有很多等待的动作，没有与右手同步。根据双手的动作应该是同时的和对称的原则，对旧方法作以下改进。

用木料做一个简单的夹具（见图5-4）。在夹具的正前面有两个尺寸相同的装配槽。装配槽由沉头孔和通孔组成，沉头孔中可以松松地放进垫圈，通孔直径略大于螺栓直径。木制夹具两边是两个金属板做成的滑运槽（图5-5中的6处），其开口洞分别在沉头孔左右两侧。因此，装配完成的螺栓组件便可顺手丢进滑运槽的开口洞，并被滑入工作台下的成品箱中。

在夹具周围成对放置装有三种垫圈的重力供料式金属盒，盒内分别放橡皮垫圈、平钢垫圈及弹簧垫圈，中间的4号盒内放螺栓。每一个盒的底部都做成30°的斜面，零件可借助于本身重量的作用被输送到工作台的台面上等待装配。这样，两手可以同时动作，即同时为两个螺栓装配垫圈。夹具和滑运槽、重力式供料盒的布置如图5-5所示。

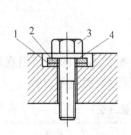

图5-4 夹具示意图
1—橡皮垫圈；2—平钢垫圈；
3—螺栓；4—弹簧垫圈

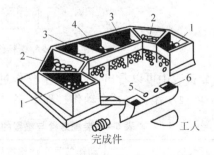

图5-5 装配螺栓与垫圈的新方法
1—橡皮垫圈；2—平钢垫圈；3—弹簧垫圈；4—螺栓；
5—装配槽；6—滑槽入口

表5-5为改善后的动素分析表。装配时，两手同时移向两个1号盒，将两个橡皮垫圈同时放入夹具的两个装配槽5中，随后两手又以同样方式将两个平钢垫圈放到橡皮垫圈上，再

将两个弹簧垫圈分别放到最上面,然后左右手各握取一个螺栓并把它们分别装入呈同心状态的一组垫圈的孔内。最后,两手将装配好的组件从金属的滑运槽洞口 6 放入。由于橡皮垫圈的孔略小于螺栓直径,因此螺栓压入其孔后,即被夹住,使螺栓带着垫圈被垂直提起,垫圈不会松脱。

此外,操作者是从零件盒将垫圈滑移到夹具装嵌的装配槽 5 内(见图 5-5),比操作者将垫圈拿起再带到装配槽 5,节约了一半时间。

表 5-5 装配螺栓组件的动素分析表

操作者左手的动作	左手动作符号	右手动作符号	操作者右手的动作
伸向 1 号盒的橡皮垫圈	TE	TE	伸向 1 号盒的橡皮垫圈
从 1 号盒中选择和抓取一个橡皮垫圈并将其送到装配槽 5	St+G+TL	St+G+TL	从 1 号盒中选择和抓取一个橡皮垫圈并将其送到装配槽 5
将橡皮垫圈定位放在装配槽中后把手离开	P+A+RL	P+A+RL	将橡皮垫圈定位放在装配槽中后把手离开
手伸向 2 号盒的平钢垫圈	TE	TE	手伸向 2 号盒的平钢垫圈
从 2 号盒中选择和抓取一个平钢垫圈并将其送到装配槽 5	St+G+TL	St+G+TL	从 2 号盒中选择和抓取一个平钢垫圈并将其送到装配槽 5
将平钢垫圈定位放在装配槽中后把手离开	P+A+RL	P+A+RL	将平钢垫圈定位放在装配槽中后把手离开
手伸向 3 号盒的弹簧垫圈	TE	TE	手伸向 3 号盒的弹簧垫圈
从 3 号盒中选择和抓取一个弹簧垫圈并将其送到装配槽 5	St+G+TL	St+G+TL	从 3 号盒中选择和抓取一个弹簧垫圈并将其送到装配槽 5
将弹簧垫圈定位放在装配槽中后把手离开	P+A+RL	P+A+RL	将弹簧垫圈定位放在装配槽中后把手离开
手伸向 4 号盒的螺栓	TE	TE	手伸向 4 号盒的螺栓
从 4 号盒中选择和抓取一个螺栓并将其送到装配槽 5	St+G+TL	St+G+TL	从 4 号盒中选择和抓取一个螺栓并将其送到装配槽 5
将螺栓定位插入装配槽中垫圈组中	P+A	P+A	将螺栓定位插入装配槽中垫圈组中
手握螺栓组并带到滑槽洞口	DA+TL	DA+TL	手握螺栓组并带到滑槽洞口
将螺栓组放入滑槽	RL	RL	将螺栓组放入滑槽

对比改善前后的动作过程,可以看出,改善以后,动作数量减少。

2. 第二条原则

第二条原则即人体的运用第(4)条:手的动作尽量以最低的动作等级而能得到满意的结果。

工作时人体的动作可分为 5 级(见表 5-6)。

表 5-6 人体的动作等级

级别	动作枢轴	人体部位
1	指节	手指
2	手腕	手指及手腕
3	肘	手指、手腕及小臂
4	肩	手指、手腕、小臂及大臂
5	肩、腰	手指、手腕、小臂、大臂及身体

第 1 级动作——手指动作。这是级次最低、速度最快的动作。最典型的例子是将螺母拧入螺栓,或用手指按下打字机键盘,或按下电器开关,或抓取一个小零件等。各个手指的动作速度亦有差别,食指一般比其他手指快。因此,设计工具时应考虑这一点。但是,由于手指动作的力量最弱,故用力较大时,应考虑高等级的动作。

第 2 级动作——手指及手腕的动作。大臂及小臂均保持不动,仅手指和手腕动。典型的运用是取两个要装配的小零件对准,或用螺丝刀旋动螺丝钉等。极短距离的伸手及移物是第 2 级动作。

第 3 级动作——手指、手腕及小臂动作。动作限制在肘部以下,肘以上不动。第 3 级动作通常被认为是不致引起疲劳的有效动作。动素中的伸手及移物的动作,通常均为第 3 级动作。

第 4 级动作——手指、手腕、小臂及大臂动作。零件、材料、工具离应用地点较远,非第 3 级动作所能达到的,必须有伸臂的动作。其动作所需的时间根据动作的距离及所克服的阻力而定。

第 5 级动作——手指、手腕、小臂、大臂及身体动作,是最耗体力,也是最缓慢的动作。身体的动作包括了足、踝、膝、大腿、躯干的动作,这一动作会使动作位置发生变化。

对以上 5 级动作进行比较,发现动作级别越低,所需时间越短,所耗的体力越少。应用证明,第 1 级的动作最省力,而第 5 级的动作是最不经济的动作。应该注意的是,第 1 级的动作由于其活动范围小,也不是在任何操作下最有效的动作。在许多情况下,第 3 级的动作被认为是最有效的动作。

总的来说,要使动作迅速而轻易,只有从缩短动作的距离以及减少动作所消耗的体力着手。为此,就必须选择级别尽可能低的动作,缩短工作距离,使材料、工具、零件尽可能地靠近工作地。

如图 5-6 所示办公桌的设计及使用分析,图 5-6(a)中办公桌的桌面非常宽大,图中的涂黑部分距人较远,取放物品时人必须倾身或半站立姿势,通常为第 5 级动作,若动作比较频繁时非常费力。从降低动作等级又不减少原有的工作区域的角度考虑,可以对办公桌作出如图 5-6(b)的改变,将图 5-6(a)中的涂黑部分移至图 5-6(b)中的涂黑部分。此时所有桌面全在伸手可达的范围,4级动作即可达到。

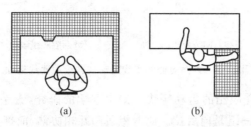

图 5-6　办公桌的设计与使用分析

3. 第三条原则

第三条原则是关于人体的运用第(5)～(8)条均互相关连。可合并为第三条原则,即尽可能利用物体的动能;曲线运动较方向突变的直线运动为佳,弹道式运动较受控制的运动轻快,动作尽可能有轻松的节奏。

(1) 工作物运动时具有动能,应尽可运用这种动能来改进工作。如图 5-7 所示,挥动大铁锤的两种方法,其结果差异很大。上下型挥动大铁锤,因铁锤向上移动时所产生的动能未能被利用,还要以肌肉紧张来制止,使其速度降为 0m/s 后转而向下移动,见图 5-7(a)。圆弧形挥动时铁锤时,从后面挥上,前面打下,如图 5-7(b),因由后面挥上时所产生动能得到充分的利用,比从前面打下的铁锤更有力,且肌肉不易疲劳,其效率比从前面上下挥动提高一倍以上。

图 5-7　两种挥动铁锤的方式

(2) 连续曲线运动较直线方向突变的运动为佳。由图 5-8 可见,直线方向突变的运动,由 A 点起需肌肉用力前推、产生加速度前进;到 B 点因要改变方向,故在到达 B 点前要减速。由 B 到 C 时,又需再使肌肉用力前推,产生加速度前进。即每到方向突变点时,必须用肌肉发出的力量来使速度为0;转向新方向时又必须用力前推,以产生加速度而前进。由于不断产生加速与减速,肌肉用力一推一拉,容易疲劳,运动时间也会延长。连续曲线运动时,除开始时 A 点产生加速度外,其他各点均不必使速度减为0而停止,所以运动圆滑快速,省力而不易疲劳。

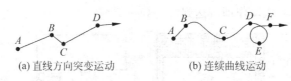

图 5-8　方向突变的直线运动与连续的曲线运动

（3）弹道式运动较受限制的运动轻快。据生理学的研究，人手的运动是由两组肌肉控制的，一组是向前推，另一组是向后拉。此两组肌肉互相协调，前推与后拉的力量相等时，即达到平衡，手就停止不动。所谓弹道式的运动，就是在前推（后拉）之后，不再后拉（前推），而利用其产生的动能来工作。例如工厂中锻工使用手锤时，有经验的老工人常常仅当锤举起时用力，锤行至半途即放松肌肉，使其自然下落以求省力。

（4）有节奏的运动。自然节奏是人类的习惯与天性，节奏能使动作流利自如。大多数从事重复性操作的人，都喜欢把操作安排得能流畅、轻松地从一个动作过渡到另一个动作，并且按节拍进行，因为这样能得到提高效率、减少疲劳的效果。

4. 第四条原则

关于工作地布置的第(9)条、第(10)条和第(13)条均属于工具和物料放置的原则，将其合并为第四条原则，即工具、物料应置于固定处所及工作者前面近处，并依最佳的工作顺序排列。

（1）工具、物料应置于固定处所。在 18 个动素中，寻找是属于非生产性的浪费动素，应设法予以消除或减少。在操作中，如果工具及材料都没有固定的位置，则操作者势必在每一操作周期中都要浪费部分时间和精力去寻找。工具和物料若有明确而又固定的存放地点，则可以促使人养成习惯和迅速的反应。在一般情况下，当要用手去拿物料（或工具）之前，总是用眼瞧指引手伸向目标。如果工具和物料都有明确而固定的地点，则不需用眼睛注视，手就会自动地找到正确的位置。如电脑键盘的所有按键位置固定，因此人们打字可以不用眼睛看着键盘，即实现所谓"盲打"。

如图 5-9 所示，在手工作业中，有时会将零件（或零件箱）成一字排列，并且放置在最大工作范围之外，远离夹具及操作者。这样在每次拿起零件时，操作者需伸长手臂或探身向前，形成 3 级或 4 级动作，使劳动者容易产生疲劳。

正确的工作台布置应如图 5-10 所示，零件匣在适合人体双手操作的工作区域内，紧靠并集中于操作者的正前方，作者以 3 级动作即可取到零件。图中的 A 角应越小越好，距离 r 也越短越好。A 角最好在正常视角内，即操作者头不动、两眼向前直视时所能看到的最大视觉范围。这样的布置便于双手同时动作，并且动作距离最短。

（2）工具和物料依照最佳的工作顺序排列。工具和物料依一定的顺序放置，可使操作者养成按照最佳顺序工作的习惯，操作者可以不经考虑、思索，就能顺利地进行工作，以较小的精力达到工作目的。如在装配工作中、各种零件按装配顺序排列；在机械加工中，材料、毛坯和半成品,都备有特制的物料箱、盒,按工作顺序整齐排列。这些都有利于减少工作疲劳、提高工作效率。

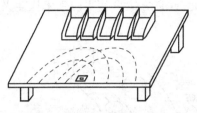 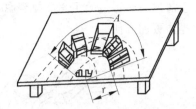

图 5-9 不正确的工作台布置　　　　图 5-10 正确的工作台布置

（3）工具、物料及装置应布置在工作者前面的近处。因为第 3 级动作为最有效的人体动作,工具及物料应尽可能布置在能使人运用第 3 级动作的范围内,最大只能在第 4 级动作的范围内。

人体第 3 级动作的范围是以左右手自然下垂和以肘为中心、小臂为半径所能达到的空间范围,称为正常工作范围。人体第 4 级动作的范围动作范围,是以肩为中心、整个手臂为半径所能达到的空间范围,称为最大工作范围,如图 5-11 所示。

例如外科手术室布置改善。

图 5-12 为外科医生动手术时常见的手术室布置。基于动作经济原则,对原有布置进行合理的改良,形成了如图 5-13 的手术室布置。

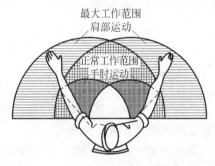

图 5-11 水平面上正常与最大工作范围

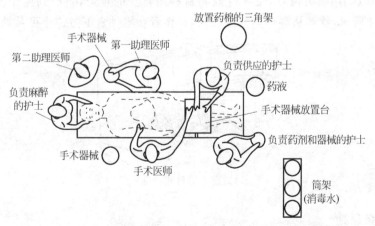

图 5-12 原有的手术室布置

原方案的布置会造成助理医生和护士在传递手术器械和用品上的许多无效动作和耽搁。改良后的布置使手术用的器械和用品就放在主刀手术医生的两旁,护士们可以面对手术台,不必转身到背后的桌子上去拿所需物品。第一助理医师与护士以正面相对的位置传递手术器械与用品。新设计的两个用品台的高度可以调节,并且具有可以拆卸的金属面板和分开放置清洁与沾污过的手术器械瓷盘。因此,改良方案可使主刀手术医生及其助手和护士们的操作更加方便。

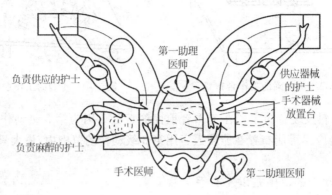

图 5-13 改良后的手术室布置

5. 第五条原则

将关于工作地布置中第(11)条及第(12)条合并为第五条原则,即零件、物料应尽量利用其重量坠送至工作者前面近处。

为了节省时间,必须使工具、物料靠近操作者,但材料的堆放数量要适量,数量太少则补充材料的次数频繁,不经济;数量太多则使堆放面积增大,往往有部分材料超出正常或最大动作范围。可以利用重力滑箱,使零件或物料利用自身的重力,斜滑到操作者的前面近手处。如图5-14所示,物料从零件盒上方加入,操作者在零件盒下方伸手可及处拿取物料。

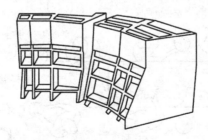

图 5-14 重力送料式标准零件盒

6. 第六条原则

将关于工作地布置中第(14)~(16)条合并为第六条原则,即应有适当的照明设备,工作台和坐椅式样及高度应使工作者保持良好的姿势及坐立适宜。

适当的照明可改善精细工作的视力疲劳,提高工作质量。在工作场所,由于适当的坐椅式样及高度使作业者在工作时不容易疲劳,因此工作中广泛使用的工作台、工作椅,必须与使用者的人体各部位尺寸相吻合。合适的坐椅应使坐者的重量压在臀部和坐骨上,坐椅的高度应稍低于小腿高。如图5-15所示为良好的工作坐椅。此外,工作台的高度应与工作坐椅配合,使人在工作时上臂自然下垂,小臂处于水平位置。如图5-16所示为设计合理的计算机工作台。

精细工作的工作台高度要稍高一些,劳动强度大的工作台高度要稍低一些。站姿工作的工作台高度也应如此,这样作业者在工作时不易产生疲劳。

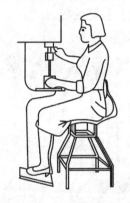 

图5-15　良好的工作坐椅　　　　　图5-16　设计合理的计算机工作台

7. 第七条原则

第七条原则是关于工具设备的第(17)条原则,即尽量解除手的工作,而以夹具或足踏工具来代替。

在操作过程中,经常发现手在做持住的动作,把操作最灵活的手用于非生产性的动作中,非常浪费。为此,可设计出适当的工夹具,来代替手去执行持住的动作,解脱双手去做其他具有生产性的动作。此外,也可以考虑以足踏工具代替手执行持住的操作。如图5-17所示为脚踏式自动焊锡机,其将双手解脱出来,有效地提高了作业效率。

图5-17　脚踏式自动焊锡机

8. 第八条原则

第八条原则是关于工具设备的第(18)条原则,可能时,应将两种或两种以上工具合并为一种。

此原则应用范围相当广泛,且极受欢迎。将两端各有一种用途的手工工具掉头使用,比放下手中的工具,寻找并拿取另一工具省力省时。在日常生活中,红蓝铅笔、瑞士军刀、多功能工具钳(见图 5-18)等就是典型的例子。在生产中,双头扳手(见图 5-19)在装配中使用较多。

9. 第九条原则

将关于工具设备的第(20)~(22)条合并为第九条原则,内容包括:手指分别工作时,各指负荷应按其本能予以分配;手柄的设计,应尽可能增大与手的接触面;机器上的杠杆、手轮的位置,尽可能使工作者少变动其姿势。

一般情况下人们都习惯用右手,右手比左手不易疲劳,且更灵巧。

图 5-18　多功能工具钳

图 5-19　双头扳手

德伏拉克曾通过试验研究英文打字机位置安排问题。其结论是右手与左手的本能比例约为 10∶9。各手指的本能以右手食指为最强,左手小指为最弱。各手指的本能顺序为右手食指、右手中指、左手食指、右手无名指、左手中指、右手小指、左手无名指、左手小指。德伏拉克设计的打字机键盘,按字母在英语中出现的频率,其各指功能分配如图 5-20(a)所示,标准型英文打字机键盘的手指负担却是左手比右手重,与手的本能恰好相反,如 5-20(b)所示。

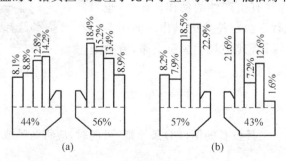

图 5-20　德伏拉克型打字机键盘的手指负担

手柄设计,应尽可能使其与手的接触面增大,手柄与手掌的接触面积越大,压应力越小。因此,设计手柄时应注意其与手掌接触面呈弧形,加大手柄与手掌接触面积。

机器上的杠杆、手轮等的操作位置应与人体尺寸相符,使作业者在操作时的动作尽可能在4级动作以下,不发生弯腰、转身、行走等行为。

10. 第十条原则

第十条原则是关于工具设备的第(19)条,即工具及物料应尽可能预放在工作位置(事前定位)。

事前定位是指把物料放到预先确定的位置上,以便要用时能在使用它的地方拿到。有人做过试验,将工具放置的位置分为"未预放""半预放"和"完全预放"三种。拿取工具时,若"完全预放"用需时100来表示,则"半预放"为123,"未预放"为146。可见,"完全预放"与"未预放"其效率相差达50%,如图5-21所示。

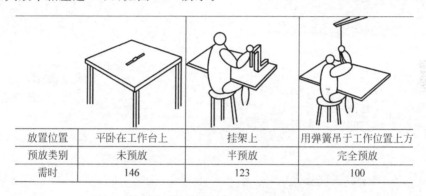

放置位置	平卧在工作台上	挂架上	用弹簧吊于工作位置上方
预放类别	未预放	半预放	完全预放
需时	146	123	100

图 5-21 拿取不同的放置位置的工具所需的时间

思考题

1. 什么是动作分析?动作分析的目的何在?
2. 进行动作分析时,有多少个动素符号对动作过程进行描述?试用动素符号描述生活中你所观察到的动作。
3. 试以动素分析图记录用开瓶器开启酒瓶的动作。其动作为,左手伸至桌面取酒瓶,右手伸至桌面取开瓶器,双手各将所取之手移至身前,左手持瓶,右手移至瓶盖将其打开。
4. 按图5-22的布置进行操作,操作内容为:装螺钉、装平垫圈、装弹簧垫圈、装螺母各一个。试以动素分析图记录双手的动作。
5. 动作经济原则的基本原则是什么?举例说明身边运用动作经济原则进行改善的事例。
6. 动作分析、操作分析和程序分析的异同是什么?

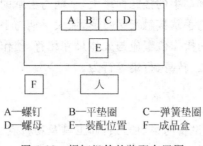

A—螺钉　　B—平垫圈　　C—弹簧垫圈
D—螺母　　E—装配位置　F—成品盒

图 5-22　螺钉组件的装配布置图

7. 请观察日常的生活与生产活动，举例找出一些违反动作经济性原则的事例，并提出改进方案。

第3篇

作业测定

Chapter 6 作业测定的概念及劳动定额

6.1 作业测定的概念

6.1.1 作业测定的定义

作业测定又称时间研究,它是在方法研究的基础上,运用各种技术来确定合格工人按规定的作业标准完成某项工作所需的时间,即一个合格工人(具有正常的体力和智力,在劳动技术方面受过良好训练,并具有一定熟练程度的工人)在标准的作业方法和条件下,以正常的作业速度完成某一工作所需的时间,这种时间称标准时间(工时定额)。在定义中:

(1) 合格工人:必须是具备必要的身体素质、智力水平的工人,该项工作必须适合于他。

(2) 良好训练:操作者必须受过该项工作的操作方法的训练,具备必要的技能和知识。

(3) 正常速度:指一般的平均动作速度,这个速度,每天没有过度的肉体及精神疲劳,容易持续下去,但需努力才能达到。

(4) 标准状态:指标准的工作方法、标准的工作环境、标准的设备、标准的程序、标准的动作、标准的工具和机器的标准转速等。

工作研究的全过程是利用方法研究(程序分析、操作分析和动作分析)获得最佳的程序和方法,然后再运用作业测定对所有作业制定出标准时间。制定标准时间的方法有:经验判断法、统计分析法和作业测定等,作业测定是一种科学和客观的确定时间标准的方法,目前世界上工业发达国家均采用作业测定法来制定劳动定额。

在企业中,人工是一项重要的生产成本,人工成本的高低反映了企业经营管理的水平。如何充分利用作业测定技术,提高生产效率,降低人工成本,是每个企业均需解决的问题。方法研究通过对现有的工作方法和工艺过程进行系统的调查研究,制定最佳的作业程序、动作和工作方法,消除物料和操作人员的非必要活动,以减少生产产品的工作量或简化工艺过程;作业测定注重调查、研究,减少和消除无效时间,充分利用工作时间,以提高生产率。

作业测定的目的在于制定实施某项作业所需要的标准时间,以作为工作计划、指导、管理及评价的依据,用以研究改善作业系统或制定最佳作业系统等。劳动定额是企业管理的基础数据,作业测定则是企业工业工程活动中一项重要的基础工作,作业测定的应用涉及生产活动的全部领域,主要包括以下几个方面。

1. 改善生产作业系统

分析工时利用情况,挖掘工时利用的潜力,采用作业测定排除或减少无效时间,提高作业系统的工作效率。作业测定常和方法研究结合,用以进行作业系统的改进,并制定出新的作业标准。

2. 服务于生产作业系统

标准时间是企业进行计划管理和合理组织生产的重要依据。采用作业测定确定标准时间,主要用于以下业务:

(1) 计划业务:订货计划、人员计划、生产计划、设备计划、物资材料计划、作业计划和编制预算等;

(2) 管理业务:工序的管理、设备维护、库存管理等;

(3) 评价业务:成本核算、盈亏核算和工作状况的评价等。

3. 设计作业系统

作业测定为设计作业系统提供了基础资料,具体包括:

(1) 确定装配作业线、制造作业线等的时间平衡;

(2) 确定小组作业者之间的相互关系和承担时间的平衡;

(3) 各种人—机系统方式作业时间的评价;

(4) 确定单个操作者看管机器的台数。

6.1.2 作业测定的主要方法

制定标准时间时,首先要划分研究的工作阶次,工作阶次的划分,使我们能利用各种技术来衡量不同阶次的工作,工作阶次可分为以下 4 种:

第一阶次——动作。人的基本动作,是测定的最小工作阶次,如伸手、握取等。

第二阶次——操作。由几个连续动作集合而成,如伸手抓取零件、放置零件等。

第三阶次——作业。通常由 2~3 个操作集合而成,如果将其分解为两个以上的操作,则不能分配给两个以上的人进行作业,如伸手抓取材料在夹具上定位(包括放置),拆卸加工完成品(从伸手到放置为止)。

第四阶次——制程。指为进行某种活动所必需的一连串作业。如：钻孔、装配、焊接等。

工作阶次的划分以研究方便为原则。低阶次的工作可以合成为高阶次的工作,高阶次的工作也能分解成低阶次的工作。

随着管理科学的发展,作业测定技术不只限于制定时间定额,而且被广泛应用于企业诊断,分析企业工时利用状况,确定企业生产能力,调整生产、劳动组织等许多方面。作业测定的主要方法有以下几种。

1. 秒表时间研究法(密集抽样作业测定)

秒表时间研究是利用秒表或电子计时器,在一段时间内,对作业的执行情况作直接地、连续地观测,把工作内容按时间序列以及作业环境、作业者的情绪、作业条件等记录下来给予一个评比值,并加上遵照劳动组织所制定政策允许的非工作时间作为宽放值,确定出该项作业的时间标准。

秒表时间研究允许分析者观察生产全过程并有机会对方法的改进提出建议,是真正能测量和记录操作者真实时间的唯一方法,但该方法需要对工人的技能和努力程度进行评定,不能对不可重复的环节进行评定。

2. 预定动作时间标准法

这是国际上公认的制定时间标准的先进技术。它利用预先制定的各种动作和标准时间值来确定进行各种操作所需的时间,而不是通过直接观察或测定。这种方法不需要对操作者的情绪、素质等进行评价,就能对其结果在客观上确定出标准时间,故在国外称为预定时间标准法(predetermined time system,PTS)。预定时间标准法有40多种。预定时间标准法允许在实际生产之前建立方法和标准,但为提高时间标准的准确率需依赖于对相关方法完全、准确的描述,对过程控制和机器控制环节需采用秒表和标准数据法。

3. 工作抽样法

工作抽样法是指在一段较长时间内,以随机的方式、分散地观测操作者。利用工作抽样法来研究工时利用率,具有省时、可靠、经济等优点,因此成为调查工作效率、合理制定工时定额的通用技术。工作抽样不需要长时间持续地观察,消除了工人被长时间观测的紧张,允许不同的操作者有不同的标准,但该方法假定工人应用的都是可接受的标准方法,要求观察者能分辨和划分工作活动的时间和延迟。

4. 标准资料法

标准资料法是将由秒表时间研究、工作抽样、预定时间标准法等所得的时间测定值,根据不同的作业内容,分析整理为某作业的时间标准,以便将该数据应用于同类工作作业条件下,使其获得标准时间的方法。该方法允许在实际生产前建立方法和标准,但建立和维护标准数据需要一定的成本,在建立过程中如果超出数据的范围将导致结果的不准确。

通常情况下,秒表时间研究用于第二阶次的工作,工作抽样用于第三、四阶次的工作,预定时间标准法常用于第一阶次的工作,标准资料法可用于第二、三和四阶次的工作。

6.1.3 作业测定的常用工具

1. 秒表(停表、马表)

作业测定用的计时工具多采用 1/100 分秒表,也称 10 进分计秒表,如图 6-1 所示。

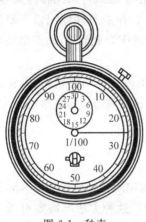

图 6-1 秒表

此秒表表面分成 100 个小格,每小格代表 0.01min,长针每分钟转 1 圈。表盘上方有一个小表,小表盘面分为 30 个小格,每个小格为 1min,转 1 圈为 30min,长针转 1 圈,短针移动 1 小格。表的右上角外缘的按钮具有暂停功能,控制表针的走与停。表停后再启动,指针继续移动。正上方的按钮具有启动指针移动、按停和归零功能。1/100 分秒表读数、记录容易,整理、计算方便。

有时为了便于连续计时与累计计时,使用双秒表工作,双秒表的两个秒表之间装有机械的联动机构,当一个表停下来读数时,另一个表同时起动计时。新一代的秒表采用液晶数字显示,可完成连续、中断、跟踪、汇总、记忆、日历、数字显示等功能,并可连接打印机,精度可达 0.001min 或 0.1s。

2. 观测板

观测板用于安放秒表和时间研究表格等。观测板的尺寸大小应考虑观测者使用方便、顺手和轻便等,使用时手臂不易疲劳,材料一般采用胶合板、塑料板等。

3. 时间研究表格

时间研究表格指用于记录、汇总与分析时间研究观测数据的各种表格。其格式可以自行设计,大小按实际情况并配合观测板的大小而定。为便于保存、查阅,各单位应规定统一的格式。

4. 其他工具

时间研究除了可以应用上述的工具之外,有时还需要测量距离和速度的工具,如卷尺、千分尺、弹簧秤、转速表等。

6.2 劳动定额的制定与管理

6.2.1 劳动定额概述

劳动定额是指在一定的生产技术和组织条件下,为生产一定数量的产品或完成一定量的工作所规定的劳动消耗量的标准。

1. 劳动定额的概念中包含以下要点

(1) 劳动定额是在一定条件下制定的,劳动定额不能脱离具体的生产、技术和组织条件。生产条件是指生产规模、生产协作、原材料、燃料、动力等方面供应的状况以及生产作业环境和劳动条件等;技术条件是指机械设备的先进和自动化程度、加工工艺和操作方法、各种技术措施、工艺装备、计量检测试验手段的状况,以及工作地各种运输、照明、信息传递、安全保障等方面的状况;组织条件包括生产过程的组织和劳动组织两方面,企业生产经营管理的水平,工作地的供应、服务、半成品、成品保管、设备维修保养、劳动力合理配置等情况。劳动定额不仅受到各种客观物质条件的制约,还受到各种主观因素的影响,如生产者的文化水平,生产专业知识和操作技能,劳动态度及主动性、积极性,管理者的专业素质和管理水平,劳动关系等。

(2) 劳动定额的对象是劳动者的劳动量,即劳动者在劳动过程中脑力和体力的消耗量,亦即"活劳动"消耗量。劳动定额是对劳动者在生产或工作过程中活劳动消耗量所预先规定的限额。

(3) 在规定活劳动消耗量时,可采用多种计量方法。如果从劳动过程上规定劳动消耗量,一般以时间为尺度,采用人年、工日、工时、工分等劳动时间单位;如从最终成果上规定劳动消耗量,可采用实物量单位。计量考核劳动量的指标可以是绝对数也可以是相对数。在具体规定劳动定额时,应从实际出发,针对不同的工作特点,采取行之有效的科学方法。

(4) 为了使劳动定额的各项功能得以发挥,劳动定额是在生产(工作)进行之前预先制定的。

(5) 劳动定额所规定的是完成合格产品或符合质量要求工作任务的劳动消耗量,它限定的对象是有效的劳动,不是无效的劳动。

2. 劳动定额的特征

(1) 规范性。劳动定额是一种"标准",是衡量劳动者劳动成果的客观规范,具有一定的强制性和约束性。

(2) 相对性。劳动定额的制定受众多因素的影响,这些因素可分为客观因素和主观因素两种。其中,主观因素包括:劳动者的文化技术水平和熟练程度、劳动者的劳动态度,以及领导者对制定劳动定额的态度等,客观因素包括:生产条件、技术条件和组织条件等。

(3) 综合性。劳动定额反映企业生产经营技术组织的综合水平,是企业一定时期生产经营管理水平的综合反映。

(4) 预定性。劳动定额是预先人为规定的,它反映一定范围内的劳动效率水平,不同于劳动生产率。

(5) 凝固性。劳动定额是衡量劳动者劳动状况的一种"标准"和"尺度",在一定时期内它衡量和反映的是劳动的凝固形态,而不是潜在形态或流动形态。

6.2.2 劳动定额的种类

劳动时间是测定和计量劳动时耗的简便和通用的尺度。在相同的作业条件下,劳动时间的长短代表了人体劳动消耗支出的多少,同时通过对完成单位产品或完成一定作业量劳动时间的科学规定,也反映了对劳动强度的要求。劳动定额的制定不仅适用于体力劳动作业,同时也适用于服务劳动,以及带有执行性和重复性较大的管理劳动和科技劳动等方面。从不同的角度和层次看,劳动定额有不同的种类。

1. 按表现形式分类

1) 工时定额

工时定额是指在一定的技术状态和生产组织模式下,按照产品工艺工序加工完成一个合格产品所需要的劳动时间消耗的限额。常用每件消耗多少分钟表示。工时定额比较适合用于产品结构复杂、品种多、生产批量不大的企业。

确定工时定额应根据企业的生产技术条件,使大多数工人经过努力都能达到,部分先进工人可以超出,少数工人经过努力可以达到或接近平均水平。合理的时间定额能调动工人的积极性,促进工人技术水平的提高,从而提高劳动生产率。随着企业生产技术条件的不断改善,时间定额应定期进行修订,以保持定额的平均先进水平。

2) 产量定额

产量定额是指在单位时间内(如小时、工作日或班次)规定的应生产产品的数量或应完成的工作量。如对车工规定一小时应加工的零件数量、对装配工规定一个工作日应装配的部件或产品的数量。

工时定额和产量定额互为倒数,工时定额越低,产量定额就越高,反之,工时定额越高,产量定额就越低。在制造业里,单件小批生产的组织主要采用"工时定额",大批量生产的组织主要采用"产量定额"。

3) 看管定额

看管定额又称"操作定额",是指一个工人或一个班组,同时能看管机器设备的台数,或看管机器设备上操作岗位的数量。看管定额是一种特殊形式的产量定额,其基本原理是多机床管理,就是工人利用某一台机器设备的机动时间(如机床的自动走刀时间)去完成另一台或多台设备上手动时间的工作。

看管定额主要应用于工人可同时看管多台设备的企业或同种机器设备集中加工的生产单位,如自动化生产过程中与产品数量无直接关系的机器、设备、仪表看管人员和程序控制人员等。

机器设备的机动时间越长,工人手动操作的时间越短,工人能够看管的设备台数就越多。因此制定看管定额的前提条件是,每台设备的机动时间必须大于或等于工人看管其他设备所需手动时间的总和。

对于生产企业,每台设备都存在额定的看管定额或操作机位,例如:纺织企业纺织工人数量的确定是根据纺织机看管定额水平确定的,计算方法如下:岗位定员=设备台数(台)/看管定额(台/人)。其他生产企业可按照生产线设计时确定的机位来确定生产人员定员,比如印刷企业某型号凹印机的额定人员定额为3人,即必须有3人才能开动,这实际上也是看管定额的一种。

4) 服务定额

服务定额是指按一定质量要求,对服务人员在指定时间内提供某种服务所规定的限额,如酒店规定每个客房服务员负责清扫的客房数或床位数等。

5) 人员定额

人员定额也即企业定员、劳动定员,它是指在一定的生产技术和组织条件下,为了保证企业生产经营活动的正常进行,按一定素质要求,对企业各类岗位人员的配置所规定的限额。

人员定额是企业科学地组织生产劳动,合理使用劳动力的一种方法,它是企业管理特别是劳动管理的一项基础工作。

6) 其他形式的劳动定额

如销售定额,它规定经营销售人员在规定的时间内应完成的销售金额等。

2. 按实施的范围分类

1) 统一定额

统一定额是某一部门、地区或行业对所属企业的主要产品,在广泛调查研究的基础上制定的定额。这种定额是同行业中具有先进水平的劳动定额,其实施范围是本部门、本地区或本行业。

2) 企业定额

企业定额是企业根据自己的具体生产技术组织条件,参照统一劳动定额,由企业总部组织制定的劳动定额,经有关领导批准后,在本企业范围内执行。

3) 一次性定额

一次性定额是企业在特殊情况下(如设计、工艺、材质及规格等临时性变更),由定额人员会同生产技术主管部门有关人员根据实际情况制定的,在一定时期、一定范围和一定条件下实行。这种定额一般只使用一次,故称一次性定额。

3. 按用途分类

1）现行定额

现行定额是指在日常生产和管理中具体实行的劳动定额。它是根据生产的技术和组织条件,考虑了现有的生产设备、工具、使用的原材料,按产品零件分工序制定的。现行定额主要用于衡量工人的生产绩效,核算和平衡企业的生产能力,安排生产作业计划,计算计件工资和奖金,核算产品成本等。

2）计划定额

计划定额是指计划期内预计要实行的定额。它是以现行定额为基础,充分考虑了计划期内生产任务变动的情况、组织技术措施采用的状况、劳动组织的改善、先进经验的推广、劳动者技术水平以及劳动生产率提高的可能,经过综合评定而最后确定的。计划定额主要用来制定生产、劳动、成本计划及计算产品价格。

3）设计定额

设计定额是设计或计划部门根据产品工艺资料和初步设计的年产量,参照技术定额标准,或者通过与同类型产品的现行定额进行对比分析计算出来的定额。设计定额主要用于初步设计工厂的规模,组织专业化协作,核算各种设备、占地面积及劳动力的需要量。也可以作为新产品投入后企业逐步降低工时消耗的努力方向。

4）不变定额

不变定额亦称固定定额,是指将某个时期（年初或年末）的现行定额固定下来,在几年或一段时间内保持不变。不变定额主要用于制定产品的不变价格,核算工业产值,下达有关的技术经济指标,衡量企业各个时期的劳动生产率水平,以便于进行对比分析。

6.2.3 劳动定额的作用

劳动定额是企业管理中一项重要的基础性工作。在企业的各种技术经济定额中,劳动定额占有重要地位。正确地制定和贯彻劳动定额,对于组织和推动企业生产的发展,具有重要意义。

1. 劳动定额是企业编制计划的基础,是科学组织生产的依据

企业计划的许多指标,都同劳动定额有着密切的联系。在制订劳动计划时,要首先确定各类人员的定员、定额；在生产作业计划中,劳动定额是安排工人、班组以及车间生产进度,组织各生产环节之间的衔接平衡,制定"期"、"量"标准的重要依据；在生产调度和检查计划执行情况过程中,同样离不开劳动定额。在科学的组织生产中,劳动定额是组织各种相互联系的工作在时间配合上和空间衔接上的工具。只有依据先进合理的劳动定额,企业才能合理地调配劳动力资源,保持生产均衡、协调地进行。

2. 劳动定额是挖掘生产潜力,提高劳动生产率的重要手段

劳动定额是在总结先进技术操作经验基础上制定的,同时,它又是大多数工人经过努力可以达到的,因此,通过劳动定额,不仅便于推广生产经验,促进技术革新和巩固革新成果,而且有利于把一般的和后进的员工团结在先进工人的周围,相互帮助,提高技能水平。先进合理的劳动定额,可以调动广大员工的积极性和创造性,可以鼓励广大员工学先进、赶先进、超先进,充分挖掘自身潜力,不断地提高自己的文化、技术水平和熟练程度,促进车间、企业生产水平的普遍提高,不断提高劳动生产率。

3. 劳动定额是企业经济核算的主要基础资料

经济核算是企业管理中一项重要的工作,它是实现勤俭办企业和加强企业经营管理的重要手段。每个企业都要对各项技术经济指标实行严格的预算。企业的经济核算,一方面要求生产更多更好的产品,满足国家和人民的需要;另一方面还要尽量节约生产中的活劳动和物化劳动的消耗,严格核算生产的消耗与成果,不断提高劳动生产率,降低成本,为国家提供更多的积累。定额是制定计划成本的依据,是控制成本的标准。没有先进合理的劳动定额,就无从核算和比较。所以劳动定额是企业实行经济核算,降低成本,增强积累的主要依据之一。

4. 劳动定额是衡量职工贡献大小,合理进行分配的重要依据

企业必须把职工的劳动态度、技术水平、贡献大小作为评定工资和奖励的依据,做到多劳多得、少劳少得、不劳不得。劳动定额是计算工人劳动量的标准。无论是实行计时奖励或计件工资制度,劳动定额都是考核工人技术水平高低、贡献大小、评定劳动态度的重要标准之一。没有劳动定额,就难以衡量劳动业绩,不能合理地进行分配。

在制定劳动定额时,主要应分析以下影响因素:

(1) 劳动者的技术熟练程度、工龄长短、性别和身体素质、思想状态以及生理和心理的状态等。

(2) 机器设备以及工装夹具等的状态等。

(3) 原材料、燃料和协作件的质量及供应情况等。

(4) 劳动强度的大小、劳动繁简难易程度和劳动环境等。

(5) 工艺规程完备的程度、生产组织和劳动组织是否合理,各项管理制度是否健全等。

6.2.4 劳动定额的制定方法

制定劳动定额的方法主要有:经验估工法、统计分析法、类推比较法、作业测定法等。

1. 经验估工法

经验估工法是由定额人员、技术人员和班组长根据实践经验,依照有关技术工艺文件或实物,并考虑所使用设备工具、工艺装备、原材料及其他生产技术和组织管理等条件分析估算定额的方法。经验估工法又可分为综合估工、分析估工和类比估工 3 种方法。

经验估工法的优点是方法简便,工作量小,便于劳动定额的及时制定与修改,容易为员工所接受。其缺点是缺乏技术依据,容易受到估工人员水平和经验的局限,不易挖掘生产潜力和消除工时浪费,准确性较差,容易出现定额偏松或偏紧的现象。对同一种产品,往往不同的估工人员估出的定额也不同,甚至差距很大,使得劳动定额的水平往往落后且不平衡。因此,经验估工法适用于新产品试制、临时性生产、单件小批量的生产,以及新开展劳动定额工作的单位。要特别强调的是对同一产品只准使用一次,对经常使用的劳动定额不宜采用这种方法。

2. 统计分析法

统计分析法是根据以往生产相同或相似产品工序工时消耗的统计资料,经过整理汇总和分析计算确定定额的方法。

统计分析法是以占有比较完整的和准确的统计资料为先决条件的,优点是制定出的定额比经验估工法更能确切地反映实际情况,同时又简便易行,工作量小,比较容易为员工所接受。适用于一些生产条件比较正常、产品比较稳定、各种制度和原始统计资料比较健全的企业。缺点是由于这种方法所依据的过去的统计资料包含一些本可避免的停工工时以及其他一些工时浪费和某些虚假因素,从而影响劳动定额水平的准确性。因此这种统计方法确定的定额仍然是比较粗略的,而且确定的定额可能是落后的。尽管如此,统计分析法如果结合其他方法综合使用,仍然是一种有实用价值的方法。

常用的统计分析法有简单平均法(算术平均法)、加权平均法、标准偏差法和百分比法等。

(1) 简单平均法。简单平均法以过去的定额实际工时为基础,求得平均值,然后求出平均先进的数值,在定量分析的基础上,再加以定性分析,进行适当的调整。

(2) 加权平均法。加权平均法是估工法和统计分析法的结合。如在生产同一产品的几组工人中,选取少数几人,估得或测得工时定额,然后分析这几个人的代表性,即权重,乘以定额,再加以平均,即可求得该产品的定额。

(3) 标准偏差法。标准偏差法又称概率统计推断法或均方根法,是根据实作工时的统计数据、正态分布规律和实现定额的预期概率值,计算推断工时(或产量)定额的方法。

(4) 百分比法。从完成定额的百分数和完成人数,求得完成百分率,再从定性分析的角度,确定压缩率,求得新定额。

3. 类推比较法

类推比较法是以典型零件、工序的工时定额数据为依据，经过对比分析推算出同类零件或工序定额的方法。用来对比的产品，必须是形成结构、工艺流程相同或相似的同类产品或系列产品。如果两者之间缺乏可比性，就难以应用此法。

类推比较法的操作步骤如下：

（1）确定具有代表性的典型零件（或工作）。一般可根据零件尺寸大小、加工精度、加工的复杂程度、工件重量进行分类。

（2）制定典型零件的劳动定额作为参照，对典型零件采用技术测定法进行分析。

（3）比较类推制定其他相似零件的劳动定额，对关键零件和工序，要进行讨论，深入研究，挖掘各种潜力，最终达到提高劳动生产率的目的。

类推比较法的优点是制定劳动定额工作量不大，速度也比较快，质量比经验估工法和统计分析法要高一些，因为它有一定的依据和标准。采用这种方法的前期需对典型零件、工序制定技术定额标准，这个工作的工作量较大。当制定的典型代表件定额标准不准时，就会影响工时定额的可靠性。对于同类型、同系列的产品，采用此法效果好。新产品开发一般具有继承性，新产品与老产品相比，一般内部的变动不会超过30%，因此，也可以采用这种方法。该方法的缺点是受同类作业可比性的限制，不能普遍采用。而且在对比产品选择不恰当时，劳动定额的准确性也会受到一定的影响。

4. 作业测定法

作业测定法是指通过对生产技术组织条件的分析，在挖掘生产潜力以及操作合理化的基础上，采用实地观测或技术分析与计算来确定定额的方法。

自20世纪初以来，作业测定已经形成了适用于不同情况和条件的一系列方法，大体可以分为两类，一类为直接测定法，其中包括工作日写实、秒表测定法和工作抽样等；另一类为间接测定法，就是依靠事先编制不同阶次的标准资料数据库，通过综合获得劳动定额的方法，其中包括预定动作时间标准（PTS）、标准资料法等。

采用作业测定法制定定额的步骤如下：

（1）分解工序。将需制定定额的工序初步分解为若干细小的单元，如工序、操作、动作等。

（2）分析工序结构和操作方法的合理性。分析和考虑工序结构中各操作或动作能否取消、合并、简化或重组，以实现合理的操作方法。

（3）分析设备及生产组织和劳动组织状况。分析工艺及设备切削用量等技术参数的经济合理性，充分利用现有技术条件使其发挥最大的效用。了解劳动分工与协作是否合理，工作地的布置、工作环境及劳动条件对操作工人的影响，分析改进的可能性。

(4) 实地观测和分析计算。结合现场写实、测时、预定动作时间分析等,计算出该项作业工时消耗各组成部分的数值。

(5) 制定定额。在上述多方面分析的基础上,通过现场的直接观察和测定,或借助于事先编制的标准资料,得出作业(工序)各组成部分的工时消耗数据,最后制定出作业(工序)劳动定额。

作业测定法的主要优点是,一是这种方法是通过现场观测和分析计算,采用先进的技术和操作方法,在比较合理的组织技术条件下制定的,因而制定的劳动定额比较准确而且先进合理。二是它参照了行业或企业的各项定额标准,有比较充分的科学依据,定额水平容易平衡,也有利于改进生产与管理。因此,采用作业测定方法制定劳动定额也是企业进一步挖掘生产潜力,不断提高生产效率的过程。

作业测定法也有其相对不足的方面,如通常情况下制定定额的工作量大,不能及时满足生产和管理的需要;对企业产品设计和工艺管理,以及企业生产经营管理方面的要求比较高,否则作业测定方法难以制定定额,或者制定出定额后无法贯彻实施。

6.2.5 劳动定额的管理

1. 劳动定额的维护

劳动定额是企业的一项重要基础性工作,具有严肃性,一旦制定就必须认真贯彻执行,这样才能发挥它的积极作用。在使用中还需要根据实际情况进行修正。做好定额执行情况日常的统计、检查和分析工作对于劳动定额的维护是很重要的。

首先要加强班组的实际工时消耗的原始记录,原始记录反映员工的生产成绩、工时利用和定额任务完成情况,是定额统计工作的基础。然后要做好定额的统计分析工作,主要内容有实际工时的统计、完成定额情况的统计和工时利用情况的统计。最后根据统计资料分析定额的执行情况,主要分析劳动定额与实际工时之间的差距,操作工人能够达到定额水平的人数比例,影响工时利用的各种因素等。这样,一方面可以及时采取措施,提高工时利用率;另一方面为修改定额积累资料和提供依据。

劳动定额修改有定期和不定期修改两种。定期修改是根据企业生产的正常发展,预先规定修改期限。对于生产条件比较稳定,原定额比较准确的企业,修改期限可定得长些,如一年修改一次。反之,可定得短些,如半年一次。定期修改工作是全面的审查和修改,而不定期修改属于临时修改,当局部的生产条件发生较大变化时,如发生产品设计和工艺的变更,原材料和毛坯件的变更或者生产组织方式的变动等等,都应该及时修正定额。

在劳动定额的维护管理中,要把握劳动定额的两个特性,即稳定性和变动性。稳定性是相对的,一个先进合理的定额,在一段时期内与生产发展水平是相适应的,在这个时期内企业的定额水平保持稳定是必要的。变动性是绝对的,企业的生产水平不可能总是停留在一个水平上,而是处在不断地发展之中,当生产技术组织水平发展到一个新的高度,定额就需要作相应的修改。变动往往是一个渐进的过程,由局部的量变逐步发展为全体的质变。定额的修改工作应该制度化、规范化,要有一定的审批手续,以保障修改工作的顺利进行。

2. 劳动定额的标准化

劳动定额标准是制定劳动定额时作为依据的标准,目前,在我国企业中应用的主要是时间定额标准。劳动定额标准是对劳动定额制定、实施、统计分析和修订的各个环节中重复性事物和概念所作的统一规定。它以科学技术、生产实践经验的综合成果为基础,经有关方面协商一致,由主管机构批准,以特定形式发布,作为共同遵守的准则和依据。

在现代企业中,由于产品品种多变、结构复杂,加工方法和技术要求也多种多样,影响定额时间的因素经常变化,导致很难做到对每道工序、每个工件都能对其影响因素进行测量和分析,直接制定其时间定额。同时受人员和时间的限制,要加快编制定额的速度,就难免降低定额的精度,要提高定额的精度,就必定要降低制定定额的速度。为解决这一矛盾,减少制定定额的工作量,提高定额的制定速度,通常对那些经常出现和可能出现的工序的组成部分(如工步、加工面、操作等)或同类工序、典型工序、同类工件、典型工件制定出时间定额标准。

由此可见,编制企业劳动定额标准是转换企业经营机制,深化劳动工资制度的改革,推进劳动管理科学化和规范化,提高经济效益和劳动效率的需要。同时,劳动定额也是企业组织生产、调剂劳动力的依据,因此,有必要编制适合企业的劳动定额标准。

劳动定额标准具有以下特点:

(1) 劳动定额标准的对象是定额管理各个环节中的重复性事物和概念。它既包括"事物",又包括"概念"。对"事"制定的标准,一般属于劳动定额方法标准、工作标准或管理标准;对"物"制定的标准,一般是以产品(工序或作业)为对象制定的时间、产量定额标准;对"概念"制定的标准是对劳动定额的概念、相关的名词术语、代号、符号等所作的统一规定。

(2) 劳动定额标准具有统一性。劳动定额标准是对定额各个环节中重复性事物和概念所作的统一规定,统一才能规范劳动过程,使其有序有效地运作。一般情况下,不同级别的劳动定额标准是在不同范围内进行统一,不同类型的劳动定额标准是从不同角度和方面进行统一。

(3) 劳动定额标准具有科学性、技术性和先进性。劳动定额标准是科学研究、技术进步的新成果与劳动定额工作实践先进经验相结合的产物,它是从劳动工作的全局利益出发,经过对比分析、优化选择、综合评比、反复协商,在取得一致意见的基础上形成的。

(4) 劳动定额标准具有一定的约束力和强制性。劳动定额标准一经正式颁布,它就成为企业以及各级生产和有关部门需要共同遵守的准则,成为劳动者从事生产和工作活动的规范。

3. 劳动定额的贯彻

劳动定额制定以后，必须组织贯彻执行。贯彻执行劳动定额要加强员工的管理沟通工作，要依靠企业员工，发挥技术骨干和班组定额人员在定额管理工作中的模范带头作用；要把专业管理和群众管理密切结合起来；加强定额考核分析工作，随时掌握员工实现定额的情况，及时研究解决存在的问题；要切实贯彻执行各种重要的技术组织措施，及时地鉴定、总结和推广群众性的合理化建议和技术革新成果；还要同发动群众开展劳动竞赛密切结合起来；企业管理人员要深入现场调查研究，帮助员工完成定额，保证定额的全面贯彻执行。

为了保证劳动定额的贯彻执行和为制定、修改定额提供可靠的资料依据，企业必须加强对定额完成情况的统计、检查和分析。

(1) 健全工时消耗的原始记录，分析工时原始记录的准确性。

(2) 分析研究工时的利用情况。企业工时利用情况主要通过员工出勤率及工时利用率两个指标来反映。工时利用的变化，影响着劳动生产率的高低。分析工时利用的目的，主要是找出工时浪费的原因，采取措施加以克服，以增加生产时间，缩短停工时间，增加有效工时，减少无效工时。

(3) 分析工时定额的完成情况。从分析完成定额的情况着手总结先进经验，找出影响定额贯彻的各种因素并加以改进，以促进劳动生产率的提高，并进一步掌握工时消耗变动的规律，为制定和修改定额提供依据。

思考题

1. 作业测定的定义、目的和用途是什么？
2. 方法研究与作业测定两者有何关系？
3. 简述作业测定的主要方法及特点。
4. 测时过程中应注意什么问题？
5. 简述四种测时方法各自的优缺点。
6. 制定劳动定额的原则是什么？
7. 制定劳动定额的方法有哪些？各有哪些优缺点？
8. 何为经验估工法？如何提高估工法的准确性？

Chapter 7 时间研究

7.1 时间研究概述

1. 时间研究的定义

时间研究也称秒表时间研究、直接时间研究或密集抽样时间研究,是以秒表为工具,在一段时间内,连续不断地直接测定操作者的作业的一种作业测定技术,旨在决定一位合格适当、训练有素的操作者,在标准状态下,对一特定的工作以正常速度操作所需要的时间。它包含以下两种含义:

(1) 合格适当、训练有素的操作者。即操作者必须是一个合格的工人,而且该作业必须适合于该工人做;操作者对该项特定工作的操作方法,必须受过完全的训练;操作者必须在正常速度下工作,不能过度紧张,也不能故意延误,工作时生理状态正常。

(2) 在标准状态下。系指用经过方法研究后制定的标准的工作方法、标准设备、标准程序、标准动作、标准工具、标准机器的运转速度及标准的工作环境等。

2. 时间研究的特点及方法

时间研究也称秒表时间研究或密集抽样时间研究,是一种直接的作业测定方法,它采用抽样调查技术,以工序作业时间为对象,按操作顺序进行多次重复的观察、记录并加以分析研究的一种方法。

抽样调查是一种科学的、非全面的调查方法,该方法按照一定原理,抽选总体中的部分单位进行调查,以推断总体的有关数据。抽样调查的特点是:

(1) 按随机原则抽选样本;
(2) 总体中每一个单位都有一定的概率被抽中;

(3) 可以用一定的概率来保证将误差控制在规定的范围之内。

密集抽样与后面介绍的工作抽样的不同之处：密集抽样是在一段时间内，利用秒表连续不断地观测操作者的作业；而工作抽样则是在较长时间内，以随机的方式，分散地观测操作者。

时间研究有以下特点：

(1) 以工序作业时间为对象，以研究操作方法为重点；

(2) 需要对作业进行多次重复的观测；

(3) 提供的数据是制定工序作业时间和时间定额标准的基础资料。

3. 时间研究的用途

时间研究的用途包括：

(1) 决定工作时间标准，并用以控制人工成本；

(2) 制定标准时间作为工资制度的依据；

(3) 决定工作日程及工作计划；

(4) 决定标准成本，并作为标准预算的依据；

(5) 决定机器的使用效率，并用以帮助解决生产线的平衡；

(6) 对于新作业，用于制定标准时间；

(7) 对于原有作业，因作业方法或材料发生变化，用于修订原有标准时间。

7.2 时间研究的步骤与方法

7.2.1 时间研究的准备

1. 工具准备

需要准备秒表、时间研究表格、观测板、铅笔、测量距离及速度的仪器等。

2. 资料准备

为制定某一操作标准时间，必须对整个操作有详细而完整的了解，不能遗漏操作的任何一部分或有任何错误，否则将导致标准时间的失准。通常记录资料的项目均应填入时间研究表格的表头或首页。

7.2.2 划分操作单元

为了便于观测和分析，通常将操作划分为若干单元，每个单元的动作不但数量减少，而且均为性质相同的动作,所以个别评比每一单元的快慢要容易且准确得多。所有单元的时间加起来等于整个操作的总时间。必须强调,测时前操作方法已经标准化,如操作方法尚未标准化,则操作单元的划分及其时间研究是毫无意义的。

操作单元划分得合理与否将直接影响测时的成败,划分原则如下:

(1) 每一单元应有明显易辨认的起点和终点,单元之间界限清楚。为方便辨认,一般将工作循环中的一个操作单元终止,而另一个操作单元开始的瞬间定为分解点或定时点,划分操作单元时要明确分解点。

(2) 单元时间越短越好。一般认为以 0.04min 为宜,这是有经验的研究人员所能观测记录的极限。没经过训练的研究人员可靠读出的最小时间单位为 0.07~0.1min。

(3) 人工操作单元应与机器操作单元分开。因为机械加工时间受回转速度、进刀速度影响,必须分开予以记录。机械加工不受评比影响,而人力操作受评比影响,应予以分开。

(4) 尽可能使每一人工单元内的操作动作为基本动作(如伸手、握取等),以易于辨认。

(5) 不变单元与可变单元应分开。不变单元是指在各种情况下,其操作时间基本相等。如焊接操作中,手拿焊枪应为不变单元。而可变单元是指因加工对象的尺寸、大小、重量的不同而变化的单元。在焊接操作中,焊接所需时间是随焊缝的长短而变化的,故为可变单元。

(6) 规则单元、间歇性单元和外来单元应分开,否则在观测记录上将引起极大的困惑。规则单元是每个作业循环中都出现的单元。间歇单元是在作业循环中偶尔出现的单元,它使规则单元的时间值相差很大,在剔除异常值过程中带来一定的困难。外来单元为偶发事件,且将来不需列入标准时间以内。

(7) 物料搬运时间应与其他单元时间分开,因为搬运时间受工作场所布置变动的影响,搬运较远地方的物体所需时间必然较长。

7.2.3 测时

测时是指时间研究人员采用计时工具对操作人员的操作及所需时间进行实际观测与记录的过程。进行测定时,时间研究人员应将观测位置选择在操作人员的侧后方,以既能清楚地观测操作、便于记录时间,又不干扰操作者工作为原则。研究人员要与操作人员通力协作,态度上平易近人,不要造成操作人员反感或产生紧张心情。观测时应采取立姿,以示对操作者的尊重,测时期间不要与操作者谈话,以免分散其注意力。绝对不能采取秘密测时方式,否则会导致研究人员与操作人员之间的对立,即使一时瞒过操作人员,也绝不能得到正确的观测资料。

1. 测时方法

使用秒表进行测时，通常采用的方法有连续测时法、归零测时法、累计测时法和周程测时法。

1) 连续测时法

在整个研究持续时间内，秒表不停地连续走动，直到整个研究结束为止。观测者将每个操作单元的终点时间读出，记录在表格内。研究结束后，将相邻两个操作单元的终点时间相减，即得到操作单元实际持续时间。例如某一操作共有4个单元，各单元记录如表7-1所示。

表7-1 各单元记录

1		2		3		4	
T	R	T	R	T	R	T	R
09	09	06	15	13	28	04	32

注：秒表上1小格为0.01min，为简化记录仅记为01，上表中06、09、13、15等，即为0.06、0.09、0.13、0.15min。

上表中，R 为现场观测时间，记录每一单元末的钟面上时间；T 为该单元时间值，连续相减求得。如：

第一单元时间值为：$T = 09 - 0 = 09$；

第二单元时间值为：$T = 15 - 09 = 06$；

第三单元时间值为：$T = 28 - 15 = 13$；

第四单元时间值为：$T = 32 - 28 = 4$。

用此法现场记录时，因表针启动后一直走动，至各单元末记录其时间，比较方便，且一直连续记时，可以在整个观测时间内得到完整的记录，即使出现一些迟延，或发生额外的动作要素，或有外来的因素干扰，也毫无遗漏地记录了下来，有助于以后的分析与确定标准作业方法。缺点是各单元的持续时间必须通过减法求得，处理数据工作量大。

2) 归零测时法

在观测过程中，每逢一个操作单元结束，即按停秒表，读取表上读数，然后立即将秒表指针快速回到零点，在下一个操作单元开始时重新启动。由于上一个操作单元结束点，即是下一个操作单元的开始点，所以秒表指针归零后要立即启动。归零测时法的优点是可以直接读得记录每个操作单元的持续时间，而且很容易地记下不按规定进行操作的单元时间，在观测过程中就可以比较不同周期内各单元时间读数的同一性。其缺点是缺乏观测期总工时的完整记录，这对分析观测数据、制定标准工时并与实际时间作比较是不利的；另外，指针归零是有时间损失的，一般每次为0.004s，影响测时的准确性，对时间短的作业单元影响较大，但新型电子表可做到没有时间损失。

3) 累计测时法

累计测时法是一种用两个或三个秒表完成测时的方法。若采用两个表联动测时，则需把两只秒表装在一个专用的架子上,由一联动机构连接。用于连续计时的时候,在每一个操作单元结束时,操作联动机构,一个表停下来,另一个表则重新启动。研究人员对停下的表读数,每个单元的时间通过将两个交替的读数相减而获得。若用于重复记录时,停下的表在被读数后即返回到零位,所有单元的时间是直接读出来的。此法最大缺点是携带不便。

4) 周程测时法

周程测时法也称为差值测时法。对于单元甚小且周期甚短的作业,读出并记录时间很难准确,于是将几个操作单元组合在一起测时。此法采用每次去掉一个单元的办法来测时。

假设某工序有 5 个操作单元 a、b、c、d、e,每次只记录 4 个单元时间值,即

$$A = a+b+c+d = 28s \text{——去掉} e$$
$$B = b+c+d+e = 30s \text{——去掉} a$$
$$C = a+c+d+e = 28s \text{——去掉} b$$
$$D = a+b+d+e = 28s \text{——去掉} c$$
$$E = a+b+c+e = 28s \text{——去掉} d$$

设 $X = a+b+c+d+e$,则 $4X = 4(a+b+c+d+e) = 142s$,$X = 35.5s$。则

$$a = X - B = 35.5 - 30 = 5.5s$$
$$b = X - C = 35.5 - 29 = 6.5s$$
$$c = X - D = 35.5 - 23 = 12.5s$$
$$d = X - E = 35.5 - 23 = 12.5s$$
$$e = X - A = 35.5 - 28 = 7.5s$$

2. 现场测时情况的记录

现场测时时可能遇到下列情况,时间研究人员可参照下述方法进行处理。

(1) 如测时时来不及记录某一单元的时间,则应在该单元 R 行中记一"×"或"M",表示失去记录。不能按照估计随意补入,以免影响其真实性(见表 7-2 的第 1 周程)。这种情况不会经常出现,通常是因为操作者经验不足或缺乏标准方法所致。如果经常遗漏,应停止观测,研究解决办法。

(2) 如操作中发现操作者省去某一单元,则在该单元的 R 行中划一斜线"/",表示省去(见表 7-2 的第 2 周程)。

(3) 如操作者不按照单元的顺序进行,则在该单元的 R 行内划一横线"—",横线上记完成时间,横线下记开始时间(见表 7-2 的第 3 周程)。

(4) 外来单元的发生可能有三种情况,下面分别说明其记录方法。

正巧在某一单元完毕时发生。此时,每当发现有外来单元时,则于次一单元的 T 行内记注英文字母,如第一次发生则记 A,第二次发生则记 B,依此类推。同时,于时间研究表右边"外来单元"R 栏的横线下方记入外来单元开始时间,完毕时间记入横线上方。其完毕时间减去开始时间即为该外来单元的时间,记入"外来单元"T 栏内。最后,将该外来单元的内

容记入"说明"栏内(见表 7-2 的第 4 周程)。

在某单元内任何时间发生。则在该单元的 T 行内记下英文字母,其他与第一种情况完全相同(见表 7-2 的第 5 周程)。

外来单元时间很短。此时,无法按照上述方法记录时间,如物体掉地上,拾起后随即开始工作。则不必分开,同单元时间一起记录在该单元时间内,同时在该单元 T 行内,记一英文字母,并在说明栏内说明该单元情况(见表 7-2 的第 6 周程),或在 T 栏的数字上加一圆圈。如小于 0.06min,可以忽略。

表 7-2 连续记时法

周程	① R	① T	② R	② T	③ R	③ T	④ R	④ T	⑤ R	⑤ T	符号	R	T	说明
1	13	13	28	15	53	25	×			66	A	$\frac{86}{53}$	33	更换皮带
2	84	18	104	20	27	23	39	12	/		B	$\frac{425}{94}$	31	更换并调整螺丝
3	54	15	72	17	$\frac{205}{85}$	20	$\frac{85}{71}$	14	222	17	C	—		工具掉地上,拾起擦灰,并调整
4	36	14	53	17	306	A 20		20	14	38	18	D		
5	52	14	68	16	87	19	431	B 13	49	18	E	—		
6	64	15	81	17	501	20	23	C 22	41	18	F			
7											G	—		

3. 剔除异常值

现场记录之后,应对数据进行处理和计算。首先应计算各单元的平均值,在计算平均值之前,必须检查分析并剔除观测数值内的异常值。异常值是指某单元的时间由于外来因素的影响,而使其超出正常范围的数值。

剔除异常值的方法有多种,此处介绍最常用的方法——3 倍标准差法。

若设对某一操作单元观测 n 次所得时间为 $X_1, X_2, X_3, \cdots, X_n$,则平均值为

$$\bar{X} = \frac{X_1 + X_2 + X_3 + \cdots + X_n}{n} = \frac{\sum_{i=1}^{n} X_i}{n} \tag{7-1}$$

标准偏差为

$$\sigma = \sqrt{\frac{(X_1 - \bar{X})^2 + (X_2 - \bar{X})^2 + \cdots + (X_n - \bar{X})^2}{n}} = \sqrt{\frac{\sum_{i=1}^{n}(X_i - \bar{X})^2}{n}} \tag{7-2}$$

根据正态分布的原理,在正常情况下,若计算同一分布的抽样数值,其 99.7% 的数据应在均值正负 3 倍标准差区域内,正常值为 $\overline{X} \pm 3\sigma$ 内的数值,超值者即为异常值。图 7-1 为管制界限图,超过 $\overline{X} \pm 3\sigma$ 界限的为异常值。

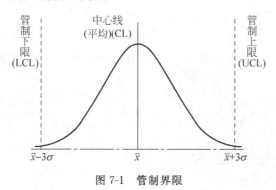

图 7-1 管制界限

例 7-1 某一操作单元,观测 20 次,其中漏记一次,其余 19 次观测数据如下:20、20、21、20、22、20、19、24、20、22、19、21、20、28、21、20、22、20。试剔除异常值。

解

$$\overline{X} = \frac{\sum_{i=1}^{n} X_i}{n} = \frac{399}{19} = 21$$

$$\sigma = \sqrt{\frac{\sum_{i=1}^{n}(X_i - \overline{X})^2}{n}} = \sqrt{\frac{78}{19}} = 2.03$$

管制上限 UCL = 21 + 3 × 2.03 = 27.09。
管制下限 LCL = 21 − 3 × 2.03 = 14.91。
观测数据中 28 的数值大于 27.09,在管制上限之外,为异常值,应予剔除。

4. 确定观测次数

秒表时间研究是一个抽样观测的过程,为了得到科学的时间标准,需要有足够的样本容量。样本越大,得到的结果越准确。但样本量过大,时间和精力大量耗费,也是不必要的。因此科学地确定观测次数,尤为重要。一般情况下,作业比较稳定(如材料规格一致,场地布置整齐,产品质量稳定),观测人员训练有素、经验丰富,被观测对象较多,观测次数可少些,否则观测次数就要多些。在选择观测次数时,精度与费用之间呈相反变化的趋势,要在两者之间作出最优的决策。下面介绍几种常用的方法。

1) 误差界限法

误差界限法(error limit)是确定时间研究观测次数的一种方法,其要点是先对某操作单元试观测若干次,求其平均数与标准差,再按可允许的误差界限求应观测的次数。

该法是假定所有时间值的变化均属于正常波动,在异常值已经剔除后,且有相当的观测值样本数,实用上可视观测值成正态分布。

设 $\sigma_{\bar{x}}$ 是样本数为 n 时样本均值的标准差,σ 为总体标准差,则

$$\sigma_{\bar{x}} = \frac{\sigma}{\sqrt{n}} \tag{7-3}$$

在实际工作中一般以样本的标准差 S 代替总体标准差 σ,当样本足够多时,采用下式计算:

$$\sigma \approx S = \sqrt{\frac{(X_1-\bar{X})^2+(X_2-\bar{X})^2+\cdots+(X_n-\bar{X})^2}{n}}$$

$$= \sqrt{\frac{n\sum_{i=1}^{n}X_i^2-\left(\sum_{i=1}^{n}X_i\right)^2}{n^2}}$$

$$= \frac{1}{n}\sqrt{n\sum_{i=1}^{n}X_i^2-\left(\sum_{i=1}^{n}X_i\right)^2} \tag{7-4}$$

当样本容量为 n' 时,样本均值的标准差 $\sigma_{\bar{x}'}$ 为

$$\sigma_{\bar{x}'} = \frac{\sigma}{\sqrt{n'}} \approx \frac{S}{\sqrt{n'}} \tag{7-5}$$

若取可靠度(置信度)为 95%,精确度(或误差界限)为 5%(样本均值与总体均值之间的误差范围控制在 ±5% 以内),则

$$2\sigma_{\bar{x}'} = 0.05\bar{X} \tag{7-6}$$

式(7-6)中,0.05 为精确度,若要求误差控制在 ±10%,取可靠度为 95%,则式(7-6)中的 0.05 换成 0.1。

将式(7-5)代入式(7-6)中,得

$$n' = \left(\frac{40S}{\bar{X}}\right)^2 = \left[\frac{40\sqrt{n\sum_{i=1}^{n}X_i^2-\left(\sum_{i=1}^{n}X_i\right)^2}}{\sum_{i=1}^{n}X_i}\right]^2 \tag{7-7}$$

当样本数量较少时,可改用下式:

$$\sigma \approx S = \sqrt{\frac{\sum_{i=1}^{n}X_i^2-\left(\sum_{i=1}^{n}X_i\right)^2/n}{n-1}}$$

$$n' = \left(\frac{40S}{\bar{X}}\right)^2 = \left[\frac{40n}{\sum_{i=1}^{n}X_i}\sqrt{\frac{\sum_{i=1}^{n}X_i^2-\left(\sum_{i=1}^{n}X_i\right)^2/n}{n-1}}\right]^2 \tag{7-8}$$

例 7-2 某一单元先行观测 10 次,结果如下:7s、5s、6s、8s、7s、6s、7s、6s、6s、7s,要求误

差控制在5%以内,可靠度为95%。求需观测多少次?

解 根据10次观测的结果,可求得

$$\sum_{i=1}^{10} X_i = 65, \quad \sum_{i=1}^{10} X_i^2 = 429, \quad n = 10$$

代入式(7-8)得

$$n' = \left(\frac{40 \times 10}{65} \sqrt{\frac{429 - 65^2/10}{10-1}}\right)^2 次 = 27.35 次 \approx 28 次$$

已观测了10次,需再观测18次。

2) 通过作业周期确定观测次数的方法

如果是为了工作改善而进行时间研究,要求不必像制定标准时间那么严格,可根据作业周期粗略确定观测次数。具体见表7-3。例如,一个作业周期为5min的作业,观测15次就可以了。

表7-3 观测次数确定标准

作业周期/min	0.1	0.25	0.5	0.75	1.0	2.0	5.0	10.0	20.0	40.0	40.0以上
观测次数	200	100	60	40	30	20	15	10	8	5	3

5. 决定观测时间

单元的操作时间为剔除了异常值的该单元所有时间值的算术平均值,即

$$单元操作时间 = \sum(观测时间值)/观测次数 \tag{7-9}$$

7.2.4 评定正常时间

1. 评定与正常时间

前面已经求出了操作单元具有代表性的时间值。此时间值为该操作者个人的评价时间。因操作者的动作可能比标准动作快,也可能比标准动作慢,所以还不能作为标准时间,必须利用"评定"进行修正。评定的目的是根据所观测的操作者实际耗费的时间来确定具有平均素质水平的工人所能承受的标准时间,并以此为依据制订激励计划。

所谓"评定"是时间研究人员将所观测到的操作者的操作速度,与自己所认为的理想速度(正常速度)作比较。

几种常见的理想速度:

(1) 行走。平均体力(中等体格)的男子,不带任何负荷,在平直道路上以4.8km/h的速度行走。

(2) 插销。将30只销子插入30个孔内,用时0.41min。

(3) 分发扑克牌。在30s时间内将52张扑克牌分成4堆。

2. 评定尺度

评定时需要将操作者的速度与理想速度(正常速度)作精确的比较,所以必须有一个评定的尺度。常用的速度评定尺度有三种,即 60 分法、100 分法和 75 分法,详见 7.3 节速度评定法。

3. 单元观测时间与正常时间的关系

正常时间＝每个操作单元的观测时间×评定系数。式中,评定系数＝研究人员的评定值÷正常评定,其中正常评定为常数,如 60 分法为 60 分,100 分法为 100 分,75 分法为 100 分。评定举例见表 7-5。

4. 评定时注意事项

评定的主要作用是将观测时间修正为正常情况下所需的时间。在实际应用中,应注意以下事项:

(1) 有效操作。因操作者在操作时可能加入了不必要的动作,故评定时不应只注意其动作的速度,动作快的,不一定是高速度的工作。有时看起来动作慢,但也许是经济有效的动作。所以,评定时应注意其有效操作。

(2) 用力大小。用力的大小往往是影响操作者动作快慢的原因之一,如负荷重物的行走与无负担的行走,是不可能同样快速的。所以对用力的大小要给予合适的评定。

(3) 困难操作的评定。简单的操作动作速度快,复杂、困难的操作动作速度慢。所以,在评定时,应对困难的操作给予判定,并给予合适的评定值。

(4) 需要思考的操作。对这种操作,评定困难,必须对此类操作有实际经验,才能给予正确的评定。例如,各种检验工作就是这种类型的操作。

7.2.5 确定宽放时间

正常时间是操作者连续稳定工作所需的时间。如果以正常时间为标准,则必然使操作者从早到晚工作,而不能有任何的停顿或休息。所以在制定标准时间前,必须找出操作时所需的停顿或休息,加入正常时间,这才符合实际的需要,才能使操作者稳定地维持正常的操作。操作时所需的停顿和休息的时间称为宽放时间。

1. 宽放时间的种类及给值方法

在制定标准时间时,合理地确定宽放时间是重要的,但又无法制定一种适合所有情况而被普遍接受的宽放时间,因为宽放时间与操作者的个人特征、工作性质和环境因素有关,必须根据具体情况进行分析。例如家电生产厂的总宽放率可能只有 10%,而钢铁厂的总宽放率可能达35%。因此，尽管许多组织与研究者对宽放进行了大量研究，国际劳工组织至今没有通过与确定宽放时间有关的标准。

目前有关宽放种类的划分方法不同，但通常划分为私事宽放、疲劳宽放、程序宽放、特别宽放和政策宽放五种。

1）私事宽放

私事宽放是考虑操作者生理上的需要，如喝水、上厕所、擦汗、更衣等。若每天8小时工作，上、下午无规定的休息时间时，则对于一般情况，取正常时间的5%；对于轻松工作，一般为正常时间的2%~5%；对于较重工作（或不良环境）则取大于5%；对于很重工作（或天气炎热）则定为7%。如果企业规定工作日中有工间休息时间，则应视为福利而不计入宽放时间。

2）疲劳宽放

疲劳是操作者在一段时间的连续工作后，有疲劳感或劳动机能衰退的现象，称为工作疲劳。疲劳宽放是为恢复操作者在工作中产生的生理上的或心理上的疲劳而考虑的宽放。导致疲劳的因素很多：工作环境的影响，如照明、温度、湿度、空气清新度、色调、噪声等；精神疲劳，如精神紧张、单调厌倦感等；劳动强度与静态肌肉疲劳；操作者的健康状况，如生理状态、营养、休息、情绪等。这些因素都很难准确地测量，因此疲劳宽放时间的确定最复杂，也容易引起争论。在一般情况下，常以正常时间的百分率来表示，见表7-4。

表7-4 以正常时间的百分数表示疲劳宽放   %

说　明	男	女	说　明	男	女
1. 基本疲劳宽放时间	4	5	（5）空气情况（包括天气）		
较重的基本疲劳宽放时间	9	11	通风良好，空气新鲜	0	0
2. 基本疲劳宽放时间的可变增加时间			通风不良，但无毒气体	5	5
			在火炉边工作或其他	5	15
（1）站立工作的宽放时间	2	4	（6）视觉紧张（密切注意）		
（2）不正常姿势的宽放时间			一般精密工作	0	0
轻微不方便	0	1	精密或精确工作	2	2
不方便（弯曲）	2	3	很精密或很精确的工作	5	5
很不方便	7	7	（7）听觉紧张（噪声程度）		
（3）用力或使用肌肉（举伸、推或拉）			连续的	0	0
举重或用力（kg）			间歇大声的	2	2
2.5	0	1	间歇很大声	5	5
5	1	2	高音大声	5	5
7.5	2	3	（8）精神紧张		
10	3	4	相当复杂的操作	1	1
12.5	4	6	高复杂或需全神贯注的工作	4	4
15	6	9	很复杂的工作	8	8

续表

说　明	男	女	说　明	男	女
17.5	8	12	(9) 单调——精神方面		
20	10	15	低度	0	0
22.5	12	18	中度	1	1
25	14	—	高度	4	4
30	19		(10) 单调——生理方面		
40	33		相当长而讨厌	1	0
50	58		十分长而讨厌	2	1
(4) 光线情况			非常长而讨厌	5	2
稍低于规定数值	0	0			
低于规定数值	2	2			
非常不充分	5	5			

3) 程序宽放

这是操作中无法避免的延迟所需要的宽放时间。如原来操作两台机器,但一台机器发生故障,仅能操作一台时,也就是这种宽放是作为补偿操作者因其从事的操作内发生强迫等待的时间。

4) 特别宽放

特别宽放有三种情况:

(1) 周期动作宽放时间。如刃磨工具、清洁机器或工厂、周程检查等发生在一固定间隔或某一定周期之后的动作时间。

(2) 干扰宽放时间。如一人操作多台机器,当正在操作某台机器时,有另一台机器已停止,等待操作者来操作。

(3) 临时宽放。对可能发生而不能确定会发生的事件发生时,给予临时宽放时间,通常规定此类宽放时间不得超过正常时间的 5%。

5) 政策宽放

是作为管理政策上给予的宽放时间。它不但能配合事实上的需要,而且能保持时间研究的原则不受破坏。例如因某种原因,某类操作者在市场上的工资已升高,按本企业工资标准已无法招聘到此类人员,则可通过政策宽放给予补偿。其他如材料的品质不良,或机器的机能欠佳时,也都常给予此类宽放,当影响因素消失时,该宽放随之取消。

2. 宽放率和宽放时间计算

取宽放时间和正常时间之比的百分率作为宽放率,即

$$宽放率(\%) = (宽放时间 / 正常时间) \times 100\%$$

则,宽放时间的计算公式为

$$\text{宽放时间} = \text{正常时间} \times \text{宽放率} \qquad (7\text{-}10)$$

7.2.6 确定标准时间

标准时间是由最初的观测时间,经评定率修正为正常时间,然后考虑宽放时间的加入,最后得到标准时间。标准时间包括正常时间和宽放时间两部分,其构成如图 7-2 所示。

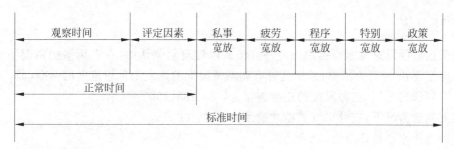

图 7-2 标准时间的构成

标准时间的计算公式如下:

$$\text{标准时间} = \text{正常时间} + \text{宽放时间} = \text{正常时间} \times (1 + \text{宽放率}) \qquad (7\text{-}11)$$

式中,正常时间=观测时间×评定系数。

例 7-3 某一单元观测时间为 1.2min,评定系数为 110%,宽放率为 10%。试计算标准时间。

解
  正常时间 = 观测时间×评定系数 = 1.2×1.1 = 1.32(min)
  标准时间 = 正常时间×(1+宽放率) = 1.32×(1+0.1) = 1.45(min)

7.3 常用的评定方法

7.3.1 速度评定法

速度评定(speed rating)是比较简单的评定方法,它完全根据观测者关于理想速度即正常速度的概念评定工人的工作速度,即将工人工作速度与观测者脑海中已有的标准水平概念进行比较。此法简单,但受时间研究人员主观影响较大,必须肯定观测人员对该项作业有完整的知识和了解,并接受过速度评定训练,否则得到的评定数据可能不准确。

常用的速度评定尺度有三种,即 60 分法、100 分法及 75 分法。通常采用前两种,而最后一种在欧洲国家,尤其是英国用得多。

1. 60分法与100分法

这两种方法建立在同一水平之上,凡观察速度与理想速度完全相同的给予60分或100分(或称"点")。观测速度大于理想速度,就给予60以上或100以上的分数;如观测速度小于理想速度,则给予60以下或100以下的分数。至于60分或100分以上或以下多少分,则全凭经验判断。

2. 75分法

由英国时间研究专家所提出的一种方法。以管理上公认的"在有刺激的情况下比无刺激情况速度要快1/3"为依据,采用此种有刺激情况下的速度为理想速度的标准,即:

在有刺激情况下,三种尺度的正常速度为:80、133、100。
在无刺激情况下,三种尺度的正常速度为:60、100、75。
各种操作水平与评价值,见表7-5。
60分法、100分法和75分法的评定举例见表7-6。

表7-5 操作水平与评定值

评定			操作水平	相当行走速度/(km/h)
正常=60	正常=75	正常=100		
40	50	67	甚慢;笨拙,探索之动作;操作人似在半睡状态,对操作无兴趣	3.2
60	75	100	稳定,审慎,从容不迫,操作虽似乎缓慢,但经观察并无故意浪费行为(正规操作)	4.8
80	100	133	敏捷,动作干净利落、实际;很像平均合格之工人;确实可以达到必要的质量标准及精度	6.4
100	125	167	甚快;操作人表现高度的自信与把握,动作敏捷、协调,远远超过一般训练有素的工人	8.0
120	150	200	非常快;需要特别努力及集中注意,但似乎不能保持长久;只有少数杰出工人能办到	9.6

表7-6 评定举例

60分法	100分法	75分法
1. 观测时间为18s,评比为80 正常时间$=18\times\dfrac{80}{60}=24(s)$	1. 观测时间为18s,评比为133 正常时间$=18\times\dfrac{133}{100}=24(s)$	1. 观测时间为18s,评比为100 正常时间$=18\times\dfrac{100}{75}=18(s)$
2. 观测时间为16s,评比为90 正常时间$=16\times\dfrac{90}{60}=24(s)$	2. 观测时间为16s,评比为150 正常时间$=16\times\dfrac{150}{100}=24(s)$	2. 观测时间为16s,评比为112 正常时间$=16\times\dfrac{112}{100}=18(s)$

续表

60 分法	100 分法	75 分法
3. 观测时间为 28.8s，评比为 50	3. 观测时间为 28.8s，评比为 83	3. 观测时间为 28.8s，评比为 63
正常时间 $= 28.8 \times \dfrac{50}{60} = 24(s)$	正常时间 $= 28.8 \times \dfrac{83}{100} = 24(s)$	正常时间 $= 28.8 \times \dfrac{63}{100} = 18(s)$

7.3.2 平准化法

平准化法（leveling）又称西屋法，是应用最广泛的方法之一。它来源于美国西屋电气公司首创的西屋法（Westinghouse system）。后来，罗莱（S. M. Lowry）、曼纳特（G. J. Maynard）和斯太基门德（Stegemerten）等对西屋法进行改进，发展为平准化评定系统。此法将熟练、努力、工作环境和一致性四个因素作为衡量工作的主要评定因素，每个评定因素又分为超佳（或理想）、优、良、平均、可、欠佳六个高低程度的等级。表 7-7 为平准化所列要素。评定时，根据因素及其等级，对作业或操作单元进行评定。

表 7-7 评定因素及等级

① 熟练系数			② 努力系数		
超佳	A_1	+0.15	超佳	A_1	+0.13
	A_2	+0.13		A_2	+0.12
优	B_1	+0.11	优	B_1	+0.10
	B_2	+0.08		B_2	+0.08
良	C_1	+0.06	良	C_1	+0.05
	C_2	+0.03		C_2	+0.02
平均	D	0.00	平均	D	0.00
可	E_1	−0.05	可	E_1	−0.04
	E_2	−0.10		E_2	−0.08
欠佳	F_1	−0.16	欠佳	F_1	−0.12
	F_2	−0.22		F_2	−0.17
③ 工作环境系数			④ 一致性系数		
理想	A	+0.06	理想	A	+0.04
优	B	+0.04	优	B	+0.03
良	C	+0.02	良	C	+0.01
平均	D	0.00	平均	D	0.00
可	E	−0.03	可	E	−0.02
欠佳	F	−0.07	欠佳	F	−0.04

1. 熟练

熟练是对某一既定工作方法掌握程度的反映。

对熟练程度的评定分为 6 个等级,除了平均级别外,其余每个级别又分为 2 个等级,见表 7-8。

表 7-8 熟练、努力程度的评价标准

熟练的评定	努力的评定
(1) 欠佳 　对工作未能熟悉,不能得心应手 　动作显得笨手笨脚 　不具有工作的适应性 　工作犹豫,没有信心 　常常失败	(1) 欠佳 　时间浪费较多 　对工作缺乏兴趣 　工作显得迟缓懒散 　有多余动作 　工作地布置紊乱
(2) 可 　对机器设备的用法相当熟悉 　可以事先安排大致的工作计划 　对工作还不具有充分的信心 　不适宜于长时间的工作 　偶尔发生失败、浪费时间 　通常不会有所犹豫	使用不适当的工具 　工作需摸索 (2) 可 　勉强接受建议 　工作时注意力不太集中 　受到生活不正常的影响 　工作方法不太适当 　工作比较摸索
(3) 平均 　对工作具有信心 　工作速度稍缓慢 　对工作熟悉 　能够随心应手 　工作成果良好	(3) 平均 　显得有些保守 　虽然接受建议但不实施 　工作上有良好的安排 　自己拟订工作计划 　按良好的工作方法进行工作
(4) 良 　能够担任高精度的工作 　可以指导训练他人提高操作熟练程度 　非常熟练 　几乎不需要接受指导 　完全不犹豫 　相当稳定的速度工作 　动作相当迅速	(4) 良 　工作有节奏性 　甚少浪费时间 　对工作有兴趣且负责 　很乐意接受建议 　工作地布置井然有序 　使用适当的工具
(5) 优 　对所担任的工作有高度的适应性 　能够正确地工作而不需要检查、核对 　工作顺序相当正确	(5) 优 　动作很快 　工作方法很有系统 　各个动作都很熟练

续表

熟练的评定	努力的评定
十分有效地使用机器设备 动作很快且正确 动作有节奏性 (6) 超佳 有高超的技术 动作极为迅速,衔接圆滑 动作犹如机器 作业熟练程度很高	对改进工作很热心 (6) 超佳 很卖力地工作,甚至忽视健康 这种工作速度不能持续一整天

2. 努力

努力指操作者工作时对提高效率在主观意志上的表现。

3. 工作环境

工作环境因素虽不直接影响操作,但对操作者产生影响,如在 20℃ 和 35℃ 工作环境下工作,肯定不一样。

4. 一致性

一致性指操作者在同种操作的周期上时值的差异。例如,对同一操作单元,如果每次观测的时间值都相同,当然最为理想,但往往因受材料、工具等各方面因素的影响而不一致。一致性的评价见表 7-9。

表 7-9 一致性系数评定表

等级	符号	操作单元最大时间与最小时间比值	一致性系数
理想	A	≤1.2	0.04
优	B	1.2~1.5	0.03
良	C	1.5~1.8	0.01
平均	D	1.8~2.0	0.00
可	E	2.0~3.0	−0.02
欠佳	F	≥3.0	−0.04

运用平准化法进行作业评定,其评定系数的计算方法为:

评定系统 = 1 + 熟练系数 + 努力系数 + 工作环境系数 + 一致性系数

说明:工人的作业速度与其熟练程度、努力程度、工作环境和操作的一致性有关。在正常情况下,四个影响因素处于平均状态,系数均为 0,评定系数为 1。其他情况下,评定系数则采用上式计算。

7.3.3 客观评定法

速度评定法和平准化法这两种方法都依赖时间研究人员的主观判断进行衡量。为将观测人员的主观因素减少到最低程度,门达尔(Mundel)和丹纳(Danner)开发了客观评定法。其步骤如下:

(1) 将某一操作观测的速度与标准速度、正常速度相比较,确定两者适当的比率,作为第一个调整系数。

(2) 利用工作难度调整系数作为第二个调整系数再加以调整。影响工作困难度的调整因素有 6 种,即

① 身体的使用部位。观察作业人员在工作中使用的身体部位,相应的调整系数见表 7-10。

表 7-10　工作难度调整系数

种类编号	说明	参考记号	条件	调整系数/%
1	身体使用部位	A	轻易使用手指	0
		B	腕及手指	1
		C	前臂、腕及手指	2
		D	手臂、前臂、腕及手指	5
		E_1	躯体、手臂	8
		E_2	从地板上抬起	10
2	足踏情形	F	未用足踏,或单脚而以脚跟为支点	0
		G	足踏而以前趾、脚掌外侧为支点	5
3	两手工作	H_1	两手相互协助、相互代替而工作	0
		H_2	两手以对称方向同时做相同的工作	18
4	眼与手的配合	I	粗略的工作,主要靠感觉	0
		J	需中等视觉	2
		K	位置大致不变,但不甚接近	4
		L	需加注意,稍接近	7
		M	在 ±0.04cm 之内	10
5	搬运的条件	N	可粗略搬运	0
		O	需加以粗略的控制	1
		P	需加以控制,但易碎	2
		Q	需小心搬运	3
		R	极易碎	5
6	重量	W	以实际重量计算(见表 7-11)	

② 足踏情形。若须足踏以配合其他作业动作,应适当考虑一定的难度修正。

③ 双手操作。两手同时动作可以充分利用手的能力,提高动作效率,可是其动作难度

也会增加,速度较单手作业有所降低。

④ 眼与手的配合。根据动作中眼与手的配合程度,可从表中查得相应的调整系数。

⑤ 搬运的条件。指物体被搬运的困难程度,主要指搬运过程中,搬运人员需付出的注意程度。

⑥ 重量。所搬运物体的轻重,对于工作时间的影响较为复杂,和搬运时间在整个作业周期中所占的比例也有关系。重量难度调整系数见表 7-11(该表为一简表,且只录入了部分数据,如需详细数据,可以参阅其他参考书)。

表 7-11 重量难度调整系数

一次所取的重量/lb	负重时间占全周期时间5%以下时的基本值/%	负重时间占全周期时间5%以上时,其大于5%的部分所需要增加的百分比值/%												最大值
		1	2	3	4	5	6	7	8	9	10	20	30	40	50	
1	1															1
2	2															2
3	3															3
4	3															3
5	4															4
6	5															5
7	7															7
8	8															8
9	9	(1) 负重在20lb以下时,基本值与周期时间无关														9
10	11	(2) 此栏的数值加上基本值后,再四舍五入														11
11	12	(3) 表上若无相当的增加部分值(%)时,可用内插法求得														12
12	13															13
13	14															14
14	15															15
15	16															16
16	17															17
17	18															18
18	19															19
19	20															20
20	21	0.0	0.1	0.1	0.2	0.2	0.3	0.3	0.4	0.4	0.5	0.1	1.3	1.7	2	23
21	22	0.0	0.1	0.1	0.2	0.2	0.3	0.3	0.4	0.4	0.5	0.1	1.3	1.7	2	24
22	23	0.1	0.1	0.2	0.3	0.3	0.4	0.5	0.5	0.6	0.7	1.3	2.0	2.8	3	26
23	24	0.1	0.2	0.3	0.4	0.4	0.5	0.6	0.7	0.8	0.9	1.8	2.7	3.6	4	28

续表

一次所取的重量/lb	负重时间占全周期时间5%以下时的基本值/%	负重时间占全周期时间5%以上时,其大于5%的部分所需要增加的百分比值/%													最大值
		1	2	3	4	5	6	7	8	9	10	20	30	40	50	
24	25	0.1	0.2	0.3	0.4	0.6	0.7	0.8	0.9	1.0	1.1	2.2	3.3	4.4	5	30
25	26	0.1	0.3	0.4	0.5	0.7	0.8	0.9	1.1	1.2	1.3	2.7	4.0	5.3	6	32
26	27	0.2	0.3	0.5	0.6	0.8	0.9	1.1	1.2	1.4	1.6	3.1	4.7	6.2	7	34
27	28	0.2	0.4	0.5	0.7	0.9	1.1	1.2	1.4	1.6	1.8	3.6	5.3	7.1	8	36
28	29	0.2	0.4	0.6	0.8	1.0	1.2	1.4	1.6	1.8	2.0	4.0	6.0	8.0	9	38
29	30	0.2	0.4	0.7	0.9	1.1	1.3	1.6	1.8	2.0	2.2	4.4	6.7	8.9	10	40
30	31	0.2	0.5	0.8	1.0	1.2	1.5	1.7	2.0	2.2	2.4	4.9	7.3	9.7	11	42
31	31	0.3	0.6	0.9	1.2	1.5	1.9	2.2	2.5	2.7	3.1	6.2	9.3	12.4	14	45
32	32	0.3	0.7	1.0	1.3	1.7	2.0	2.3	2.7	3.0	3.2	6.7	10.0	13.3	15	47
33	33	0.4	0.7	1.1	1.4	1.8	2.1	2.5	2.8	3.2	3.6	7.1	10.6	14.2	16	49
34	34	0.4	0.8	1.2	1.6	2.0	2.4	2.8	3.2	3.6	4.0	8.0	12.0	16.0	18	52
35	34	0.4	0.9	1.3	1.8	2.2	2.7	3.1	3.6	4.0	4.4	8.9	13.3	17.8	20	54

正常时间计算公式为

$$正常时间 = 实测单元平均值 \times 速度评定系数 \times 工作难度调整系数$$

式中,工作难度调整系数=1+6项调整系数之和。

例如,某操作单元的秒表测定的时间为10s,速度评定系数为60%,工作难度调整系数为:身体使用部位评定为$E_1(8\%)$,足踏情形评定为$F(0\%)$,两手工作评定为$H_2(18\%)$,眼与手的配合评定为$J(2\%)$,搬运条件评定为$O(1\%)$,重量评定为$W(22\%)$。则

$$正常时间 = 10 \times 0.6 \times (1+8\%+18\%+2\%+1\%+22\%) = 9.06(s)$$

7.3.4 合成评定法

速度评定、平准化法和客观评定,都不同程度地带有观测人员的主观判断。随着预定时间标准方法(PTS)的发展,莫罗(R. L. Morrow)1964年创立了合成评定法(synthetic leveling),也称综合评定法。其要点是在作业观测时,将观测到的若干操作单元的数据与预定动作时间标准中的相同单元的数据加以对比,求出两者的比例关系,并以此若干单元的数据比例的平均值,作为该观测周期中整个作业所有单元的评定系数(机动时间除外)。

$$评定系数(P) = \frac{预定时间标准}{相同操作单元实测平均时间} \times 100\% \tag{7-12}$$

例如，观测单元 2 的平均时间为 0.08min，相应的基本动作时间为 0.096min。另外，单元 5 的观测平均时间为 0.22min，对应的基本动作时间是 0.278min，则单元 2 和单元 5 的评定系数为

$$P_2 = \frac{0.096}{0.08} = 1.2, \quad P_5 = \frac{0.278}{0.22} = 1.26$$

单元 2 和单元 5 的平均评定系数为

$$\bar{P} = \frac{1.2 + 1.26}{2} = 1.23(\text{或}\ 123\%)$$

根据各单元的实测时间平均值及平均评定系数，可求出全部单元的正常时间。

应用以上四种评定方法，均需进行评定训练。评定实际是一种判断或评价技术，其目的是把实际操作时间调整到"合格适当"的操作者的"正常速度"上来。但实际上并没有十分准确的客观评定标准。因此，时间研究人员在进行时间研究之前，必须接受评定训练。

思考题

1. 什么是时间研究？其制定标准时间的思路是什么？
2. 时间研究的步骤有哪些？
3. 时间研究中为什么要划分操作单元？怎样划分？
4. 测时的方法有哪几种？
5. 如何剔除异常值？
6. 什么是正常时间？怎样计算？
7. 什么是作业评定？常用的评定方法有哪些？请说明各种方法确定评定系数的思路。
8. 什么是宽放？为什么要增加宽放？宽放有多少种？
9. 如何决定观测时刻？决定观测时刻的方法有几种？你认为哪种方法随机性较强？
10. 你认为影响标准工时有效性的关键步骤有哪些？并请说明原因。

Chapter 8 工作抽样

8.1 工作抽样概述

8.1.1 工作抽样的概念

工作抽样(work sampling),也称工作抽查,又称瞬时观察法,是指利用统计学中的抽样方式,对现场操作者或机器设备进行瞬间观测和记录,调查各种作业事项的发生次数和概率,以必需而最小的观测样本,来推定观测对象总体状况的一种现场观测的分析方法。广泛适用于工厂、农场、政府行政机关及服务行业的工作改善与工作测量。

工作抽样是一种非全面的观察分析方法,它是从全部调查研究对象中,抽选一部分单位进行观察和分析,并据此对全部观测研究对象作出估计和推断。

如欲调查某车间设备的开动情况,经过数日随机抽样观察100次,发现有80次处于工作状态,20次处于停止,则可推断该车间设备开动率、停止率为

$$开动率 = \frac{80}{100} \times 100\% = 80\% \tag{8-1}$$

$$停止率 = \frac{20}{100} \times 100\% = 20\% \tag{8-2}$$

若对该车间的4名作业者(A、B、C、D)进行秒表测时,其工作状态如图8-1所示,可以推算出阴影部分的面积占63.75%。若采用工作抽样法,可以选择任意时刻对被观测对象进行观测。图8-1右侧箭头表示观测次数是10次,同时观测了4名操作者,所以总观测次数为10次×4=40次。

然后,将观测统计结果列成表格,如表8-1所示。

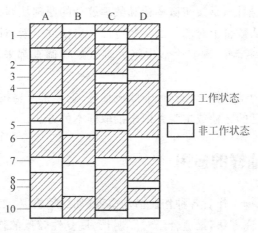

图 8-1　4 名作业者的工作状况

表 8-1　4 名作业者工作抽样统计

序　号	工 作 状 态		非 工 作 状 态	
1	///	3	/	1
2	///	3	/	1
3	//	2	//	2
4	////	4		0
5	/	1	///	3
6	///	3	/	1
7	//	2	//	2
8	///	3	/	1
9	//	2	//	2
10	//	2	//	2
合计		25		15
统计	工作状态		非工作状态	
工作抽样法	62.5%		37.5%	
秒表测时法	63.75%		36.25%	
误差	1.25%		1.25%	

　　由表 8-1 可见,操作者工作状态为 25 次,非工作状态为 15 次,因此操作者的作业率＝25÷40×100％＝62.5％,而秒表测时得到的作业率为 63.75％,两者仅相差 1.25％,该差值就是工作抽样的误差值。实践证明,误差值随观测次数增多而减少,观测次数越多,误差值越小,与秒表测时越接近。

　　根据抽选样本的方法,工作抽样的抽样方式可以分为概率抽样和非概率抽样两类。

概率抽样又称随机抽样,是按照概率论和数理统计的原理从调查研究的总体中,根据随机原则来抽选样本,并从数量上对总体的某些特征作出估计推断,对推断出可能出现的误差可以从概率意义上加以控制。现实生活中绝大多数抽样调查都采用概率抽样方法来抽取样本。

非概率抽样,又称为不等概率抽样或非随机抽样,它不是严格按随机抽样原则来抽取样本,而是调查者根据自己的方便或主观判断来抽取样本的方法。

8.1.2 工作抽样的应用

工作抽样法是对现场工作者各种作业活动事项(如启动机器、装配工件、休息等)中工时消耗直接进行观测的研究方法,最适合于对周期长、重复性较低的作业进行测定,尤其是像对布置工作地、维修、等待、空闲以及办公室作业等进行观测是比较方便的。因此,在很多情况下可以代替在作业现场长时间连续观测的工作日写实方法。

工作抽样主要用于以下几个方面。

1. 作业改善

(1) 研究时间消耗的构成比例,分析劳动者在劳动过程中各类时间消耗的构成比例。

(2) 分析工时消耗和浪费的原因,改进工时利用和消除工时损失。

例如,测定操作者或机器的空闲时间占总时间的比率,以及工作时间占总时间的比率。求出空闲比率后,再对其空闲部分的时间构成细分成项目,加以观测记录,利用各种分析技巧查找原因,谋求作业改善,使作业负荷合理化。

$$空闲比率 = \frac{空闲次数}{总观测次数} \times 100\% \tag{8-3}$$

$$工作比率 = \frac{工作次数}{总观测次数} \times 100\% \tag{8-4}$$

(3) 分析研究各岗位工作负荷情况,调整岗位负荷量和人员配备比例,为进一步调整组织机构及合理的人员配备提供依据。

2. 设备管理改善

(1) 调查工作班内各类设备的利用情况,研究设备开动状况,为合理组织生产提供依据。

(2) 研究机器(设备)的开动情况,查找机器开动率低的原因,对每一台机器可能出现的原因进行抽样调查,通过分析了解哪类机器会出现哪类原因,停止多长时间,对重要原因采取相应对策,有计划地对机器进行保护,改进其生产能力。

例如,在某家电产品的装配线上,对于29名作业员实施6天的工作抽查,得到抽样观测结果,并根据观测情况,发现问题,并制定改善对策,如表8-2所示。

表 8-2　某家电产品装配线的工作抽样及改善

观测结果	问题表	改善重点
• 等待 4.3% • 闲聊 2.3% • 休息 1.4%	• 装配线不均衡。 • 安定器装配为瓶颈作业,而包装作业颇有充裕。 • 外包零件的延误	• 设法使装配线平衡。 • 有充裕的作业应负担一部分的准备作业。 • 加强外包管理。 • 督导人员的培训
• 准备材料 3.4%(拆开零件的包装)	• 作业员为准备作业而使装配作业发生停滞	• 使用纸箱。 • 使用塑料袋
• 搬运零件 3.8% • 零件产品整理 1.2%	• 作业场所布置不善。 • 整理整顿不善,以致阻塞通路。 • 装配作业中需要搬运零件	• 改善全体的布置。 • 整理零件棚位置。 • 设置专人负责准备零件
• 检验 7.8%	• 有重修作业	• 以训练与激励提高作业员的工作质量。 • 加强冲压、焊接的品质管理
• 在输送带上,75%的主体作业并未充分发挥效率	• 派工方式、工作环境等管理上有问题	• 工作方法的改善。 • 促进标准化。 • 对主体作业的动作进行时间研究

3. 制定时间定额和产量定额,确定宽放率

根据劳动过程中各类定额时间的消耗比例和完成的产量,制定时间定额、产量定额。

利用工作抽样可以很容易地制定除疲劳宽放以外的宽放时间标准,这样和秒表测时法、预定时间标准化(PTS法)等结合来制定标准时间。

$$每件产品标准时间 = \frac{观测总时间}{生产总数量} \times 作业率 \times 评比率 \times (1+宽放率) \times 100\% \quad (8-5)$$

8.1.3　工作抽样的特点

由于工作抽样是瞬时观测分析对象的一种方法,所以其具有以下优点:

(1) 对众多的观测对象进行调查时,省时、省力,调查费用低,调查结果可靠。

(2) 测定效率高并且经济。据国外资料介绍,工作抽样法的费用只有秒表测时法的5%~50%,同时一名观测者可承担多个被观测对象的观测。

(3) 观测数据失真小,准确性高。工作抽样是随机的,一般作业者不会察觉,不会对作业者的工作状态造成影响。

(4) 时间的随机性很强。工作抽样可在许多天时间内间断的观测,能减少不同时间的差异影响,可以在任何时间中断,也可以在任何时间再继续,而不会影响其结果。

(5) 方法简便、适用。观测者几乎不必经过专门训练,就能实施观测。

(6) 观测结果精度易保证。工作抽样是在事先指定的可靠度下进行抽样观测,其观测误差能事先通过观测次数计算出来,所以能确保其观测结果精度。

但工作抽样也存在一些不足,主要有:

(1) 观测不够细致,不适用于以过细分析作业时间消耗为目的的观测,也不适合于以改进操作方法为目的的动作分析一类的观测;

(2) 有时往返走路时间多,应合理安排观测路线;

(3) 只能得到平均结果,得不到详尽细致的反应个别差异(如同类作业的时间差异)的资料;

(4) 若操作者发现观测者时,有可能改变其工作态势,会使观测结果失真;

(5) 对生产周期短或重复性高的作业,不如使用秒表测时。

8.1.4 工作抽样与秒表测时研究比较

与秒表时间研究方法相比,工作抽样研究方法具有测定效率高、经济性好、方法简便、易于掌握等特点,比较能满足使用需求,并能适用于多种作业;但无法像秒表时间研究方法一样,可以得到准确的作业时间值,具体区别如表 8-3 所示。

表 8-3 工作抽样与秒表时间研究的区别

项 目	工作抽样	测 时
测定方法	对观测对象的状态进行瞬时观测	对观测对象的状态进行连续测定
测定工具	目视	秒表或计时器
观测者的疲劳程度	不太疲劳	相当疲劳,观测者必须专心
观测对象	一名观测者可以观测多名对象,可以同时观测作业者和设备	一名观测者只能观测一名对象,同时观测作业者和设备有困难
观测时间	根据观测目的可自由决定	实际上难以在很长时间观测
观测结果	得到的是工作率	直接得到时间值
研究对象	工作班制度工时	工序作业时间
研究重点	测定制度工时的利用情况及各类工时消耗比例	测定工序及其组成要素的作业时间,研究工序结构与操作方法的合理性
主要用途	分析工时利用,确定各类宽放时间的标准资料	为制定工序标准时间提供实测作业时间,分析改进操作方法
方法特点	瞬间观察,调查活动事项发生次数与发生率	对工序作业进行多次重复观察与记录

8.2 工作抽样的方法与步骤

8.2.1 工作抽样的方法

工作抽样的原理来自于数理统计的理论,是以概率法则作为基础的方法,所以工作抽样的方法主要来源于概率统计中的统计方法。即假定在任意选定的时刻(即随机选取)对被测对象进行足够次数的观测,并对观测结果进行整理和统计分析的一些方法。但由于工作抽样法毕竟不是全面调查,因而可能产生误差。因此给定一个允许的误差范围,只要所取样本数足够多,使测定的结果在允许的范围内,就认为达到一定的可靠度和精度了。下面介绍工作抽样常涉及的一些概率统计知识。

1. 工作抽样的常用专有名词

在工作抽样法中,常用的专业名词主要有:

1) 总体

总体是指所要研究对象的全体,它是根据一定研究目的而规定的所要调查对象的全体所组成的集合,组成总体的各研究对象称为总体单位。

2) 样本

样本是总体的一部分,它是由从总体中按一定程序抽选出来的那部分总体单位所组成的集合。

3) 抽样框

抽样框是指用以代表总体,并从中抽选样本的一个框架,其具体表现形式主要有包括总体全部单位的名册、地图等。

抽样框在工作抽样观测中处于基础地位,是抽样必不可少的部分,其对于推断总体具有相当大的影响。对于工作抽样来说,样本的代表性如何,工作抽样最终推算的估计值真实性如何,首先取决于抽样框的质量。

4) 抽样比

抽样比是指在抽选样本时,所抽取的样本单位数与总体单位数之比。

5) 抽样误差(偏差)

在工作抽样中,通常以样本作出估计值对总体的某个特征进行估计,当两者不一致时,就会产生误差。因为由样本作出的估计值是随着抽选的样本不同而变化的,即使观察完全正确,它和总体指标之间也往往存在差异,这种差异纯粹是抽样引起的,故称为抽样误差。一般来说,抽样的样本越多,观测次数越多,则抽样误差越小。

6) 均方差（标准差）

在抽样估计总体的某个指标时，需要采用一定的抽样方式和选择合适的估计量，当抽样方式与估计量确定后，所有可能样本的估计值与总体指标之间离差平方的均值即为均方差。

2. 二项分布和正态分布

1) 二项分布

二项分布（binomial distribution）即重复 n 次试验，指在每次试验中只有两种可能的结果，而且是互相对立的，是独立的，与其他各次试验结果无关，结果事件发生的概率在整个系列试验中保持不变，则这一系列试验称为伯努利试验。

在工作抽样中，假定某一作业项目的实际作业率（或称工作率，或称发生率）为 p，则空闲率为 $q=1-p$，则此作业的概率分布为二项分布。其均值 $\overline{X}=p$，标准差 $\sigma=\sqrt{p(1-p)/n}$。其中，p 为观测事项的发生率（开始为估计值）。确定 p 值有两种办法，一是根据以往的经验统计数大致选定一个 p 值，另一种办法是可预先进行 100 次左右的试观测来求 p。n 为抽样观测次数（即样本数）。

统计学证明，若 p 不是很小（5%以上），当 $np \geqslant 5$ 时，则二次分布非常接近正态分布。

2) 正态分布

正态分布（normal distribution）又名高斯分布（Gaussian distribution），是一个在数学、物理及工程等领域都非常重要的概率分布，工作抽样法处理的现象接近于正态分布曲线。若随机变量 X 服从一个数学期望为 $\overline{X}$、标准方差为 σ^2 的正态分布，则其概率密度函数为正态分布的期望值 $\overline{X}$ 决定了其位置，其标准差 σ 决定了分布的幅度。如图 8-2 所示，正态分布以平均数为中线的两侧取标准差的 1 倍、2 倍、3 倍时，其面积分别为总面积的 68.27%、95.45%、99.73%，表示分布的主要区间。我们通常所说的标准正态分布是 $\overline{X}=0$，$\sigma=1$ 的正态分布。

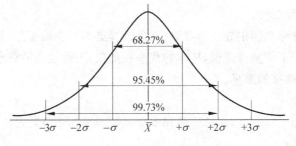

图 8-2 正态分布图

在工作抽样中，标准偏差 σ 的取值大小和抽样结果的置信度（可靠度）对应。工作抽样一般可取的 2σ 范围（即 $-2\sigma \leqslant \overline{X} \leqslant 2\sigma$），即确定 95%（实际 95.45%）的可靠度，其含义是在抽取 100 个子样中有 95 个是接近总体（或称母体）状态的，仅有 5% 可能超出范围。

3. 可靠度和精度

1) 可靠度

可靠度也称为置信度,其含义是指子样(体)符合母体(总体)状态的程度。即在抽样对总体参数作出估计时,由于样本的随机性,其结论总是不确定的。因此,采用一种概率的陈述方法,也就是数理统计中的区间估计法,即估计值与总体参数在一定允许的误差范围以内,其相应的概率有多大,这个相应的概率称作置信度。

工作抽样的可靠度一般都是预先给定的,通常可靠度定为95%。

2) 精度

精度表示观测结果、计算值或估计值与真值(或被认为是真值)之间的接近程度。

工作抽样的精度分为绝对误差 E 和相对误差 S。

如前面的二项分布,当可靠度为95%时,绝对误差为

$$E = 2\sigma = 2\sqrt{\frac{P(1-P)}{n}} \tag{8-6}$$

相对误差为绝对误差 E 与观测的作业率 P 之比为:

$$S = \frac{E}{P} = 2\sqrt{\frac{1-P}{nP}} \tag{8-7}$$

对一般的工作抽样来说,通常取绝对误差 E 为2%~3%,相对误差 S 为5%~10%。对于绝对误差依据经验规定,按工作抽样的目的不同可在表8-4中查出允许的绝对误差值的大小。

表8-4 不同抽样目的允许的绝对误差 E 值

目的	绝对误差(E)
调查停工、等待时间等管理上的问题	±(3.6~4.5)%
作业改善	±(2.4~3.5)%
决定工作地布置等宽放率	±(1.2~1.4)%
制定标准时间	±(1.6~2.4)%

8.2.2 工作抽样的步骤

1. 明确观测的目的与范围

调查目的不同,则观测的项目及分类、观测的次数、观测表格的设计、观测时间及数据处理的方法也不同。例如,调查设备开动率,则要明确调查的范围是一台设备还是车间主体设备。因此首先要明确观测的目的,并以此确定观测的对象范围,以便后面工作的开展。

2. 确定观察项目分类

根据调查的目的和范围，可对调查对象进行分类。如只是单纯调查机器设备的开动率，则观测项目可分为工作(开动)、停工(停机)、闲置三项。如果进一步了解停工和闲置的原因，则应将可能发生的原因详细分类，以便进一步了解。图 8-3 是对设备的观测项目分类图，图 8-4 是操作人员的观测项目分类图。

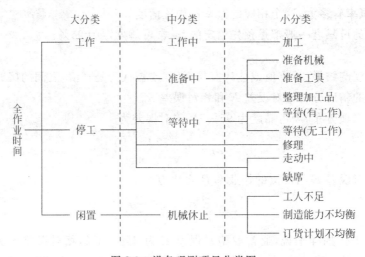

图 8-3 设备观测项目分类图

3. 制定工作抽样观测表格

为了使抽查工作准确、高效，依据企业实际观测项目的分类，结合企业实际问题事先制定《工作抽样观察记录表》和《工作抽样结果汇总表》。表格一般包括观测项目、观测者姓名及日期、被观测的对象情况、观测时刻等内容。观测表的格式很多，应根据内容和目的而定。表 8-5 的观测是观测 3 台机器及 3 名操作者的开动率及作业率，但仅能了解机器开动率与操作者的作业率，不能更进一步分析空闲的原因。

表 8-5 观测机器开动率和操作者作业率

分类		操作	空闲	合计			操作率/%
机器	1	正正正正正正	正正正正	30	20	50	60
	2	正正正正正正正	正正	40	10	50	80
	3	正正正正正	正正正正正	25	25	50	50
操作者	1	正正正正正正	正正正正	30	20	50	60
	2	正正正正	正正正正正正	20	30	50	40
	3	正正正正正正正	正正正	35	15	50	70

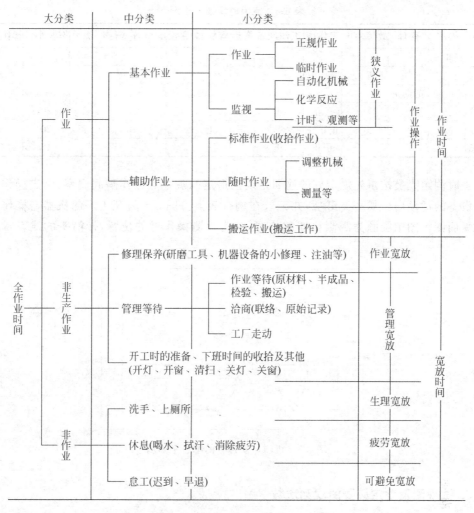

图 8-4 操作人员的观测项目分类图

而表 8-6 将机器的停工和作业者的空闲细分,对观测结果的汇总处理能求出各活动时间的构成比,并分析其原因以进行改善。但应注意表中的作业者的作业只有工作中、工作准备及搬运三项,其他都属于空闲及宽放内容,计算作业率只是将前三项相加除以总观测次数即可。

4. 确定观测路线

在观测前,首先绘制被观测设备及操作者的平面位置图和巡回观测的路线图,并注明观测的位置。观测路线可选 Z 形、环行、直线形等。因为观察次数多,走的路线又长,为了便于观察,应预先研究并确定最佳路线。

表 8-6　空闲时间细分观测

分类		操作	修理	故障	停电	工作中	工作准备	搬运	等材料	商议	等检查	清扫	洗手	作业小计	操作率/%
机器	1	正正正		正										15	75
	2	正正		正正										10	50
	3		正正正											—	0
操作者	1					正正	正	正	正	正				20	67
	2					正正正		正					正	20	67
	3					正正	正		正		正			15	50

工时测定人员按事先规定好的巡回路线在指定的观察点上作瞬间观察,判定操作者或机器设备的活动属于哪一类事项,并记录在调查表上。图 8-5 为某工厂的机器与操作者的配置平面图。图中圆圈为观测机器的位置,×为观测操作者的位置,带箭头的线表示巡回路线。

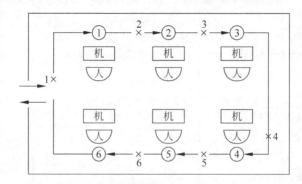

图 8-5　机器与操作者的配置平面图

5. 试观测及确定必要的观测次数

正式观测前,需要进行一定次数的试观测。通过试观测求得该观测事项的发生率 P(作业率),然后确定在满足可靠度和观测精度下的必要的观测次数。

必要的观测次数根据抽样调查时规定的绝对误差或相对误差而定。采用绝对误差时,必要的观测次数按式(8-8)计算;采用相对误差时,必要的观测次数按式(8-9)计算。即

$$N = \frac{4P(1-P)}{E^2} \tag{8-8}$$

$$N = \frac{4(1-P)}{S^2 P} \tag{8-9}$$

式中,N 为必要的观测次数;P 为事项发生率;E 为绝对误差;S 为相对误差。

事项的发生率(P)开始是通过较少的预备抽样或估计获得的。随着观察次数的不断增加,需按一定的时间间隔不断计算 P 值,直到计算的 P 值基本稳定为止。

例 8-1 某机械工厂,进行 100 个抽样观测,发现有 25 个停机样本,推定停工率 P 为 25%,绝对精度欲设在 3‰以内。求观测次数。

解
$$N = \frac{4P(1-P)}{E^2} = \frac{4 \times 0.25 \times (1-0.25)}{0.03^2} = 833(次)$$

已经观测了 100 次,尚需追加 833−100＝733(次)。

按计算出来的样本数进行抽样。在进行到 500 个样本时,发现:中止,148 例;运转,352 例。中止占 30%,与当初的 25% 推定不符。

因此,按 30% 之停运转时间重新计算 N,$N = 933$。于是决定抽样 1000 例——在已抽的 500 例基础上再追加 500 例。

6. 确定观察时刻

1) 确定必要的巡回观测次数

工作抽样适应观测众多观测对象。例如,对车间全部操作工人进行观测,去现场作一次巡回,可以获得许多次观测。

巡回观测的总次数 K 按下式计算:
$$K = N/m \tag{8-10}$$

式中,m 为一次巡回观测对象数。

2) 确定计划观测工作日数

每工作日安排的巡回次数除以巡回观测的总次数(K),便得到计划观测工作日数。例如,必要巡回观测总次数为 100 次,一名观测员一工作班内巡回观测 25 次,则计划用 4 个工作班时间完成全部观测。

3) 确定观测时刻

观测时刻的决定必须保证其随机性,这是工作抽样的理论依据。决定观测时刻的主要方法有随机数表法、随机起点等时间间隔法、分层抽样法等。

随机数表法利用随机数表决定观测时刻。常用的随机数有两位随机数表,也有三位随机数表,它从 0:00—7:59 的 8 个小时里,一天随机地选择 25 次的观测时刻。

例如,观测天数 5 天,每天观测 20 次,观测期间是:每天 8:00—17:30,其中 12:00—12:45 为中午休息时间。

(1) 选择每个观测的列号。为防止每天在同一时刻观测会产生偏差,通常可用骰子来选择使用不同的列号码。

(2) 根据随机时刻表进行换算观测时间。因为作业开始时间为 8:00,所以随机时刻表的列上时间全部加上 8 个小时。根据表 8-7 最小时间间隔为 10min 的随机时刻表,用骰子选择确定了第一列,(7)0:11+8=8:11 即 8 时 11 分,依次换算各次的时刻。

(3) 决定观测时刻。

例：因为一天观测 20 次，先将列中括号内大于 20（如 25、28、21、30、26、24、29、27、23、22）相对应时刻剔除；又因为 12：00—12：45 为中午休息时间，从而(11)4：17＋8＝12：17 也需剔除。这种观测次数只有 19 次，不能满足 20 次。因而要追加 1 次观测时刻：(21)2：15。

表 8-7　最小时间间隔为 10min 的随机时刻表

组别	1		2		3		4		5		6		7		8		9		10	
序号	时刻代号	时刻	时刻代号	时刻	时刻代号	时刻	时刻代号	时刻	时刻代号	时刻	时刻代号	时刻	时刻代号	时刻	时刻代号	时刻	时刻代号	时刻	时刻代号	时刻
1	7	0:11	18	0:06	26	0:20	6	0:15	19	0:10	14	0:13	11	0:21	8	0:08	30	0:11	16	0:12
2	8	0:30	23	0:17	9	0:38	5	0:29	13	0:22	18	0:35	30	0:34	3	0:25	8	0:30	15	0:30
3	4	0:42	29	0:40	7	0:40	9	0:46	2	0:49	30	0:47	22	0:45	19	0:36	10	0:43	9	0:45
4	25	0:59	21	1:00	12	1:01	22	0:59	28	1:14	20	0:59	24	1:02	21	0:50	27	0:58	19	0:59
5	28	1:16	22	1:15	27	1:16	21	1:14	23	1:28	3	1:17	21	1:14	7	1:07	9	1:16	2	1:16
6	6	1:31	10	1:22	3	1:30	18	1:31	6	1:45	26	1:34	10	1:30	12	1:22	25	1:32	18	1:30
7	5	1:45	2	1:39	16	1:44	23	1:54	25	2:00	29	1:50	14	1:46	9	1:40	22	1:50	20	1:48
8	19	2:00	17	1:53	15	1:57	29	2:10	26	2:17	1	2:03	13	1:59	10	1:52	28	2:09	22	2:01
9	21	2:15	25	2:05	2	2:10	1	2:25	20	2:30	24	2:20	19	2:15	11	2:10	1	2:47	6	2:16
10	30	2:32	6	2:20	22	2:28	27	2:42	11	2:47	5	2:35	2	2:30	30	2:29	15	2:42	26	2:35
11	26	2:50	29	2:38	22	2:41	17	2:58	3	2:58	22	2:55	2	2:42	15	2:45	13	2:54	29	2:50
12	17	3:02	3	2:54	1	3:00	16	3:15	3	3:16	19	3:10	12	2:58	2	3:03	5	3:10	21	3:08
13	12	3:20	16	3:11	1	3:12	3	3:30	30	3:30	22	3:21	4	3:16	3	3:20	6	3:21	7	3:29
14	20	3:38	27	3:30	17	3:30	30	3:48	14	3:44	28	3:39	18	3:32	8	3:40	16	3:35	27	3:58
15	3	3:50	28	3:42	1	3:45	12	4:10	4	3:59	2	3:50	28	3:43	13	3:57	3	3:46	11	4:15
16	11	4:17	14	3:54	1	3:56	24	4:23	9	4:18	21	4:07	5	3:57	2	4:10	29	3:59	17	4:38
17	24	4:31	5	4:15	8	4:13	4	4:38	4	4:32	6	4:25	17	4:17	25	4:28	3	4:17	4	4:50
18	29	4:44	9	4:26	4	4:28	25	4:55	1	4:54	16	4:40	3	4:28	17	4:48	9	4:35	12	5:01
19	16	5:01	8	4:40	21	4:45	26	5:16	17	5:09	10	4:57	29	4:40	18	5:01	14	4:49	25	5:17
20	27	5:15	11	4:57	4	4:58	19	5:27	18	5:27	4	5:11	1	4:59	27	5:12	7	5:03	8	5:30
21	23	5:26	24	5:16	23	5:16	11	5:44	8	5:42	15	5:22	7	5:15	1	5:35	17	5:20	30	5:43
22	13	5:40	30	5:34	20	5:31	13	6:00	16	6:10	23	5:39	27	5:27	22	5:47	26	5:32	13	5:55
23	1	6:00	26	5:50	25	5:58	14	6:14	21	6:24	15	5:58	16	5:35	18	6:00	24	5:49	5	6:07
24	9	6:14	7	6:02	13	6:10	20	6:31	24	6:40	25	6:12	26	5:48	16	6:11	22	6:10	23	6:23
25	2	6:33	12	6:20	24	6:29	7	6:43	12	6:52	11	6:22	9	6:16	4	6:22	8	6:24	3	6:45
26	14	6:47	15	6:38	30	6:42	4	6:58	10	7:03	8	6:39	15	6:30	9	6:44	12	6:36	14	7:00
27	10	7:01	1	6:52	14	6:54	15	7:09	27	7:15	27	6:59	20	6:40	24	6:59	23	6:52	10	7:11
28	15	7:13	4	7:05	19	7:05	10	7:20	26	7:32	24	7:12	23	6:55	8	7:10	21	7:04	28	7:24
29	22	7:31	13	7:28	5	7:24	28	7:38	22	7:44	7	7:24	8	7:18	29	7:29	11	7:17	24	7:38
30	18	7:50	19	7:42	18	7:45	2	7:50	7	7:56	17	7:44	2	7:44	19	7:38	14	7:50	18	7:37	1	7:51

注：① 随机时刻表按一个工作班八小时工作制编制。
② 开始工作前的时刻、休息时间以内的时刻、停止工作以后的时刻都从时刻表中取消。

这样可以得到每班 20 次的观测时刻如表 8-8 所示。剩下 4 天的观测时刻应以同样的方法确定。

表 8-8 由时刻随机树表换算的 20 次观测时刻

时刻代号	时刻		换算时刻	20 次观测时刻顺序
7	0:11		8:11	1
8	0:30		8:30	2
4	0:42		8:42	3
6	1:31		9:31	4
5	1:45		9:45	5
19	2:00		10:00	6
21	2:15		10:15	7（增补的）
17	3:02		11:02	8
12	3:20	(+8)→	11:20	9
20	3:38		11:38	10
3	3:50		11:50	11
16	5:01		13:01	12
13	5:40		13:40	13
1	6:00		14:00	14
9	6:14		14:14	15
2	6:33		14:33	16
14	6:47		14:47	17
10	7:01		15:01	18
15	7:13		15:13	19
18	7:50		15:50	20

决定观测次数和观测期间应考虑以下几点：

(1) 以找出问题进行改善和推断作业率为目标的场合，若工作稳定，每天观测 20～40 次较合适；而工作内容在一天中有较大变化时，应取发生变化的时刻。

(2) 如果作业的变化具有周期性，决定观测时刻必需取变化周期的整数倍，或取与最小、最大周期相同的时刻。

(3) 在观测时，若作业内容稳定而均匀，可确定较短的观测期间，如装配线上的作业。而对非周期性作业，观测期间应延长，每天观测次数也应增多。如机器设备的维修工作，因内容不均匀等，要了解各种时间变化就需要确定较长的观测期间。

(4) 研究宽放率（疲劳宽放除外）或作业内容变动大的场合，最好观测期间稍长些。

(5) 观测期间应避开非正常作业时间。

7. 正式观测及记录

按预先规定的观察时刻和巡回路线进行巡视观测。当观测人员到达固定的观测位置时,立即将每一瞬间看到的作业活动事项,用代号记录在表中,如表 8-9 所示。

表 8-9 工作抽样观测记录表

观测对象		设备名称		设备型号		工序		编号 No—	
序号	分 类(组)								
	第一组		第二组			第三组			
	观测时刻	时间消耗代号	观测时刻		时间消耗代号	观测时刻		时间消耗代号	

8. 整理分析

1) 填写结果汇总表

每工作日观测终止,将一工作日观测结果汇总,填写到表中,如表 8-10 所示。

表 8-10 工作抽样结果汇总表

观测日期	第一天	第二天	第三天	第四天	第五天	合计	事项发生率%
观测项目			观 测 结 果				

2) 计算事项发生率

按下式计算每工作日观测事项的发生率:

$$P = \frac{事项发生次数}{一工作日的全部观测次数} \times 100\% \tag{8-11}$$

3）剔除异常值

当事项发生率控制界限 P_L 大于上控制值或小于下控制值时,属异常值,予以剔除。在完成全部观测次数后,利用下式对抽样数据进行检验:

$$P_L = \overline{P} \pm 3\sqrt{\frac{\overline{P}(1-\overline{P})}{n}} \tag{8-12}$$

式中,P_L 为事项发生率控制界限;n 为每工作班观察次数;$\overline{P}$ 为按工作日计算平均事项发生率。

4）重新计算事件发生率

根据剔除完异常值后的正常数据,重新计算事件平均发生率。若剔除异常值后实际观测次数没有达到所需的观测数,则需继续补充观测。

例 8-2 对某工厂某车间的设备在 6 月 9 日—6 月 20 日期间进行了 10 天(休息日除外)的现场巡回观测,得到观测的结果列在表 8-11 中。试问所有观测数据是否正常,如不正常,找出异常值。

表 8-11 某车间设备开动率观测数据

日期	观测次数 n	设备开动数	设备开动率 $P/\%$
6 月 9 日	200	160	80.0
6 月 10 日	200	166	83.0
6 月 11 日	200	162	81.0
6 月 12 日	200	132	66.0
6 月 13 日	200	162	81.0
6 月 16 日	200	156	78.0
6 月 17 日	200	144	82.0

解 表 8-9 已求出 10 天的平均开动率(作业率)$\overline{P} = 79.8\%$,则管理界限为

$$P_L = \overline{P} \pm 3\sqrt{\frac{\overline{P}(1-\overline{P})}{n}} = 0.798 \pm 3 \times 0.0284$$

所以

管理上限 UCL $= 0.798 + 3 \times 0.0284 = 0.8832$

管理下限 LCL $= 0.798 - 3 \times 0.0284 = 0.7128$

根据管理界限及表 8-9 中的观测数据绘制管理图来进行分析,详见图 8-6。从管理图中可以看出,6 月 12 日的点在界外,可以判断 6 月 12 日观测得到的 66% 的开动率为异常值,应予以剔除。

然后,剔除异常值 6 月 12 日,重新计算设备开动率(作业率)。设备平均开动率为

$$\overline{P} = \frac{1464}{1800} \times 100\% = 0.813 = 81.3\%$$

由事先确定的 $E = \pm 3\%$,可靠度为 95%,计算出总的观测次数为

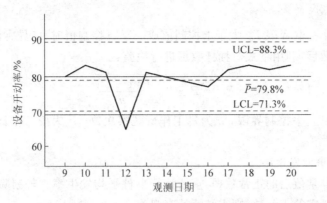

图 8-6　某车间设备开动率管理界限图

$$N = \frac{4P(1-P)}{E^2} = \frac{4 \times 0.813 \times (1-0.813)}{0.03^2} = 676(次)$$

而 1800 次观测数据远大于所需的观测次数,足以保证精度要求。

9. 验算抽样误差

根据剔除不正常数据后进行的观测次数和事项发生率计算抽样误差,如果计算出的抽样误差小于或等于事先规定的误差,则可行;如果大于事先规定的误差,则要继续进行抽样观测,直至满足条件为止。可靠度为 95% 时抽样误差计算公式如下:

$$E = 2\sqrt{\frac{P(1-P)}{N}} \tag{8-13}$$

$$S = 2\sqrt{\frac{1-P}{NP}} \tag{8-14}$$

式中,P 为事项发生率。

10. 写书面结论或报告

按抽样的目的,根据抽样结果推断出总体,写成书面结论或报告。

8.3　工作抽样的应用实例

例 8-3　某饮料厂生产瓶装汽水、汽酒等饮料,采用流水线集体作业的生产组织形式。如何在市场经济的情况下,在与同行业的市场竞争中立于不败之地,如何在不增加人力、设备的情况下,不断提高产量,增加产品产量,降低成本。

该厂邀请了专家对饮料、饴糖、精制酒等 7 条流水线进行了技术诊断,并运用程序分析、时间研究、工作抽样等现代化管理方法制定了先进合理的劳动定员定额,明显地提高了劳动生产效率和经济效益,其中 A 汽酒、B 汽水、C 汽水三条生产线的定员减少了 2.27%,班产量提高了 36.36%。

该厂 C 汽水的流程程序图如图 8-7 所示。流水线的大部分工作属于纯机动的,少部分工序是机手并动和手工作业。一个工序或工位只有 1 人看管,设备只要出产品就算是在工作。将手工上空瓶、自动洗瓶机监视、出瓶、灯检、灌糖、灌水和扎盒、成品检验、装箱等 8 个工位作为工作抽样的观测对象。

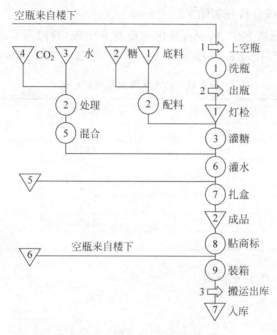

图 8-7 C 汽水流程程序图

解 (1)决定观测次数

经研究,规定可靠度为 95%,绝对精度为 ±5%。根据该厂过去的统计资料,工作比率为 80%,规定每班观测 20 次。总观测次数为

$$N = \frac{4(1-P)}{S^2 P}$$

将 $P=80\%$,$S=5\%$ 代入公式,得

$$N = \frac{4 \times (1-0.8)}{0.05^2 \times 0.8} = 400$$

观测轮班数为

$$K = \frac{400}{8 \times 20} = 2.5$$

经计算,取 3 班。

(2) 决定每日的观测时刻

为了简便,采用随机起点等时间间隔法,设乱数数列为:18,13,02,09,11,19,05。该厂白班的作业时间从 7 时开始,故第一天第一次观测时刻是 7 时 18 分。由于每班 8 小时,每班观测 20 次,则各次观测时间间隔为:(8×60−18)分/20 次=23 分/次。则第一天第二次观测时刻为 7 时 41 分,其余类推。第二天第一次观测时刻为 7 时 13 分,第二次为 7 时 36 分,其余类推。

(3) 实施观测,整理分析观测结果

按观测次数应该观测 3 个班,现有意识地观测 6 个班,观测对象为 8 个工位,每班观测 20 次,共 960 次,其结果如表 8-12 所示。

表 8-12 C 汽水流水线观测结果

观测班次	每班观测次数	工作次数	工作比率/%
1	160	129	80.63
2	160	142	88.75
3	160	124	77.50
4	160	125	78.13
5	160	119	74.38
6	160	120	75.00
合计	960	759	79.06

① 计算管理界限,作出管理图。

$$管理界限 = \overline{P} \pm 3\sqrt{\frac{(1-\overline{P})\overline{P}}{N}} = 0.7906 \pm 3\sqrt{\frac{(1-0.7906) \times 0.7906}{160}}$$
$$= 0.7906 \pm 0.0966$$

即管理上限为 88.72%,管理下限为 69.4%。管理图如图 8-8 所示。

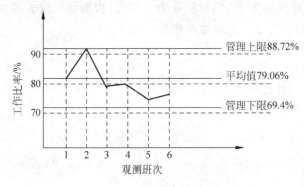

图 8-8 C 汽水流水线观测管理图

由于第二班的工作比率越出上管理界限，所以需作为异常值剔除。再重新计算比率：

$$\text{平均工作比率} = \frac{129+124+125+119+120}{160 \times 5} = 77.13\%$$

② 检查观测次数是否合适。

余下的 5 班观测次数为 160×5＝800 次，仍远远超过了 400 次，所以观测次数足够。

③ 计算绝对精度：

$$E = 2\sigma = 2\sqrt{\frac{(1-0.7713) \times 0.7713}{160}} = 0.0297$$

在预先规定的 3% 内，观测有效。

工作抽样结束后，再应用抽样所得平均工作比率来制定流水线的产量定额，为此应用秒表测时法去测试各工序的每分钟产量，结果发现各工序的能力不平衡，而流水线的产量取决于最薄弱工序的生产能力，通过平整流水线，使产量达到 81.1 瓶/min。则

$$C = 480 \times 77.13\% \times 81.1 = 30025 \text{ 瓶}$$

汽水生产线的轮班产量定额经过适当放宽，将流水线产量定额为 30000 瓶/班，班产量提高 36.36%（原来为 22000 瓶/班）。

最后进行合理定员，设备 43 人，与原配备（44 人）比较，减少了 2.27%。

例 8-4 某法兰盘零件钻孔工序，孔数 3 个，钻孔直径 $\Phi 18$，设备 Z35 摇臂钻床，夹具钻模，共 4 台钻床设备，其准备与结束时间为 $T_{zj} = 63\text{min}$。批量 $N_i = 320$ 件，单件定额时间为 $T_{dx} = 16\text{min}$。

解 （1）对法兰盘零件钻孔工序工作抽样观测

（2）对抽样观测项目分类

将观测项目按钻孔过程分为基本（机动）时间、辅助时间、宽放时间。分析各类时间消耗构成比例，提出改进作业措施，并计算该零件的标准时间。

（3）确定观测次数

抽样前先对 4 台摇臂钻床进行了 50 次随机观测，其结果见表 8-13。

表 8-13 工作抽样结果汇总

设备编号	Z35-1	Z35-2	Z35-3	Z35-4	合计	事项发生率/%
观测项目	观测结果					
机动时间	32	36	33	35	136	68
辅助时间	13	8	13	9	43	21
宽放时间	5	6	4	6	21	11
合计	50	50	50	50	200	100

计算观测次数。相对误差 $S = \pm 5\%$，基本（机动）时间比率 $P = 68\%$。按式（8-9）将数据代入得

$$N = \frac{4(1-P)}{S^2 P} = \frac{4 \times (1-0.68)}{0.05^2 \times 0.68} = 753(次)$$

(4) 确定观测时刻

以 4 台摇臂钻床每台每天观测 25 次,4 台每天共观测 100 次,计划用 8 天时间。采用等间间隔观测时刻,其时间间隔为 18min,按最小时间间隔为 10min 的随机时刻表得到相应 4 台摇臂钻床工作抽样起点的时间分别为 8:11、8:15、8:21、8:08。按其等间间隔观测时刻进行工作抽样(见表 8-14)。

表 8-14 工作抽样观测记录表

观测对象		设备名称	摇臂钻床	设备型号	Z35	工序	钻孔	编号 No—	
				分		类(组)			
序号	第一组		第二组		第三组		第四组		
	观测时刻	时间消耗代号	观测时刻	时间消耗代号	观测时刻	时间消耗代号	观测时刻	时间消耗代号	
1	8:11	T_f	8:15	T_j	8:21	T_f	8:08	T_k	
2	8:29	T_j	8:33	T_f	8:39	T_j	8:26	T_j	
3	8:47	T_j	8:51	T_f	8:57	T_j	8:44	T_j	
4	9:05	T_j	9:09	T_j	9:15	T_k	9:02	T_f	
5	9:23	T_f	9:27	T_j	9:33	T_j	9:20	T_j	
6	9:41	T_j	9:45	T_k	9:51	T_j	9:38	T_j	
7	9:59	T_f	10:03	T_j	10:09	T_f	9:56	T_j	
8	10:17	T_j	10:21	T_f	10:27	T_j	10:14	T_j	
9	10:35	T_j	10:39	T_j	10:45	T_j	10:32	T_j	
10	10:53	T_f	10:57	T_f	11:03	T_f	10:50	T_j	
11	11:11	T_j	11:15	T_j	11:21	T_j	11:08	T_k	
12	11:29	T_j	11:33	T_j	11:39	T_j	11:26	T_j	
13	11:47	T_k	11:51	T_j	11:57	T_f	11:44	T_f	
14	14:11	T_j	14:15	T_j	14:21	T_j	14:08	T_j	
15	14:29	T_f	14:33	T_j	14:39	T_j	14:26	T_j	
16	14:47	T_j	14:51	T_j	14:57	T_j	14:44	T_f	
17	15:05	T_j	15:09	T_j	15:15	T_f	15:02	T_j	
18	15:23	T_j	15:27	T_j	15:33	T_j	15:20	T_j	
19	15:41	T_j	15:45	T_j	15:51	T_j	15:38	T_j	
20	15:59	T_j	16:03	T_f	16:09	T_j	15:56	T_f	
21	16:17	T_j	16:21	T_j	16:27	T_j	16:14	T_j	
22	16:35	T_f	16:39	T_j	16:45	T_j	16:32	T_j	
23	16:53	T_j	16:57	T_j	17:03	T_k	16:50	T_j	
24	17:11	T_f	17:15	T_k	17:21	T_j	17:08	T_k	
25	17:29	T_k	17:33	T_j	17:39	T_f	17:26	T_j	

注:T_j——基本(机动)时间观测;T_f——辅助时间观测;T_k——宽放时间观测。

(5) 确定正常值的界限

对表 8-14 中工作抽样观测记录进行汇总,并计算各相关数据及验算抽样误差,工作抽样结果汇总情况见表 8-15。

表 8-15 工作抽样结果汇总

观测工作日期	一	二	三	四	五	六	七	八	合计	事项发生率/%
观测项目	观 测 结 果									
T_j	68	68	66	73	67	70	74	65	551	68.9
T_f	23	21	24	15	22	20	18	25	168	21
T_k	9	11	10	12	11	10	8	10	81	10.1
观测次数	100	100	100	100	100	100	100	100	800	100

① 计算 8 天摇臂钻床基本(机动)工作率。按式(8-11)计算,将数据代入得

$$P = \frac{事项发生次数}{全部观测次数} \times 100\% = \frac{551}{800} \times 100\% = 68.9\%$$

② 计算正常值界限。按式(8-12)计算,将数据代入得

$$P_L = P \pm 3\sqrt{\frac{P(1-P)}{n}} = 0.689 \pm 3\sqrt{\frac{0.689 \times (1-0.689)}{800}} = 0.689 \pm 0.049$$

正常值界限上限=0.689+0.049=0.738;正常值界限下限=0.689−0.049=0.64。

③ 由表 8-15 可知,8 天的观测结果大部分在正常值界限内,只有第七天超出了范围(0.74＞0.738),应予以剔除,剔除异常值后重新计算 P 值。按式(8-11)计算,将数据代入得

$$P = \frac{551-74}{800-100} \times 100\% = 68.14\%$$

相对误差 $S=\pm5\%$,其观察次数为

$$N = \frac{4(1-P)}{S^2 P} = \frac{4 \times (1-0.6814)}{0.05^2 \times 0.6814} = 748(次)$$

实际观测次数大于计算次数,即 800 次＞748 次,满足条件要求。

④ 验算抽样误差。按式(8-13)计算绝对误差,代入数据得

$$E = 2\sqrt{\frac{P(1-P)}{N}} = 2\sqrt{\frac{0.6814(1-0.6814)}{800}} = 0.033$$

按式(8-14)计算相对误差,代入数据得

$$S = 2\sqrt{\frac{1-P}{NP}} = 2\sqrt{\frac{1-0.6814}{800 \times 0.6814}} = 0.048$$

⑤ 根据抽样误差的验算,计算抽样的绝对误差小于确定的绝对误差,即 0.033＜0.05;计算抽样的相对误差小于确定的相对误差,即 0.048＜0.05。证明抽样结果满足抽样的要求,无须提出改进措施。通过基本(机动)时间对时间消耗构成比率及抽样误差验算,推断总

体时间、辅助时间、宽放时间比率,完全符合要求。

⑥ 计算标准时间。已知:定额时间 $T_{dx}=16\text{min}$,实际消耗时间 $T_{sx}=14\text{min}$,则作业时间比率为

$$T_{zb} = \frac{T_j + T_f}{N} = \frac{551 + 168}{800} = 0.899$$

宽放时间比率为

$$T_{kb} = \frac{T_k}{N} = \frac{81}{800} = 0.101$$

完成系数为

$$T_{wx} = \frac{T_{dx}}{T_{sx}} = \frac{16}{14} = 1.14$$

每工作日观察 8 小时,$T=480\text{min}$;每工作日平均完成零件数:$N=38$ 件。
计算单件时间:

$$T_d = \frac{T_{zs} T_{zb} T_{wx}}{N} \times (1 + T_{kb}) = \frac{480 \times 0.899 \times 1.14}{38} \times (1 + 0.101) = 14.3(\text{min})$$

式中,T_d 为单件时间,min;T_{zs} 为总观察时间,min;N 为观察期间总产量,件。
计算标准时间为

$$T_s = T_d + \frac{T_{zj}}{N_i} = 14.3 + \frac{63}{320} = 14.5(\text{min})$$

比原定额提高了

$$\frac{T_{dx} - T_s}{T_{dx}} \times 100\% = \frac{16 - 14.5}{16} \times 100\% \approx 9.4\%$$

思考题

1. 什么是工作抽样?可以用来干什么?试述工作抽样的优缺点。
2. 简述工作抽样的步骤。
3. 什么是工作抽样的精度和可靠度?
4. 工作抽样中的异常值如何发现?如何处理?
5. 有 10 个作业员的装配班,有 40% 左右的时间被认为花费在正规工作以外,想把这个内容与比率以工作抽样在绝对精度±2% 的范围内加以掌握。求两个星期(12 天)内的抽样数及每天观测次数。
6. 为了调查射出成型机作业的停止状态,抽样了 1600 个样本数,由结果得知平均停机率为 10%。在可靠度 95% 前提下,试求这个数值的精确度(误差)范围是多少。

Chapter 9 预定时间标准法

9.1 预定时间标准法概述

9.1.1 预定时间标准法的概念

预定动作时间标准系统(predetermined time system,PTS),在我国常称为预定时间标准法,是国际公认的制定时间标准的先进技术。预定时间标准法利用预先为各种动作制定的时间标准来确定作业所需要的时间,而不需通过直接观察和测定。

吉尔布雷斯夫妇最早进行了预定时间标准法的研究。1912年提出了动作经济原则,此后又提出了细分手眼动作的"动素",并利用电影摄影机观测操作者的动作与所需时间,这些动素便成为后来发展预定动作时间标准中动作划分的基础。

1924年,美国人西格(A. B. Segur)在对残疾人进行职业培训时,发现不同的人做同一动作,所需的时间值大致上相同(偏差一般为10%)。也就是说,若把作业细分为基本动作要素,则各个基本要素所用的时间基本相同,从而可以求得整个作业的时间。

1926年,西格发表了《动作时间分析》(Motion Time Analysis)一书。他的动作时间分析(motion time analysis,MTA)引起了产业界极大关注,推动人们开始研究各种预定动作时间标准研究。《动作时间分析》的发表,引起了产业界的极大关注,许多学者、研究人员开始研究各种预定动作时间标准方法。

1934年,美国无线电公司的奎克(J. H. Quick)等人在动作研究的基础上创立了工作因素系统(work factor system,WF)。该方法将操作分解为移动、抓取、放下、定向、装配、使用、拆卸及精神作用等8种动作要素,并制定出8种动作要素的时间标准。用WF法进行操作分析时,对每个动作要素只考虑4个变动因素:①动作使用何部位;②移动多少距离;③负荷大小;④动作需要哪一种人为控制。

1948年，美国西屋电气公司的梅纳德（H. B. Maynard）、斯坦门丁（G. J. Stegemerten）和斯克瓦布（J. L. Schwab）公布了他们研制的时间衡量（methods time measurement，MTM），并被广泛采用。该方法将人所操作的作业分解为伸手、移动、抓取、定位、放下、拆卸和行走等动作要素，以明确这些基本动作间的关系及其所需要的时间值。

WF法和MTM法是建立在对动作的性质与条件力求详细及极高精度的基础上，但这样的要求无疑给测定者对技术的掌握和使用带来困难。因此，又发展了容易掌握，又能迅速分析简化了的PTS法，如MTM-II、MTM-III及WF简易法等。

1952年，盖皮恩戈尔（H. C. Geppinger）提出了空间动作时间方法（dimensional motion times，DMT）。

随着科技的发展，产品生产趋向于多品种、周期短、小批量，以上方法仍存在诸多不便，往往出现生产批量已完成，而标准作业时间尚未来得及修订好的情况。因此，必须寻求更为简单、便于使用的PTS法。

1966年，澳大利亚海特（G. C. Heyde）博士在长期研究的基础上创立了模特排时法（modolar arrangement of predetermined time standard，MODAPTS），简称MOD法。MOD法是人类工效学研究的成果，是一种省略了的，使动作和时间融为一体的，而精度又不低于传统的PTS技术的更为简单、易掌握的PTS技术。

自1924年提出动作时间分析（MTA）以来，许多从事工业企业管理的人，都在致力于创造出科学的、简便可行的PTS法。到目前为止，世界上已经有40多种预定时间标准，其中常用的见表9-1。由于MOD法比MTA、MTM、WF法等分析简单、易学易记、容易操作，而精度又不亚于其他方法，因而备受企业的欢迎。本书仅介绍MOD法。

表9-1 预定时间标准的典型方式

方法的名称	开始采用的时间	编制数据方法	创始人
动作时间分析（MTA）	1924	电影微动作分析波形自动记录图	西格（A. B. Segur）
肢体动作分析	1938		霍尔姆斯（Holmes）
装配工作动作时间数据	1938	时间研究现场作业片，实验室研究	恩格斯托姆（Engstrom）、盖皮恩戈尔（H. C. Geppinger）
工作因素法（WF）	1938	时间研究现场作业片，用频闪观测器摄影进行研究	奎克（J. H. Quick）、谢安（Shea）、柯勒（Koehler）
基本手工劳动要素时间标准	1942	波形自动记录器作业片，电时间记录器	西屋电器公司
方法时间衡量（MTM）	1948	时间研究现场作业片	梅纳德（H. B. Maynard）斯坦门丁（G. J. Stegemerten）斯克瓦布（Schwab）

续表

方法的名称	开始采用的时间	编制数据方法	创始人
基本动作时间研究（DMT）	1950	实验室研究	普雷斯格利夫(Presgrave)
空间动作时间（DMT）	1952	时间研究影片，实验室研究	盖皮恩戈尔(H. C. Geppinger)
预定人为动作时间（HPT）	1952	现场作业片	拉扎拉斯(Lazarus)
模特计时法（MOD）	1966		海特(G. C. Heyde)

9.1.2 预定时间标准法的特点

PTS法是分析和改善作业方法的一种实用工具，其特点包括：

(1) 采用PTS法所制定的时间数据客观，准确性高；

(2) 可以不使用秒表，预先计算出作业所需时间，并在进行生产之前设计作业方法；

(3) 运用预定时间标准方法，需对操作过程进行详细记录，并得到各项基本动作时间值，从而对操作进行合理的改进；

(4) 在作业测定中，不需要对操作者的速度、努力程度等进行评价，就能预先客观地确定作业的标准时间；

(5) 当作业方法变更而须修订作业的标准时间时，所依据的预定动作时间标准不变；

(6) 用PTS法平整流水线是最佳的方法。

采用预定动作时间标准法制定作业的标准时间，由于对动作已预先决定其时间标准（正常时间），避免了作业测定环节可能产生的误差，制定的标准时间值客观、准确。

虽然预定动作时间标准法取值较客观，但在使用时仍然需要人的判断，如运动距离、身体角度等，要求使用者对工作方法有充分的了解，且预定动作时间标准不包括过程处理时间与机器时间，后者仍需借助于秒表观测确定。

9.1.3 预定时间标准法的用途

1. 建立时间标准

(1) 由预定时间标准法确定动作时间，综合以后就是作业的标准时间。所制定的标准时间值客观、准确。在对生产线进行平衡时，常采用基于时间标准的生产线改善方法，如分担转移、作业改善压缩、拆解去除、重排和作业改善后合并等方法。

(2) 预定时间标准法可为合成评定方法中评定系数的确定提供依据，也可作为秒表测时方法制定标准时间准确性的验证工具。

(3) 实际生产作业中的各种动作,其大多数的时间标准均可由基本动作时间加以制定。因此,将动作归类制表即可快速形成时间标准。

目前 40 多种预定时间标准法皆由同一基本原理所产生,只是其构成的基本动作及衡量条件不同而已。应用预定时间标准法制定作业标准时间的步骤为:

(1) 收集有关作业的资料,如图纸、工艺规程、工作地布置图、工人的操作方法等;

(2) 将作业分解为动作要素;

(3) 根据各作业的动作要素和相应的各种衡量条件,按照身体部位、距离、重量、难度、变量因素等,确定动作要素的时间值;

(4) 将各种动作要素的时间值累加,得出作业的正常时间标准;

(5) 正常时间加宽放时间得到标准时间。

2. 方法评价

(1) 事先改进作业方法。采用预定时间标准法,方法研究和作业测定同时进行,用以评价并改善现行的作业方法。

(2) 为合理选用工具、夹具和设备提供评价依据。工具、夹具和设备是操作方法改变的最大原因,评价操作方法也即对工具、夹具和设备进行评价,采用 PTS 法评价既方便又省时。

(3) 在产品设计时,可作为辅助参考。PTS 法对操作进行分析的结果,如动作的难点、复杂动作点以及不安全的动作等,为产品设计的改进提供参考。

(4) 用于训练操作者,并评估操作者的能力。

9.2 摩特法

9.2.1 摩特法的原理

摩特法是 20 世纪 60 年代初由澳大利亚人体工程学者海特(G. C. Heyde)博士发明的一种预定动作时间标准。海特经过研究发现人体不同身体部位进行动作时,其动作的时间值成比例(近似于整数倍),而且不同的人均表现出相似的结果。根据这一研究结果提出以人的手指一次动作(移动距离为 2.5cm,平均动作所需的时间为 0.129s)的时间为一个基本时间单位即 1MOD(1MOD=0.129s),并以此基本时间单位的整数倍,确定其他人体部位动作的时间值的预定动作时间标准。MOD 法主要基于以下基本原理。

(1) 所有人力操作时的动作均包括一些基本动作。通过大量的试验研究,摩特法把生产实际中的操作动作归纳为 21 种。摩特法的 21 种动作都以手指动一次(移动约 2.5cm)的时间消耗值为基准进行试验、比较,来确定各动作的时间值。

(2) 不同人做同一动作(在操作条件相同时)所需的时间值基本相等(误差在10%左右)。表9-2为人体各部位动作一次的最少平均时间。这里所说的不同的人在做同一动作所需时间值基本相等,是指大多数人而言,少数特别快、特别慢的人不包括在内。

表 9-2 人体各部位动作一次最少平均时间

动作部位	动作情况		动作一次最少平均时间/s
手	抓取动作	直线的	0.07
		曲线的	0.22
	旋转动作	克服阻力	0.72
		不克服阻力	0.22
脚	直线的		0.36
	克服阻力的		0.72
腿	直线的		0.66
	脚向侧面		0.72~1.45
躯干	弯曲		0.72~1.62
	倾斜		1.62

注:此表的数值应理解为该动作所有被测对象的最快速度所需时间,用数理统计原理计算确定的平均值,或对同一动作的最快速度所需时间多次测定的平均值。

表9-3为人体各部位动作的最大频率。由表可知,每一动作即使是重复动作,其时间值也都会有事实上的差异,所以说是"基本相等"。

表 9-3 人体各部位动作的最大频率

动作部位	最大频率/(次/min)
手指	204~406
手	360~430
小臂	190~392
臂	99~344
脚	300~378
腿	330~406

(3) 人体的不同部位做动作时,其动作所用的时间值互成比例(如手的动作是手指动作的2倍,小臂的动作是手指动作的3倍)。因此,可以根据手指一次动作时间单位的量值,直接计算其他不同身体部位动作的时间值。

研究表明,一个人(或不同的人)以最快速度进行操作,其动作所需时间与这个人(或不同的人)以正常速度进行操作,其动作所需时间是不相等的。但是,这两种速度所需时间值之比K是一常数(或基本接近常数)。例如,一个人(或不同的人)手的移动(无障碍时),最快速度所需时间与正常速度所需时间之比K为

$$K = \frac{\text{最快速度所需时间}}{\text{正常速度所需时间}} = 0.57$$

其他情况,如手的移动(障碍物高度为 $10 \sim 30 \text{cm}$), $K=0.59$;上身弯曲的往复动作, $K=0.51$;坐立往复动作, $K=0.57$。

假设,身体某部位最快动作的时间值为 $t_1, t_2, t_3, \cdots, t_n$,相对应的身体某部位正常动作的时间值为 $T_1, T_2, T_3, \cdots, T_n$,则

$$K = \frac{t_1}{T_1} = \frac{t_2}{T_2} = \frac{t_3}{T_3} = \cdots = \frac{t_n}{T_n}$$

故

$$\frac{t_1}{t_2} = \frac{T_1}{T_2}, \quad \frac{t_1}{t_3} = \frac{T_1}{T_3}, \cdots, \frac{t_1}{t_n} = \frac{T_1}{T_n}$$

也就是说,两个动作的正常速度所需时间之比,等于这两个动作的最快速度所需时间之比。由于正常速度难以确定,而动作的最快速度所需时间可以通过大量的实测,用数理统计方法来求得其代表值。因此,只要知道手指动作一次的正常值,再根据手指及另一部位最快动作的时间值,就可以求得身体另一部位动作所需正常时间值,从而确定这一部位动作的模特数。

9.2.2 模特法的特点

1. 易懂

模特法分类简单,将动作归纳为 21 种,有效减少了分析时的工作量,而其他方法有几十种甚至 100 多种,模特法与其他方法比较见表 9-4。21 个动作分两大类:11 种上肢动作和 10 种身体及其他动作。上肢的 11 种动作分为三类,即移动动作(M)、抓取(G)、放置(P)。身体及其他动作包括 4 种下肢和腰部动作:走步动作(W)、身体弯曲动作(B)、足踏动作(F)和站立、坐下动作(S);6 种辅助动作:重量修正(L)、目视动作(E)、矫正动作(R)、判断动作(D)、按压动作(A)、旋转动作(C)等。

表 9-4 模特法与其他方法比较

PTS 名称	MOD	MTM	WF	MSD	MTA	BMT
基本动作及附加因素种类	21 种	37 种	139 种	54 种	38 种加 29 个公式	291 种
不同的时间值数字个数	8 个	31 个		30 个		

2. 易学

模特法把动作符号与时间值融为一体,动作符号的数值为该动作的时间值,这样只要知道动作符号,能很快计算出动作的时间值,所以"一看就会"。如 G3 表示复杂抓取动作,而

且同时也表示了时间为 3MOD＝3×0.129s＝0.387s。

3. 易记

以手指动作一次（移动 2.5cm）所需的时间作为动作时间单位，其他部位动作时间是其整数倍。在模特法的 21 种动作中，不同的时间值有：0、1、2、3、4、5、17 和 30 等 8 个整数值，如果有了动作表达式，就能很快计算出动作的时间值。

4. 实用

采用模特法不需测时和评比，就能根据其动作决定正常时间，且精度高，应用范围广。因此，使用模特法分析动作、评价工作方法、制定标准时间和平整流水线等均比其他 PTS 方法容易、见效快。在实际使用中，还可以根据企业的实际情况，决定 MOD 的单位时间值的大小。如：

1MOD＝0.129s　　正常值，能量消耗最小动作；
1MOD＝0.1s　　　高效值，熟练工人的高水平动作时间值；
1MOD＝0.143s　　包括恢复疲劳时间的 10.75% 在内的动作时间；
1MOD＝0.12s　　　快速值，比正常值快 7% 左右。

实验表明，对于 1min 以上的作业，模特法的精度并不低于其他 PTS 法。表 9-5 为日本早稻田大学采用实测值与模特法分析值的比较。由表可见，实测值与模特法分析值很接近。

表 9-5　实测值与模特法分析值的比较

序号	作业内容	取样数	实测区间估计值	实测平均值	标准偏差	MOD分析值	实测平均值与 MOD 分析值之比
1	双手贴透明胶条	75	2.744～2.687	2.806	0.246	2.333	0.98
2	单手贴透明胶条	75	2.265～2.482	2.343	0.425	2.451	0.96
3	贴橡皮胶	75	6.770～6.981	6.876	0.424	6.837	1.06
4	往信封里装 1～3 册杂志	50	2.812～3.435	3.124	0.961	3.612	0.88
5	往信封里装 5 册以上杂志	25	6.048～6.928	6.468	1.000	6.837	0.98
6	往信封里装印刷品	75	1.901～2.046	1.974	0.296	1.984	1.02
7	取得 3 册读物	75	2.662～2.769	2.716	0.213	2.838	0.96
8	数 10 册左右杂志	75	3.930～4.126	4.033	0.346	4.386	0.92
9	拿在手中数 10 册杂志	50	3.624～4.159	3.892	0.836	4.773	0.82
10	拿在手中数 20 册以上杂志	25	9.716～10.640	10.180	1.056	10.320	0.99

9.2.3　模特法的动作分类及其代号

1. 动作分类及代号

模特法共有 21 种基本动作,上肢动作共 11 种,下肢动作、其他动作及附加因素动作共 10 种,每个动作以代号、图解、符号、时间值表示,如图 9-1 所示。

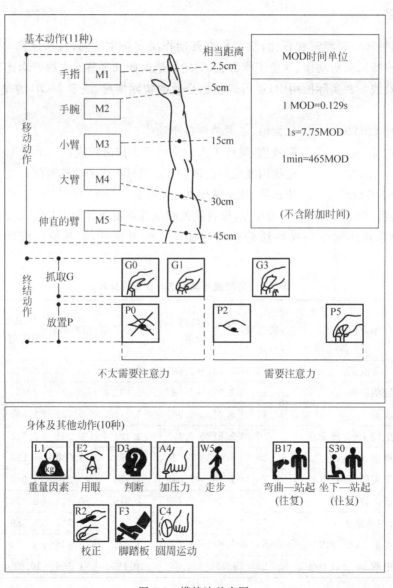

图 9-1　模特法基本图

详细动作划分见表9-6。

表9-6 模特法动作分类

在工厂中常见的操作动作	上肢动作（基本动作）	移动动作	移动动作	M1 手指动作
				M2 手腕动作
				M3 小臂动作
				M4 大臂动作
				M5 伸直的手臂
			反复多次反射动作	(M1/2,M1,M2,M3)
		终结动作	摸触动作、抓握动作	G0 碰、接触
				G1 简单地抓
				G3 (注) 复杂地抓
			放置动作	P0 简单放置
				P2 (注1) 较复杂放置
				P5 (注2) 组装
	其他动作	下肢和腰部动作	F3 足踏板动作	
			W5 走步动作	
			B17 (往) 弯体动作	
			S30 (往) 起身坐下	
		附加因素	L1 重量因素	
		其他动作	E2 (独) 目视	
			R2 (独) 校正	
			D3 (独) 单纯地判断和反应	
			A4 (独) 按下	
			C4 旋转动作	
			B17 (往) 弯体动作	
			S30 (往) 起身坐下	

注、注1、注2：需要注意的动作；

独：只有在其他动作停止的场合独立进行；

往：往复动作，即往复一次回到原来状态

2. 动作分析使用的其他符号

（1）延时 BD。表示另一只手进行动作时，这一只手什么动作也没有做，即停止状态。BD 不给予时间值。

（2）保持 H。表示用手拿着或抓着物体一直不动的状态。有时为了防止零件倒下，而用固定的工具也为 H。H 不给予时间值。

（3）有效时间 UT。指人的动作之外的机械或其他固有的加工时间。其有效时间要用计时仪表分别确定其时间值。例如用电动扳手拧螺母、焊锡、铆接铆钉、涂粘结剂等。

在作业改善中，BD 和 H 应尽可能减少。

3. 模特法分析记录表

在动作分析时，应把有效时间值如实地填入分析表中，分析记录表的形式见表9-7。表中，动作只有一次时，次数栏不用填写。有效时间、MOD 总计时间和合计时间应以普通时间为单位,换算时按 1MOD=0.129s 填入。

表 9-7　模特法记录表

零件图号:		年　月　日			
设备名称		作业条件			
工序名称		使用工具			
作业名称		分析条件			
序号	左手动作	右手动作	动作方式分析符号	次数	MOD
1					
2					
3					
有效时间: s　min		MOD: s　min		合计: s　min	

9.3　模特法的动作分析和动作改进

9.3.1　模特法的动作分析

1. 上肢动作

1) 移动动作(M)

移动动作是指手指、手和手臂活动的动作。如所使用的身体部位不同,移动距离不同,时间值也不同。在模特法中,根据所使用的不同身体部位,时间值分为 5 等。

(1) 手指的动作 M1。表示用手指的第三关节前的部分进行的动作,时间值为 1MOD,移动距离为 2.5cm。手指的动作有:把开关拨到 on(off)的位置、回转小旋钮、用手指拧螺母等。手指动作 M1 表示手指的一次动作。若手指进行了 n 次动作,则此时的时间值为一次动作的 n 倍。

(2) 手的动作 M2。用腕关节以前的部分进行一次的动作,时间值为 2MOD,动作距离为 5cm。手的动作有:转动调谐旋钮、将电阻插在印刷电路板上、转动门轴、翻笔记本等。依靠手腕的动作不仅能做横向动作,也可做上下、左右、斜向和圆弧状的动作。根据 M2 的动作方式,伴随手的动作,小臂多少也要动作,但主动作是手的动作,小臂的动作是辅助动作(小臂动作不另计时间值)。

(3) 小臂的动作 M3。以肘关节为支点,肘以前的小臂(包括手指、手、小臂)的动作,时间值为 3MOD,移动距离为 15cm。小臂的动作有:粗加工或组装部件等在操作机上作业时、移动零件的位置和作业位置的动作等。由于手和小臂动作的方向关系,肘关节多少要前后移动,肘关节的前后移动看作是主动作 M3 的辅助动作,不另计时间值。在 M3 的移动动作范围内,其可能的作业区域称为正常的作业范围。设计作业区应尽可能地设计得狭窄些,在设计生产设备的操作部分时,尽量使操作动作用 M3 的移动动作来完成,如图 9-2 所示。

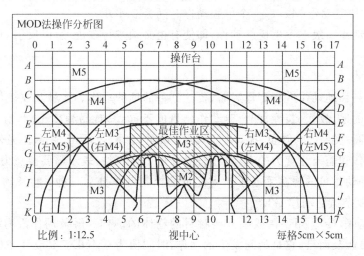

图 9-2　模特法移动的作业范围

(4) 大臂的动作 M4。伴随肘的移动,小臂和大臂作为一个整体,在自然状态下伸出的动作,时间值为 4MOD,移动距离一般为 30cm。大臂的动作有:把手伸向放在桌子前方的零件、右手伸向放在桌子右端的工具、手伸向放在略高于操作者头部的工具等。大臂移动时,也可能同时进行小臂、手、手指等的动作。当把手臂充分伸展时,伴有身体前倾的辅助动作,时间值仍为 M4。在设计作业区时,如果空间不足,也可将一些动作或工具设计在 M4 的区域内。

(5) 大臂尽量伸直的动作 M5。在胳膊自然伸直的基础上,再尽量伸直的动作,时间值为 5MOD,其移动距离一般为 45cm;另外,将整个胳膊从自己的身体正面向相反的侧面伸出动作也用 M5 表示。大臂尽量伸直的动作有:尽量伸直胳膊取高架上的东西、把手尽量伸向桌子的侧面、坐在椅子上抓放在地上的物体、从自己身体的正面交叉向相反方向尽量伸手等。在进行 M5 动作时,筋或肩、背的肌肉有被拉紧的感觉。从劳动生理的角度看,连续做 M5 的动作是不可取的,应尽量减少 M5 的动作。

(6) 反射动作。该动作是操作者将工具或专用工具握在手里,进行反复操作的动作。反射动作是移动动作的特例,并不是每一次都特别需要注意力或保持特别意识的动作。反射动作有:用棒敲盒子、用锤子敲东西、用橡皮擦字、盖邮戳和用布给盒子涂油等,用手指贴封条或用指甲梳东西的动作,当其反复进行时,可以看作是反射动作,手或指甲起到工具的作用。反射动作因其是反复操作,所以所需的时间值比通常移动动作要少,各种移动动作的反射动作时间值如下:

① 手指的往复动作 M1,每一个单程动作时间为 0.5MOD;

② 手的往复动作 M2，每一个单程动作时间为 1MOD；
③ 手臂的往复动作 M3，每一个单程动作时间为 2MOD；
④ 上臂的往复动作 M4，每一个单程动作时间为 3MOD；
⑤ M5 的动作一般不发生反射动作，即使有也必须进行改进，所以反射动作的时间值最大为 3MOD。

2) 终结动作

终结动作是移动动作进行到最后时，要达到目的地的动作。如触及或抓住物体，把拿着的物体移到目的地，放入、装配、配合等动作。目的不同，其难易程度不同，有不同的动作种类，终结动作的种类有：①触及、抓，用 G 表示；②放置、配合，用 P 表示。另外，还有不太需要注意力的动作和需要注意力的动作，在符号标记中，用(注)表示需要注意力的动作。

触及、抓的动作目的物在手或手指支配下的控制动作分为三种：触及动作 G0、简单抓的动作 G1 和复杂抓的动作 G3。

(1) 触及动作 G0。用手指或手去接触目的物体的动作。触及动作没有要抓住目的物体的意图，只是触及而已，它是瞬间发生的动作，时间值为 0MOD。其动作举例有：碰推键、用手指接触垫圈、碰放置在桌上的工具、用两手推卡片的左右侧面。触及动作举例如表 9-8 所示。

表 9-8　触及动作举例

序号	左手动作	右手动作	符号标记	次数	MOD
1	BD	伸手接触键	M3G0	1	3
2	BD	推键	M1P0	1	1
3	BD	接触下一个键	M2G0	1	2
4	BD	按键	M1P0	1	1

(2) 简单抓的动作 G1。用手指或手简单地抓取物件的动作，抓物体的动作自然，没有踌躇，在被抓物体的附近没有障碍物，时间值为 1MOD。简单抓的动作有：抓单独放置的一个零件、抓螺丝刀、抓桌子上的书籍等。简单抓取动作举例如表 9-9 所示。

表 9-9　简单抓取动作举例

序号	左手动作	右手动作	符号标记	次数	MOD
1	BD	伸手抓螺丝刀	M3G1	1	4

(3) 复杂抓的动作 G3。复杂抓取动作为需要注意力的动作，是用 G0 和 G1 的动作所不能完成的复杂抓的动作。用手指或手复杂地抓取物件时有迟疑现象，或目的物周围有障碍物，或目的物较小，不容易抓取，或是目的物易变形、易碎，其时间值为 3MOD。

复杂抓的动作有：抓放在桌子上的平垫圈(先用指甲抠起来再抓)、抓放在工具箱中的螺钉(抓时要同时扒开周围的其他零件)、轻轻地抓易变形的零件(犹豫一下再抓)。复杂抓取动作举例见表9-10。

表9-10 复杂抓取动作举例

序号	左手动作	右手动作	符号标记	次数	MOD
1	BD	伸手(30cm)抓取混放在一起的小螺钉	M4G3	1	7
2	BD	伸手(15cm)抓取桌上的一枚大头针	M3G3	1	6

放置、配合的动作主要表现为放入、嵌入、装配、贴上、配合、装载、隔开等形式，分为三种：放置动作P0、放置动作P2(需要注意力)和放置动作P5(需要注意力)等。

(1) 放置动作P0。也称简单放置，是放置动作中最简单的一种，是把拿着的东西送到目的地后，直接放下的动作，不需要用眼注视周围情况，对放置的场所也没有特殊的规定，没有时间值，即时间值为0MOD。简单放置动作有：将拿着的螺丝刀放在桌上、将加工完的产品顺手扔到成品箱中、将传送带送来的零件放在自己面前等。简单放置动作举例如表9-11所示。

表9-11 简单放置动作举例

序号	左手动作	右手动作	符号标记	次数	MOD
1	BD	将加工完的产品顺手(15cm)扔到储存箱中	M3P0	1	3
2	BD	将产品放到右侧传送带上	M3P0	1	3

(2) 放置动作P2(需要注意力)。往目的地放东西的动作，需要用眼睛看，以决定物体的大致位置，其时间值为2MOD。一般该动作适合于能够大体上确定物体位置或指定位置的场合。放置动作P2有：将垫圈套在螺栓上、把烙铁放在烙铁架上、将加工完成的零件放到传送带指定位置上等。需注意力的放置动作P2举例如表9-12所示。

表9-12 需注意力的放置动作P2举例

序号	左手动作	右手动作	符号标记	次数	MOD
1	拿着螺栓H	将垫圈套入螺栓	M2P2	1	4
2	BD	将电烙铁放到烙铁架上	M3P2	1	5
3	BD	伸手(30cm)将完成的零件放到传送带上指定位置	M4P2	1	6

(3) 放置动作P5(需要注意力)。该动作将物体正确地放在所规定的位置或进行配合，是比P2更复杂的动作。P5需要伴有2次以上的修正动作，自始至终需要用眼睛观察，动作中产生犹豫，时间值为5MOD。P5动作一般适合于需要将物体放置在准确位置上的场合。放置动作P5有：将螺丝刀的头放入螺钉头的沟槽中、将螺母套在螺钉上并拧入、将产品铭牌装在规定的位置、插PIN、把导线焊在印刷线路板上等。需注意力的放置动作P5举例如表9-13所示。

表 9-13 需注意力的放置动作 P5 举例

序号	左手动作	右手动作	符号标记	次数	MOD
1	BD	把螺丝刀的头放到螺钉头槽内	M2P5	1	7
2	H	把螺母对准螺栓	M3P5	1	8

在模特法的 11 个上肢动作中,移动动作 M1、M2、M3、M4、M5,抓取动作 G0、G1,放置动作 P0 等不需要注意力;抓取动作 G3,放置动作 P2、P5 等需要注意力;在模特法的符号标记中,用(注)表示的动作为需要注意力的动作。

移动动作之后,必定伴随着终结动作,移动动作和终结动作总是成对出现的。(注:唯有反射动作没有终结动作,故反射动作又称为特殊移动动作)

例如,伸手拿零件的动作,其移动动作为 M3,终结动作为 G1,其动作符号的标记为 M3G1,时间值为 3MOD+1MOD=4MOD。

例如,轴和套的装配,如图 9-3 所示。把轴套放在 A 点上,为 M3P5;到 B 点时为少量插入轴中。从 B 点到 C 点,要加算必要的移动动作 M2P0(或 M3P0)。若在 B 点放开手,套依靠自重自然落下,则不需加算移动动作。

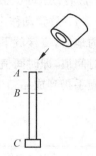

图 9-3 轴和套装配

例如,使用螺丝刀的动作分析(如表 9-14 所示)、拧螺母的动作分析(如表 9-15 所示)等。

表 9-14 使用螺丝刀的动作分析

序号	左手动作	右手动作	符号标记	次数	MOD
1	BD	抓螺丝刀	M3G1	1	4
2	BD	把螺丝刀拿到机壳上	M3P0	1	3
3	BD	把螺丝刀头放到螺钉头槽内	M2P5	1	7
4	BD	旋转 3 次螺钉	M1G0M1P0	3	6
5	BD	把螺丝刀放回原处	M3P0	1	3

3) 几种特殊情况处理与举例

(1) 反射动作。分析反射动作与一般动作不同,省略了终结动作符号标记,反射动作一般速度较快,使用的工具与身体部位不变,因此其时间消耗为正常动作的 70%,其分析符号用反射动作符号和反复的次数来表示。例如,用锤子敲 5 次钉子,距离 15cm,每个单程记录为 M2,则分析式为 M2×10,时间为 20MOD。

(2) 手指和手的回转动作。在生产过程中,经常要使用手指或手的回转动作,如将螺母旋入螺栓、旋转旋钮等。在动作分析中,如以手指旋转物体,由于转动角度小于 180°,该动作记为 M1P0,收回手指的同时按住物体记为 M1G0,把物件从把着的状态进行旋转记为 M1P0。即手指回转一次动作记录为 M1G0M1P0。拧螺母的动作分析如表 9-15 所示。如果用手来进行旋转动作,如用手拧螺母、拧瓶盖、旋转螺钉旋具等动作,则每一个回转动作记为 M2G0M2P0。

表 9-15 拧螺母的动作分析

序号	左手动作	右手动作	标记	次数	MOD
1	拿着螺栓 H	抓螺母	M3G1	1	4
2	H	把螺母对准螺栓	M3P5	1	8
3	H	回转螺母	M1G0M1P0	1	2
4	H	继续拧入	M1G0M1P0	10	20

(3) 同时动作。用不同的身体部位,同时进行相同或不相同的两个以上的动作称同时动作。一般以双手的同时动作为佳,同时动作可以提高工作效率。如,桌上放着导线和烙铁,两手同时伸出,用左手抓导线(G1),用右手抓烙铁(G1),然后放到自己身前。

在分析两手动作时,两手同时工作的条件如表 9-16 所示。

表 9-16 终结动作两手动作分析

序号	同时动作	一只手的终结动作	另一只手的终结动作
1	可能	G0P0G1	G0P0G1
2	可能	G0P0G1	P2G3P5
3	不可能	P2G3P5	P2G3P5

情况 1:两手的终结动作均不需注意力,两手可同时动作;
情况 2:只有一只手需要注意力时,两手可以同时动作;
情况 3:两只手都需要注意力的终结动作,两手不可能同时动作。

两手可以同时动作时,时间值大的动作叫做时限动作,它的时间值为两手同时动作的时间值;而时间值小的一方称为被时限动作,它的标记符号加(),表示不影响分析结果,如表 9-17 所示。

表 9-17 时限动作举例

序号	左手动作	右手动作	标记符号	次数	MOD
1	抓零件 A(M3G1)	抓螺丝刀 M4G1	M4G1	1	5

表 9-17 中,左、右手动作时间值分别为 4MOD 和 5MOD,则右手为时限动作,左手为被时限动作,分析结果用时限动作的标记符号和时间表示,即分析结果为 M4G1,时间值为 5MOD。若左、右手的动作时间值相同时,可以根据哪个是主要动作或哪只方便来确定时限动作。

两手的动作都需要注意力时,当两手同时向目的物移动时,终结动作不能同时进行,只能某只手开始做终结动作,另一只手要在目的物附近等待第一只手动作完成后,再稍微移动 M2,才能完成其终结动作。这种均需注意力的双手动作状态如图 9-4 所示。

分析举例:在桌子上放置有零件 A 和 B,用双手分别抓零件 A 和 B。若左手先动作,分析结果为表 9-18 中的情况 1;若右手先动作,则分析结果为表 9-18 中的情况 2。

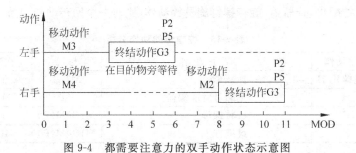

图 9-4　都需要注意力的双手动作状态示意图

表 9-18　两手同时动作分析表

序号	左手动作	右手动作	标记符号	次数	MOD
情况 1	伸手抓零件 A M3G3	伸手抓零件 B M4G3	M3G3M2G3	1	11
情况 2	伸手抓零件 A M3G3	伸手抓零件 B M4G3	M4G3M2G3	1	12

两手同时动作均需注意力时,首先要确定哪只手先做,后做的那只手在等待先做的手做完后,做一个 M2 动作,再做终结动作。如表 9-18 中情况 1 所示,左手先做动作 M3G3,右手动作 M4G3,则两手完成动作所需时间为 M3G3＋M2G3＝11MOD。可以看出,即使同一动作,如果两手动作顺序不同,其时间值也可能不同。

2. 下肢和腰的基本动作

1) 脚踏动作 F3

将脚跟踏在地板上,进行足颈动作,其时间值为 3MOD。例如,压脚踏板的动作。压脚踏板时,从脚踝关节到脚尖的一次动作为 F3,再抬起返回的动作又为 F3。必要时,连续压脚踏板的动作时间,要使用计时器计算有效时间。在脚踏动作中,如脚离开地面,再踏脚踏板开关的动作,应判定为步行动作 W5。

2) 步行动作 W5(身体水平移动)

步行动作指走步使身体移动的动作。回转身体,也要挪动脚步,也判定为步行动作,每一步用 W5 表示,时间值为 5MOD。

站立的操作者,沿着桌子抓物体时,可能随伸手的动作而一只脚要向前移动一步(或者退回),这是为了保持身体的平衡而加的辅助动作。这种动作应判定为手的移动动作,不用判定为 W5。如果走 6 步后,最后的一只脚是跟上来(或拖上来)的,则不计时间,最后时间值为 W5×6;如最后一步要求立正,则要算一步,时间值为 W5×7。

如果步行的目的是取物,步行到最后的一步,手和臂随之移动的动作为 M2,这是因为最后的一步动作中,手离目的物也非常近了。

3) 身体弯曲动作 B17

从站立状态到弯曲身体、蹲下、单膝触地,然后再返回原来的状态的整个过程,其时间值为17MOD。

曲身、弯腰是以腰部为支点,向前弯伏,使手的位置在膝盖下面的动作;蹲下实质上是弯曲膝盖使手在膝下面的动作。因此,B17动作之后,手(或臂)的移动动作用M2表示。这是因为随着上半身的活动,手很自然地移动到离目的地很近的缘故。

B17属于单膝触地,而不是双膝。若是双膝触地,则不能一站即起来,恢复原位,故还应按照实际情况再测定。如果在B17中遇到搬运重物的动作,则必须加上重量因素,重量因素的考虑后面叙述。

4) 站起来再坐下的动作 S30

坐在椅子上站起来,再坐下的一个周期动作,其时间值为30MOD。站起来时两手将椅子向后面推和坐下时把椅子向前拉的动作时间也包括在里面。

3. 其他动作

1) 搬运动作的重量因素 L1

搬运重物时,物体的重量影响动作的速度,并且随物体的轻重而影响时间值,因此给予考虑。重量因素按以下原则考虑:

(1) 有效重量小于2kg的,不考虑;
(2) 有效重量为2~6kg的,重量因素为L1,时间值为1MOD;
(3) 有效重量为6~10kg的,重量因素为L1×2,时间值为2MOD;
(4) 以后每增加4kg,时间值增加1MOD。

有效重量的计算原则为:

(1) 单手负重时,有效重量等于实际重量;
(2) 双手负重时,有效重量等于实际重量的一半;
(3) 滑动运送物体时,有效重量为实际重量的1/3;
(4) 滚动运送物体时,有效重量为实际重量的1/10。

两人用手搬运同一物体时,不分单手和双手,其有效重量皆以等于实际重量的一半来计算。重量因素在搬运过程中只有放置动作时附加一次,而不是在抓取、移动、放置过程中都考虑,且不受搬运距离长短的影响。例如,坐在椅子上的操作者,用右手抓收音机盒,放到传送带的指定位置上,动作分析如表9-19所示。

表9-19 搬运动作的重量因素 L1 举例

序号	左手动作	右手动作	标记符号	次数	MOD
1	BD	伸手去抓收音机盒	M3G1	1	4
2	BD	放到传送带指定位置	M4P2	1	6
3	BD	重量修正 L1	L1	1	1

用手搬非常重的物体,在作业中是不希望的。搬运重物是改善作业方法的着眼点,应考虑用搬运工具。

2) 眼睛的动作 E2(独立动作)

眼睛的动作分为眼睛的移动(向一个新的位置移动视线)和调整眼睛的焦距两种。每种动作都用 E2 表示,时间值为 2MOD。

当不是特别有意识地使用眼睛的动作,动作分析时,不给时间值;只有眼睛独立动作,即其他动作都停止时,才给眼睛动作以时间值,如读文件、找图的记号、看仪表指针的位置等。

人的眼睛不可能在广阔的范围内看清楚物体,一般把可以看得非常清楚的范围叫做正常视野内,一般不给眼睛动作时间值;但对于调整焦距的动作,在必要时给予 E2。从正常视野向其他点移动视线时,用 E2 进行的动作约在 30°角和 20cm 的范围内。看更广的范围时,伴随眼球运动和头的辅助作用,若两者同时进行相当于在 110°角范围时,应给予 E2(眼的移动)×3 的时间值(不分析头的动作)。

3) 矫正动作 R2(独立动作)

矫正抓零件和工具的动作,是把从手指抓入或握入的东西再向手指送出。这种复杂的手指和手的连续动作,用 R2 表示,其时间值为 2MOD。例如,抓螺丝刀,很容易地转为握住;抓垫圈,握在手中;把握在手中的几个螺钉一个一个地送到手指;把铅笔拿起,矫正成写字的方式。矫正动作分析举例如表 9-20 所示。

表 9-20 矫正动作举例

序号	左手动作	右手动作	标记符号	次数	MOD
1	BD	抓二极管	M3G3	1	6
2	BD	送到面前	M3P0	1	3
3	BD	看清极性	E2D3	1	5
4	BD	改变方向	R2	1	2

操作熟练者在操作过程中,为了缩短动作时间,在进行前一个动作时,已经使用身体其他部位着手下一个动作的准备,这一个矫正准备动作,不给予时间值。如用 M4 的动作抓零件或工具,运到手前。在其移动过程中,矫正成为最容易进行下一个动作的状态(改变其位置或方向)。这种状态,只记移动和抓取的时间值,不记矫正时间值。

4) 判断动作 D3

动作与动作之间出现的瞬时判定,这个判断及其反应的动作,用 D3 表示,时间值为 3MOD。例如,检查时的单纯判断动作,判断计量器具类的指针、刻度,判断颜色种类,对声音的瞬时判断,判断灯泡灯丝是否断掉等。D3 适用于其他一切动作间歇的场合。

在流水线生产中,检查产品(或零件)是否合格,只有当判断出次品时,才加 D3 动作时间,跟其他动作同时进行的判断动作不给 D3 时间值。

5）加压动作 A4（独立动作）

在操作动作中，需要推力、拉力以克服阻力的动作，用 A4 表示，时间值为 4MOD。A4 动作一般是在推、转等动作终了后才发生，用力时，发生手和胳膊或腿蹬，使全身肌肉紧张的现象。例如，铆钉对准配合孔用力推入，用力拉断电源软线，用力推入配合旋钮，螺丝刀最后一下拧紧螺丝钉，用手最后用力关紧各种闸阀等。

A4 是独立动作，当加压在 2kg 以上，且其他动作停止时，才给予 A4 时间值。加力时伴有少许移动动作，此移动动作不用分析，不给时间值。加压动作举例如表 9-21 所示。

表 9-21 加压动作举例

序号	左手动作	右手动作	符号标记	次数	MOD
1	BD	抓铆钉	M3G3	1	6
2	BD	把铆钉移到板的一端	M3P2	1	5
3	BD	施力	A4	1	4

6）旋转动作 C4

以手腕或肘关节为圆心，且旋转一周的动作用 C4 表示，时间值为 4MOD。例如，搅拌液体，旋转机器手柄，摇机床把柄等。旋转 1/2 周以上的才为旋转，不到 1/2 周的应作为移动动作。

带有 2kg 以上负荷的旋转动作，由于其负荷大小不同，时间值也不相同，应按有效时间计算。

9.3.2 模特法的动作改进

根据应用模特排时法的实践经验，对改善各种动作的着眼点归纳整理如下：

1. 替代、合并移动动作 M

（1）应用滑槽、传送带、弹簧、压缩空气等替代移动动作；
（2）用手或脚的移动动作替代身体其他部分的移动动作；
（3）应用抓器、工夹具等自动化、机械化装置替代人体的移动动作；
（4）将移动动作尽量组合成为结合动作；
（5）尽量使移动动作和其他动作同时动作；
（6）尽可能改进急速变换方向的移动动作。

2. 减少移动动作 M 的次数

（1）一次运输的物品数量越多越好；
（2）采用运载量多的运输工具和容器；

(3) 两手同时搬运物品；
(4) 用一个复合零件替代几个零件的功能，减少移动动作次数。

3. 用时间值小的移动动作替代时间值大的移动动作

(1) 应用滑槽、输送带、弹簧、压缩空气等，简化移动动作，降低动作时间值；
(2) 设计时尽量采用短距离的移动动作；
(3) 改进操作台、工作椅的高度；
(4) 将上下移动动作改为水平、前后移动动作；
(5) 将前后移动动作改为水平移动动作；
(6) 用简单的身体动作替代复杂的身体动作；
(7) 设计成有节奏的动作作业。

4. 替代、合并抓的动作 G

(1) 用磁铁、真空技术等抓取物品；
(2) 抓的动作与其他动作结合，变成同时动作；
(3) 即使是同时动作，还应改进成为更简单的同时动作；
(4) 设计成能抓取两种物品以上的工具。

5. 简化抓的动作 G

(1) 工件涂以不同颜色，便于分辨抓取物；
(2) 物品做成容易抓取的形状；
(3) 使用导轨或限位器；
(4) 使用送料(工件)器，如装上、落下送进装置，滑动、滚动运送装置等。

6. 简化放置动作 P

(1) 使用制动装置；
(2) 使用导轨；
(3) 固定物品堆放场所；
(4) 同移动动作结合成为结合动作；
(5) 工具用弹簧自动拉回放置处；
(6) 一只手做放置动作时，另一只手给予辅助；
(7) 工件采用合理配合公差；
(8) 两个零件的配合部分尽量做成圆形的；
(9) 工具的长度尽可能在 7cm 以上，以求放置的稳定性。

7. 尽量不使用眼睛动作 E2

（1）尽量与移动动作 M、抓的动作 G 和放置动作 P 结合成为同时动作；
（2）作业范围控制在正常视野范围内；
（3）作业范围应光亮、舒适；
（4）以声音或触觉进行判断；
（5）使用制动装置；
（6）安装作业异常检测装置；
（7）改变零件箱的排列、组合方式；
（8）使用导轨。

8. 尽量不做校正动作 R2

（1）同移动动作 M 组合成为结合动作；
（2）使用不用校正动作 R 而用放置动作 P 就可完成操作动作的工夹具；
（3）改进移动动作 M 和放置动作 P，从而去掉校正动作 R2。

9. 尽量不做判断动作 D3

（1）与移动动作 M、抓的动作 G 和放置动作 P 组合成同时动作；
（2）两个或两个以上的判断动作尽量合并成为一个判断动作；
（3）设计成没有正反面或方向性的零件；
（4）运输工具和容器涂上识别标记。

10. 尽量减少脚踏动作 F3

（1）与移动动作 M、抓的动作 G 和放置动作 P 尽量组合成为同时动作；
（2）用手、肘等的动作替代脚踏动作。

11. 尽量减少按、压动作 A4

（1）利用压缩空气、液压、磁力等装置；
（2）利用反作用力和冲力；
（3）使用手、肘的加压动作代替手指的加压动作；
（4）改进加压操作机构。

12. 尽量减少步行动作 W5、身体弯曲动作 B17、站起来动作 S30

（1）设计使工人一直坐着操作的椅子；

(2) 改进作业台的高度;
(3) 使用零件、材料搬运装置;
(4) 使用成品搬运装置;
(5) 前后作业相连接。

9.4 模特法的应用

9.4.1 应用模特法制定标准时间

正确地制定和贯彻劳动定额,对于组织和推动企业生产的发展具有重要意义。劳动定额的制定主要有历史数据法、工效学方法、数学测量法以及预定时间标准法等。采用模特法确定的即是正常时间,不需评比。

例 9-1 在车床上松开三爪卡盘将零件取下,再取一个毛坯装上夹紧。试确定这一作业的正常时间和标准时间。

解 (1) 操作方法

左手伸出取 T 形扳手,移向并插入三爪卡盘的调整方孔,双手松开卡盘。右手取下零件并放到规定位置后,再拿起毛坯放入卡盘,左右手同时旋转 T 形扳手,稍微拧紧毛坯,右手随即取一金属块(或将左手上的 T 形扳手转换给右手),敲打毛坯以校正毛坯的回转中心,然后双手用劲旋转 T 形扳手夹紧毛坯,夹紧后左手将 T 形扳手从调整孔中取出放回原处。

(2) 动作分析

对上述操作进行分析,可以分为 4 个动作组。

第一组动作组合:左手伸出去拿起 T 形扳手,并移向三爪卡盘的调整方孔中,右手同时伸向三爪卡盘并拨转卡盘以调整孔的位置,以使 T 形扳手插入。

第二组动作组合:双手用力放松卡盘,左手握持 T 形扳手,右手同时取出零件,放入零件箱中。

第三组动作组合:右手拿起毛坯并放入三爪卡盘,再协助左手旋转 T 形扳手以稍微拧紧毛坯,右手取拿 T 形扳手敲打毛坯,以校正毛坯的夹持,同时左手旋转卡盘,右手敲打需要矫正的部位。

第四组动作组合:右手将 T 形扳手插入调整方孔中,双手用力旋转 T 形扳手。这样的动作一般要插 2~3 个调整方孔,以夹紧毛坯。然后将 T 形扳手放在走刀箱上,双手继续下一操作内容。

(3) 计算模特数

第一组动作组合：

左手：伸手取 T 形扳手为 M4G1，移向并插入卡盘的调整方孔内为 M4P5；右手：同时移向卡盘为 M4G0，拨动卡盘为 M3P0。

该动作组合的 MOD 值为：5+9=14MOD。

第二组动作组合：

① 左手：扶持扳手 H；右手：移向并握住扳手 M3G1。

② 双手用力反旋扳手，松开卡盘 M3P0A4。

③ 左手：扶持扳手 H；右手：伸向零件 M3G1。

④ 左手：旋松卡盘，扶持扳手 M2P0；右手：扶持零件 H。

⑤ 左手：扶持零件 H；右手：取出零件，转向放入零件箱 M3G1W5M2P2(13MOD)。

该动作组合的 MOD 值为：4+7+4+2+13=30MOD。

第三组动作组合：

① 右手：移向并取出毛坯，转身插入卡盘 M4G1W5M2P2(14MOD)；左手：扶持扳手，当毛坯插入时，旋转扳手，夹紧毛坯 M2P0。

② 左手：取出扳手，交给右手 M3P0；右手：接住扳手 M2G1。

③ 左手：移向卡盘，拨动卡盘 2～3 次 M3G0，M2P0M2G0×3(15MOD)；右手：用 T 形扳手敲打毛坯校正 2～3 次 M2G0×3(6MOD)。

该动作组合的 MOD 值为：14+2+3+3+15+6=43MOD。

第四组动作组合：

① 左手：移向并握持扳手，插入调整孔 M3G0 M2P2(7MOD)；右手：移动扳手，让左手握取，同时插入调整孔 M3P0 M2P2。

② 双手用力夹紧毛坯 M3P0A4(7MOD)。

③ 双手取出扳手移入下一个调整孔，再用力夹紧 M3P2 M2P0A4(11MOD)。

④ 左手：取出扳手放到走刀轴箱盖上 M3G0 M4P0(7MOD)；右手：H。

该动作组合的 MOD 值为：7+7+11+7=32MOD。

总计 MOD 值：14+30+43+32=119MOD。

(4) 计算标准时间

按表 9-22 推荐的宽放率，机加车间为 22%，则标准时间为

标准时间=119×(1+22%)=145.18MOD×0.129s=18.73s

误差分析：用模特法所测的时间比用秒表法测的时间要少，但用模特法时可能因某些步骤考虑不周，导致时间偏少。用模特法测时间因步骤标准而比较精确，而用秒表法测时间

比较实际。

表 9-22 各种宽放率　　　　　　　　　　　　　　　　　　　　　　　　　　　　　%

工种	作业宽放	车间宽放	私事宽放	疲劳宽放	其他宽放	合计	备注
机械加工(小件)	5	3	3	5	6	22	小型电机零件加工车间
						25	
	5	3	3	4	—	15	
机械加工(大件)	10	5	4	5	2	26	重型电机零件加工车间
	7	5	3	7	—	22	加工车间
装配	7	5	3	3~8	1	18~23	
	5	4	3	5		17	家电装配车间
	18		4	4~8	—	26~30	车间

9.4.2　应用模特法进行作业改善

模特法是根据人体工程学和疲劳研究的结果,以人的最低能耗动作的时间消耗作为动作的时间单位制定和计算作业标准时间,是计算生产节拍、分析作业瓶颈、结合动作经济原则进行作业改善的重要方法。

例 9-2　某公司主要生产加工端子连接器,其主要工序包括装端子、沾锡、装套管、烫套管、电测、理线,通过应用经验法和秒表测定法测定各工序作业标准时间如表 9-23 所示。

表 9-23 端子连接器各工序作业标准时间　　　　　　　　　　　　　　　　　　s

工序	装端子	沾锡	装套管	烫套管	电测	理线
作业标准时间	3	2.8	2.7	5	2.9	2.4

根据表 9-23 分析得,该生产线烫套管工序用时相对长(5s)。因此,将烫套管工序作为瓶颈工序,利用模特法进行改善。

解　(1) 改善前操作方法分析

首先,伸右手去取放在半成品暂放盒中的线,放在相应的位置,双手握住线的一端,插入套管定型模板,调整套管位置,右手取吹烫机,并反复吹烫套管。

然后,放回吹烫机,左手取下烫好的线并放回暂放盒中。

(2) 改善前动作分析

对上述操作进行分析,结合工作台的布置情况,运用 MOD 法进行分析,如表 9-24 所示。

表 9-24　改善前动作分析

序号	左手分析		右手分析		符号标记	MOD 值
	动作叙述	MOD 分析	动作叙述	MOD 分析		
1	空闲	BD	伸手取线	M5G1	M5G1	6
2	空闲	BD	放到相应位置	M5P0	M5P0	5
3	辅助右手	(M1)	插入套管模板	M2P2	M2P2	4
4	空闲	BD	取吹烫机	M4G1	M4G1	5
5	空闲	BD	反复吹烫管	M3	M3	3
6	空闲	BD	放回吹烫机	M4P0	M4P0	4
7	将线取下	M3G1	空闲	BD	M3G1	4
8	放到盒中	M2P0	空闲	BD	M2P0	2
			合　计			34

(3) 问题分析

根据烫套管工序的 MOD 分析结果,结合动作经济原则,运用"5W1H"提问技术对烫套管工序进行提问、分析,发现存在以下问题:

① 货架的构造不符合动作经济原则。从 1、2、4 号动作可以看出,实际的生产线布置中,物料和工具远离操作者,操作者每次取物料都需努力伸臂,这是一个 5 级或 4 级伸臂动作,导致作业时间偏长,而且增加了操作者的疲劳。

② 操作中大量的单手作业使操作动作不平衡,而且延长了工序时间,使得操作者效率比较低。

(4) 改善方案设计

① 对烫套管工序货架的结构进行改造。线作为物料放置在适合双手操作的工作区域内,应使之尽量靠近操作员,并将货架的摆放改为弧形,则操作者以 3 级动作即可取到物料。同时将吹烫机放置在右手侧近处,取放吹烫机的动作都由 4 级调整为 3 级。这样不仅减少了操作员手移动的距离,而且降低了操作员的劳动强度。

② 改单手动作为双手同时动作。原方案的第 6、7 号动作,右手操作放回吹烫机和左手操作将线取下,分两步完成。经过动作分析可得,左手终结动作是 G1,右手终结动作是 P0,均不需要注意力,具备双手同时动作条件。因此可改单手动作为双手同时动作,提高作业效率。

③ 减少动作的浪费。第 2 号动作中,由于取线采用了小臂动作,若将线取回直接插入套管,就省掉了"放置到相应位置"的操作。

(5) 改善后动作分析

经过一系列改善,工人的动作幅度明显缩小,动作合理性加强,效率提高了,操作者疲劳度也降低了,整个操作的 MOD 值也由原来的 34 减为 23,如表 9-25 所示。

表 9-25 改善后动作分析

序号	左手分析		右手分析		符号标记	MOD值
	动作叙述	MOD分析	动作叙述	MOD分析		
1	空闲	BD	伸手取线	M3G1	M3G1	4
2	辅助右手	(M1)	插入套管模板	M3P2	M3P2	5
3	空闲	BD	取吹烫机	M3G1	M3G1	4
4	空闲	BD	反复吹烫管	M3	M3	3
5	将线取下	M3G1	放回吹烫机	M4P0	M4P0	4
6	放到盒中	M3P0	空闲	BD	M3P0	3
			合计			23

9.4.3 应用模特法平整流水线

流水生产是在"分工"和"作业标准化"的原理上发展起来的,最早于1913年出现在福特汽车公司,最初用于汽车装配,使生产效率大大提高。流水生产的特点是:工艺过程是封闭的,专业化程度高,生产按照节拍进行,组成流水线的各工作地按工艺过程的顺序排列,生产对象在工序间作单向移动,工作地之间用传送装置连接。

流水线的最大产能不是取决于作业速度最快的工位,而恰恰取决于作业速度最慢的工位,最快与最慢工位的差距越大,产能损失就越大。流水线平整的目标是使分配到各个工位的作业所需时间大致相等。平整流水线具有如下意义:

(1) 提高作业人员及设备的工作效率;

(2) 减少单件产品的工时消耗,降低成本;

(3) 提高生产适应市场变化能力,实现柔性生产系统;

(4) 提高全员综合素质。

模特法作为作业测定中预定时间标准法的代表方法,在生产流水线的平整中得到广泛运用。

应用模特法平整流水线,是指运用模特分析法对生产流水线各工位进行记录,分析该流水线在任务分配、操作方法、工时定额、人员配置及标准产量制定等方面存在的问题,并在此基础上,运用ECRS(取消、合并、重排、简化)四大原则及动作经济原则进行改善,使各工序的作业时间尽可能相近或相等,实现生产流水线的平整,达到生产效率最大化。

例 9-3 用模特法分析、平整6206轴承装配流水线。6206轴承零部件有外圈、内圈、钢球、保持架及铆钉,其装配程序为:检测轴承外圈外径公差范围→检测轴承内圈内径公差范围→外圈、内圈与钢球的组装→检测径向游隙→保持架装铆钉→外圈、内圈及钢球组装件与保持架的组装→冲压→检查外观→清洗→检测振动→包装入库。试用模特法对第一道工序至冲压工序共7道工序进行分析、平整。

解 (1) 各工位操作说明

工位1:该工位检测轴承外圈外径公差范围,双手活动范围为350mm,作业前应准备轴承外圈周转箱、外圈放置工作台和外圈外径测量仪表。

工位2：该工位检测轴承内圈内径公差范围，双手活动范围为350mm。作业前准备好轴承内圈周转箱、内圈放置工作台和内圈内径测量仪表。

工位3：该工位进行外圈、内圈及钢球的组装，根据内外圈公差范围相配套，内圈放于外圈中，并堆集在工作台上，双手活动范围为350mm。作业前准备好内、外圈放置工作台，钢球储存箱和长150mm、直径为30mm的铜棒一根。

工位4：该工位检测径向游隙，双手活动范围为300mm。将内、外圈与钢球组装件放置在工作台上。

工位5：该工位为保持架装铆钉，双手活动范围为300mm。准备好保持架周转箱、保持架放置工作台和镊子。

工位6：该工位将内圈、外圈及钢球组装件与保持架组装。准备好内、外圈与钢球组装件周转箱，未装铆钉保持架周转箱，装配铆钉保持架周转箱，放置工作台和长150mm、直径为30mm的铜棒一根。

工位7：该工位完成冲压。准备好开式可倾压力机和冲压模具。

(2) 各工位动作分析

通过记录总装配流水线各工位的操作内容，运用模特法对各工位动作进行分析，如表9-26所示。

表9-26 总装配流水线各工位动作分析

序号	单元	左手分析		右手分析		符号标记	次数	MOD值
		动作叙述	MOD分析	动作叙述	MOD分析			
1	工位1和工位2：检测轴承外(内)圈外(内)径公差范围，检测过的外(内)圈由手推车运至第3工位							
	①	持住仪表	H	至储存处取外圈至身前，放于仪表上	M3G1 M3P2	M3G1M3P2	1	9
	②	持住仪表	H	目视仪表，判断公差范围	E2D3	E2D3	1	5
	③	持住仪表	H	右手指旋转外圈	M1G0	M1G0	1	1
	④	持住仪表	H	目视仪表，判断公差范围	E2D3	E2D3	1	5
	⑤	用右手取外(内)圈	M3G1	将外圈交给左手	M3G1 M3P0	M3G1M3P0	1	7
	⑥	将外圈放于储存处	M4P2			M4P2	1	6
2	工位3：外圈、内圈与钢球的组装，并将组装件由手推车运至第4工位							
	①	至内、外圈储存处取内、外圈并至身前	M3G1 M3P0	至钢球储存箱取铜球并至身前放入内、外圈中	M3G1 M3P2	M3G1M3P2	1	9
	②	手指移动内圈	M1G0	持铜棒拨动钢球使之分布于沟道中	M1P0	M1P0	3	3
	③	将装配件放于储存处	M1G1 M3P2	至铜球储存箱等待下一件工件	M3P0	M1G1M3P2	1	7

续表

序号	单元	左手分析 动作叙述	左手分析 MOD分析	右手分析 动作叙述	右手分析 MOD分析	符号标记	次数	MOD值
3	工位4：检测径向游隙,将检测过的组装件由手推车运至第6工位							
	①	至储存处取组装件,手指拨动外圈旋转	M4G1 M1P0			M4G1 M1P0	1	6
	②	将组装件交给右手	M3P0	用左手取工件并反复摇晃3次	M3G1 3MOD	M3G1+3MOD	1	7
	③			将组件放于储存处	M3P2W5	M3P2W5	1	10
4	工位5：保持架装铆钉,将装好的保持架用周转箱运至第6工位							
	①	至储存取待装铆钉保持架至身前	M3G1 M3P0	持住镊子	H	M3G1M3P0	1	7
	②	持住保持架并移动,保持架装订	M1G0	用镊子夹持铆钉至面前装钉	M2G3 M2P5	M2G3M2P5	左8、右9	108
	③	将保持架放于储存处	M3P2	持住镊子	H	M3P2	1	5
5	工位6：外圈、内圈及钢球组装件与保持架的组装,并由装配工手推至下工序放置处							
	①	至周转箱取保持架至身前并判断正反	M3G1 M3P2	同左手的动作	M3G1 M3P2	M3G1M3P2 M2P2	1	13
	②	至储存处取内、外圈与钢球组装件放于保持架上	M4G1 M4P2	同左手的动作	M4G1 M4P2	M4G1M4P2 M2P2	1	15
	③	持住组装件	H	持铜棒拨动钢球使之分布于保持架兜孔中	M1P0C4	M1P0C4	1	5
	④	同右	M3G1 M3P5	至储存处将装有铆钉的保持架与上单元组装件装配	M3G1 M3P5	M3G1M3P5 M2P5	1	19
	⑤	将该工位组装放于下工序放置处	M3P0	同左手的动作	M3P0	M3P0	1	3
6	工位7：冲压							
	①	将下模座放于组装件上,矫正位置并移到身前	M4G3R2 M4P0	持住上模座	H	M4G3R2M4P0	1	13
	②	持住下模座		将上模座与下模座装配	M3P5	M3P5	1	8
	③	将模具移到压力机处	M4P2	持住模具		M4P2	1	6
	④	离开冲压处将轴承滚入下工序	M4P0	离开冲压处移开上模座	M4P0	M4P0	1	4
				合计				314

(3) 装配线平整意见

① 工位 1 与工位 2

工位 1 和工位 2 中第 6 单元的左手动作是伸直手臂将外（内）圈，根据公差范围分类放于储存处，其 MOD 分析式为 M3P2。如果外圈运输及时，则装配工动作为 M3P0，并且可以与第 1 单元的右手动作同时进行，从而实现装配线上动作的连续性。

② 工位 4

第 1 单元的左手取组装件动作为 M4G1，如果组装件放在装配工小臂活动范围内，则动作分析式为 M3G1。

第 3 单元右手将组装件放于储存处时需步行，步行动作为 W5。如果工作台上的组装件运输及时，则不必步行，减少此动作。

因此，工位 4 模特数为 17，时间为 2.193s。

③ 工位 6

第 1 单元装配工操作比较熟练，可以双手操作，如果将内、外圈及钢球组装件储存在有斜度的储存箱内，组装件靠重力滑至装配工身前，则装配工动作为 M3G1。

第 2 单元模特分析式为 M4G1M4P2M2P2，如果组装件放在装配工小臂活动范围内，则动作为 M3G1M3P2M2P2，MOD 数为 13。

因此，工位 6 的 MOD 数为 53，时间为 6.837s。

④ 工位 7

如果第 6 工位装配件沿有斜度的轨道运至第 7 工位，则第 1 单元冲压工不必伸直手臂，动作为 M3G3R2M3P0，MOD 数为 11。

第 3、4 单元冲压工手臂移动动作可采取 M3。

因此，该工位的 MOD 数为 27，时间为 3.483s。

(4) 平整后各工位动作分析

根据平整意见，采用 MOD 分析法，分析各工位动作如表 9-27 所示。

表 9-27 总装配流水线平整后各工位动作分析

序号	单元	左手分析 动作叙述	MOD 分析	右手分析 动作叙述	MOD 分析	符号标记	次数	MOD 值
1		工位 1 和工位 2：检测轴承外（内）圈外（内）径公差范围，检测过的外（内）圈由手推车运至第 3 工位							
	①	将外圈放于储存处	M3P0	至储存处取外圈至身前	M3G1	M3G1	4	4
	②	持住仪表	H	放于仪表上	M3P2	M3P2	5	5
	③	持住仪表	H	目视仪表，判断公差范围	E2D3	E2D3	1	5
	④	持住仪表	H	右手指旋转外圈	M1G0	M1G0	1	1
	⑤	持住仪表	H	目视仪表，判断公差范围	E2D3	E2D3	1	5
	⑥	用右手取外（内）圈	M3G1	将外圈交给左手	M3G1 M3P0	M3G1 M3P0	1	7

续表

序号	单元	左手分析 动作叙述	左手分析 MOD分析	右手分析 动作叙述	右手分析 MOD分析	符号标记	次数	MOD值
2	\multicolumn{8}{c}{外圈、内圈与钢球的组装,并将组装件由手推车运至第4工位}
	①	至内、外圈储存处取内、外圈并至身前	M3G1 M3P0	至钢球储存箱取铜球并至身前放入内、外圈中	M3G1 M3P2	M3G1M3P2	1	9
	②	手指移动内圈	M1G0	持铜棒拨动钢球使之分布于沟道中	M1P0	M1P0	3	3
	③	将装配件放于储存处	M1G1 M3P2	至铜球储存箱等待下一件工件	M3P0	M1G1M3P2	1	7
3	\multicolumn{8}{c}{检测径向游隙,将检测过的组装件由手推车运至第6工位}
	①	至储存处取组装件,手指拨动外圈旋转	M3G1 M1P0			M3G1 M1P0	1	5
	②	将组装件交给右手	M3P0	用左手取工件并反复摇晃3次	M3G1 3MOD	M3G1 3MOD	1	7
	③			将组件放于储存处	M3P2	M3P2	1	5
4	\multicolumn{8}{c}{保持架装铆钉,将装好的保持架用周转箱运至第6工位}
	①	至储存处取待装铆钉保持架至身前	M3G1 M3P0	持住镊子	H	M3G1 M3P0	1	7
	②	持住保持架并移动,保持架装订	M1G0	用镊子夹持铆钉至面前装钉	M2G3 M2P5	M2G3 M2P5	左8、右9	108
	③	将保持架放于储存处	M3P2	持住镊子	H	M3P2	1	5
5	\multicolumn{8}{c}{外圈、内圈及钢球组装件与保持架的组装,并由装配工手推至下工序放置处}
	①	至周转箱取保持架至身前并判断正反	M3G1 M3P2	同左手的动作	M3G1 M3P2	M3G1 M3P2M2P2	1	13
	②	至储存处取内、外圈与钢球组装件放于保持架上	M3G1 M3P2	同左手的动作	M3G1 M3P2	M3G1 M3P2M2P2	1	13
	③	持住组装件	H	持铜棒拨动钢球使之分布于保持架兜孔中	M1P0C4	M1P0C4	1	5
	④	同右	M3G1 M3P5	至储存处将装有铆钉的保持架与上单元组装件装配	M3G1 M3P5	M3G1 M3P5M2P5	1	19
	⑤	将该工位组装件放于下工序放置处	M3P0	同左手的动作	M3P0	M3P0	1	3

续表

序号	单元	左手分析		右手分析		符号标记	次数	MOD值
		动作叙述	MOD分析	动作叙述	MOD分析			
6	冲压							
	①	将下模座放于组装件上，矫正位置并移到身前	M3G3 R2M4P0	持住上模座	H	M3G3 R2M3P0	1	11
	②	持住下模座	H	将上模座与下模座装配	M3P5	M3P5	1	8
	③	将模具移到压力机处	M3P2	持住模具	H	M3P2	1	5
	④	离开冲压处将轴承滚入下工序	M3P0	离开冲压处移开上模座	M3P0	M3P0	1	3
		合计						290

(5) 平整前后结果对比

通过应用模特法确定各工位的工作量，并按动作经济原则设计操作动作，该装配流水线平整后的均衡情况如表 9-28 所示。

表 9-28 平整前后结果对比

工位号	作业内容	定员	平整前		平整后	
			MOD数	时间/(s/人)	MOD数	时间/(s/人)
1	检测外圈外径公差范围	2	33	2.129	27	1.742
2	检测内圈内径公差范围	2	33	2.129	27	1.742
3	内、外圈及钢球组装	1	19	2.451	19	2.451
4	检测径向游隙	1	23	2.967	17	2.193
5	保持架装铆钉	8	120	1.935	120	1.935
6	内、外圈钢球组装件与保持架组装	3	55	2.365	53	2.279
7	冲压	1	31	3.999	27	3.483

由表 9-28 可知，该轴承装配线从第 1 工位至第 7 工位，在平整前平均节拍时间为 2.57s。平整后，该轴承装配线平均节拍时间为 2.26s，提高了装配线的生产率，同时使各工位的操作时间趋于平衡。

思考题

1. 什么是预定时间标准法？其有什么特点和用途？
2. 方法时间测量(MTM)的特点是什么？其动作的时间单位是什么？
3. 简述模特法的动作分类。动作时间值是多少？

4. 是否在任何情况下都能同时动作？同时动作的条件是什么？
5. 什么是时限动作？两手同时动作的时间值如何计算？
6. 两手都需要注意力时，时间值如何计算？
7. 模特法中需要注意力的动作有几个？不太需要注意力的动作有几个？
8. 简述模特法中需要特殊处理的情况。

第4篇

现场管理

现场管理

10.1 现场管理概述

现场是企业为顾客制造产品或提供服务的场所,是制造业的中心,是随着制造产品的需求而不断地扩大和改善的场地。例如制造业,开发部门设计产品,生产部门制造产品,销售部门将产品销售给顾客。企业的每一个部门都与顾客的需求有着密切的联系。从产品设计到生产及销售的整个过程都是现场。

现场,有广义和狭义两种概念。广义上,凡是企业用来从事生产经营的场所,是指企业为顾客设计、生产、销售产品和服务以及与顾客交流的地方,都称为现场。如厂区、车间、仓库、运输线路、办公室以及营销场所等。狭义上,现场一般指生产现场,就是从事产品生产、制造或提供服务的场所等。它既包括各基本生产车间的作业场所,又包括各辅助生产部门的作业场所,如库房、实验室、锅炉房等。狭义上的现场也就是一般大家默认的现场的概念。现场是个集合的概念,又可分为作业现场、设备现场、质量现场、试验现场、物流现场、运输现场和安全环境保护现场等。

现场管理就是指用科学的管理制度、标准和方法对生产现场各生产要素,包括人(工人和管理人员)、机(设备、工具、工位器具)、料(原材料)、法(加工、检测方法)、环(环境)、信(信息)等进行合理有效的计划、组织、协调、控制和检测,使其处于良好的结合状态,达到优质、高效、低耗、均衡、安全、文明生产的目的。

现场管理是生产第一线的综合管理,是生产管理的重要内容,也是生产系统合理布置的补充和深入。企业管理中的很多问题必然会在现场得到反映,各项专业管理工作也必须在现场贯彻落实。作为基层环节的现场管理,其首要任务是保证现场的各项生产活动能高效率地、有秩序地进行,实现预定的目标任务。

现场管理系统的优化是更高层次的现场管理,其实质是以现代管理思想为指导,运用现代科学管理方法、管理手段和管理组织,对生产现场的各种生产要素进行合理配置和有效控制,使其形成最佳组合,从而保证企业的生产活动高质量、高效率地运行。

10.1.1 现场管理的主要内容

现场管理是为满足顾客需求,有效运用资源,实现 Q(quality)、C(cost)、D(delivery)、P(production)、S(safety)和 M(morale)六大管理目标。生产现场管理包括从投入到产出,直接生产和辅助生产全过程、全方位的管理,可以概括为以下四个部分:工序要素管理、产品要素管理、物流管理和现场环境管理。

1. 工序要素管理

所谓工序是指一个工人或一组工人,在一个作业点(工作地)上,对一个或几个劳动对象连续进行生产活动。工序按其作用可划分为加工工序、检查工序、搬运工序、保管工序,其中加工工序是主体,它是使劳动对象发生变化的工序,其他是辅助工序。

工序是产品制造的基本单位。它本身就是一个投入产出的过程。因为产品是按照既定的工艺顺序的要求经过一系列的工序加工而形成的,它对产品和经济效益有着十分重大的影响。

劳动力、设备、原材料是生产的三要素,又称为工序的三要素。工序要素管理就是对工序使用的劳动力、设备、原材料或部件的管理。

2. 产品要素管理

产品要素管理就是对产品的品种、质量、数量、交货期、成本的管理,总的要求是保证工序按作业计划投入和产出产品。为保证工序按品种生产,必须做好生产技术准备工作,按时提供图纸和工装,并调整好设备。工人按规定的投入期、投入量、产出期、产出量以及工时定额、质量标准进行生产,保证完成计划任务。

3. 物流管理

物流管理是生产现场管理的重要组成部分。生产现场是产品的生产过程,也是物流过程。原材料进入现场转化为在制品,沿着工艺路线顺序流动,最后变成产品转入成品库。这个物流过程需要消耗人力、物力和财力,它对产品的生产周期、资金占用、经济效益有直接影响。

4. 现场环境管理

环境管理主要是指企业内部的生产现场和生活现场的环境管理。一个安全、文明、井然有序、美好舒适的环境,可以使职工心情舒畅、身体健康,从而有良好的情绪和精神状态投入生产,优质高效地生产出产品。

10.1.2 现场管理的特点

现场管理是企业生产管理的一个重要组成部分,具有以下特点。

1. 基础性

企业管理一般可分为三个阶段,即最高领导层的决策性管理、中间管理层的执行性管理和初级管理层的控制性现场管理。最高管理层主要负责企业的整体战略决策;中间管理层主要是对各种职能管理作出决策;而初级管理层现场管理属于底层管理,是企业管理的基础。基础扎实,现场管理水平高,可以加强企业对外部环境的承受能力和应变能力,可以使企业的生产经营目标以及各项计划、指令和各项专业管理要求顺利地在底层得到贯彻与落实。如果"以包代管",以为只要实行内部承包就可以放松现场管理,那样就会出现效益下降、浪费严重、管理混乱等不良后果。优化现场管理需要以管理的基础工作为依据,离不开标准、定额、计量、信息、原始记录。规章制度、基础教育、基础工作健全与否,直接影响现场管理的水平。通过加强现场管理又可以进一步健全基础工作。所以,加强现场管理与加强管理基础工作,两者是一致的,不是对立的。

2. 系统性

现场管理是从属于企业管理这个大系统中的一个子系统。过去抓现场管理没有把生产现场作为一个系统进行综合治理、整体优化,往往只抓某一个方面的工作改进,忽视了各项工作之间的配套改革;比较重视生产现场的各项专业管理,但忽视了它们在生产管理中的协调与配合,所以收效不大。现场管理作为一个系统,具有整体性、相关性、目的性和环境适应性。这个系统的外部环境就是整个企业,企业生产经营的目标、方针、决策和措施都直接影响生产现场管理。这个系统输入的是人、机、料、法、环、资、能、信等生产要素,通过生产现场有机的转换过程,输出各种合格的产品、半成品或劳务。同时,反馈转换过程中的各种信息,以及促进各方面工作的改善。生产现场管理系统的性质是开放的、有序的、动态的和可控的。系统性这个特点要求生产现场必须实行统一指挥,不允许各部门、各环节、各工序各行其是。各项专业管理虽自成系统,但在生产现场也必须协调配合,服从现场整体优化的要求。

3. 群众性

现场管理的核心是人。人与人、人与物的组合是现场生产要素最基本的组合,不能见物不见人。现场的一切生产活动、各项管理工作都要由现场的人去掌握、去操作、去完成,优化现场管理仅依靠少数专业管理人员是不够的,必须依靠现场所有职工的积极性和创造性,发动广大员工参与管理。在进行现场管理系统优化时,要特别注重发挥全体职工的积极性和创造性,发挥团体的力量做好现场管理工作。

4. 开放性

现场管理是一个开放系统,在系统内部以及与外部环境之间经常需要进行物质和信息的交换以及信息反馈,以保证生产有秩序地不断进行。各类信息的收集、传递和分析利用要做到及时、准确、齐全,尽量让现场人员能看得见、摸得着,做到人人心中有数。例如,需要大家共同完成的任务(如产量、质量控制,班组核算等),可将计划指标和指标完成情况,画出图表,定期公布于众,让现场人员都知道自己应该干什么和干得怎么样。与现场生产密切相关的规章制度(如安全守则、操作规程、岗位责任制等)应公布在现场醒目处,便于现场人员共同遵守执行。现场区域划分、物品摆放位置、危险处所等应该有明显标志。各生产环节之间、各道工序之间的联络,可根据现场工作的实际需要,建立必要的信息传导装置。例如,生产线上某个工位出了故障,流水线就会自动停下来,前方的信号灯就会显示是第几号工位出了问题。

5. 动态性

现场各种生产要素的组合,是在投入与产出转换的运动过程中实现的。优化现场管理是由低级到高级不断发展、不断提高的动态过程。在一定条件下,现场生产要素的优化组合,具有相对的稳定性。生产技术条件稳定,有利于生产现场提高质量和经济效益。但是由于市场环境的变化,企业产品结构的调整,以及新产品、新工艺、新技术的采用,原有的生产要素组合和生产技术条件就不能适应了,必须进行相应的变革。现场管理应根据变化了的情况,对生产要素进行必要的调整和合理配置,提高生产现场对环境变化的适应能力,从而增强企业的竞争能力。所以,稳定是相对的、有条件的,变化是绝对的。"求稳怕变"或"只变不定"都不符合现场动态管理的要求。

10.1.3 现场管理的原则

1. 经济效益原则

现场管理要克服只抓产量、产值而不计成本,只讲进度和速度而不讲效率和效益的单纯生产观点,树立以提高经济效益为中心的指导思想。

2. 科学性原则

现场的各项管理工作都要按科学规律办事,实施科学管理。现场管理的思想、制度、方法和手段都要从小生产方式的管理上升为科学管理,以符合现代大生产的客观要求。未来现场管理的发展趋势是自动化、信息化。既不能安于现状、自甘落后,又不能操之过急、搞形式主义,而是要实事求是地坚持按科学性原则办事。

3. 弹性原则

现场管理必须适应市场需求和满足用户的要求,具体体现在增加产品种类、提高产品质量、降低成本、按期交货等方面。这是企业在激烈的市场竞争中为求得生存和发展所必须遵守的原则。

4. 标准化原则

标准化管理是现代化大生产的要求。现代化大生产是由许多人共同进行的协作劳动,采用了复杂的技术装备和工艺流程,有的甚至是在高速、高温或高压条件下操作。标准化管理原则是为了协调地进行这些复杂的生产活动而必须遵守的原则。劳动者必须服从生产中的统一领导,严格按照规定的作业流程、技术方法、质量标准和规章制度办事,克服主观随意性。

在现场管理实践活动中涌现出的5S管理、目视管理、定置管理、异常管理与防错法、工作地布置、标准化管理、精益生产、六西格玛等许多行之有效的现场管理方法和技术,正为企业创造着可观的经济效益。

10.2 5S管理

10.2.1 5S管理概述

1. 5S的含义

5S管理是一种起源于日本的科学管理方法,它通过开展整理(SEIRI)、整顿(SEITON)、清扫(SEISO)、清洁(SEIKETSU)和素养(SHITSUKE)为内容的活动,对生产现场中的人员、机器和材料等生产要素进行有效管理,改善生产环境。因为上述5个活动的日文的罗马拼音均以S开头而简称5S。5S是日本工业大发展时期的产物。

表10-1 5S的含义

中文	日文	英文	典型例子
整理	SEIRI	organization	定期处置不用的物品
整顿	SEITON	neatness	30秒内就可找到所需物品
清扫	SEISO	cleaning	自己的区域自己负责清扫
清洁	SEIKETSU	erasure	环境随时保持整洁
素养	SHITSUKE	discipline and training	严守规定、团队精神、文明礼仪

20世纪50年代,日本企业界的管理人员提出了一句宣传口号:"安全始于整理、整顿,终于整理、整顿"。当时只推行了2S,其目的是为了确保作业空间和安全。后因生产和质量控制的需要,而又逐步提出了清扫、清洁和素养等3S。5S这一旨在改善企业工作环境与精神风貌、提升企业的整体素质的管理活动,为其他管理活动奠定了良好的基础,其全面推广为日本的经济振兴和腾飞起了决定性的作用。

2. 5S的作用

5S在塑造企业形象、降低成本、准时交货、安全生产、高度标准化、创造令人舒适的工作场所、改善现场等方面发挥了巨大作用。其作用概括为以下几个方面:

(1) 提高企业核心竞争力。服务的好坏是赢得客源的重要手段,通过5S可以大大地提高员工的敬业精神、工作乐趣和行政效率,使员工更乐于为客人提供优质的服务,提高顾客的满意度,从而提升企业核心竞争力。

(2) 提高工作效率。一个贯彻5S管理的企业,就会有一个好的工作环境、工作气氛和有素养的工作伙伴。物品摆放有序,避免不必要的等待和查找,可提高工作效率。5S还能及时地发现异常,减少问题的发生,保证准时交货。

(3) 保证产品质量。企业要在激励的市场竞争中立于不败之地,必须制造出高质量的产品。可以设想,员工不可能在一个脏、乱、差的企业中建立起ISO 9000等这样的先进质量管理体系,更不可能制造出优质产品。实施5S管理,使员工形成按章办事的风气,工作现场干净整洁,物品放置合理,作业设备故障少、精度受损少、使用寿命长,产品品质提高,产品质量有保障。

(4) 减少浪费、降低成本。5S使资源得到合理配置和使用,避免不均衡,能大幅度地提高效率,增加设备的使用寿命,减少维修费用和各种浪费,从而达到产品成本的最小化。5S主要减少物资浪费、减少场所浪费、减少时间浪费和减少人力资源浪费。

(5) 保障安全。实行5S管理,使得通道畅通无阻,各种标识清楚显眼,场所宽敞明亮,物品堆放整齐,危险处一目了然,人身安全有保障。相反,不实行5S管理的企业,由于器材、物料乱放,无安全措施,事故也就较多。

(6) 增强企业凝聚力,提升企业文化。5S管理的最终目的是"素养",5S不仅仅是追求"直观效果",它还在于能理顺人的思路,改变行为准则,养成良好的习惯。5S管理强调团队精神,要求所有员工秩序化、规范化,充分发挥个人的聪明才智,提升人的素质,有利于形成良好的企业文化。

10.2.2 5S管理的内容

1. 整理(SEIRI)

整理是对工作场所的物品进行分类处理,区别必需品和非必需品。对于现场不需要的物品,如生产过程中产生的一些边角废料、用剩的材料、报废品、工人个人生活用品等坚决清除出生产现场。将与工作无关的物品清出工作场所,只留下必要的东西。

整理的目的:
(1) 腾出空间,改善和增加作业面积;
(2) 现场无杂物,人行道通畅,提高工作效率;
(3) 防止误用、误送;
(4) 塑造清爽的工作场所。

在觉得场地不够时,不要先考虑增加场所,整理一下现有的场地,你会发现竟然还很宽绰!这项工作是5S管理的基础,也是提高效率的第一步,这一步做得好与否,直接影响5S管理的成效。

整理的作用:
(1) 消除资源的浪费,有利于减少库存,节约资金;
(2) 消除管理上的混放、混料等差错事故,有效地防止误用、误送;
(3) 有效地利用空间,可以使现场无杂物,通道顺畅,增大作业空间面积;
(4) 对物料、物品进行分类,有序地放置,减少找寻时间,提高工作效率;
(5) 减少碰撞,保障生产安全,提高产品质量;
(6) 有序的工作场所更便于管理,大大降低管理难度;
(7) 使员工心情舒畅,工作热情高涨。

整理的实施要点:
全面检查工作场所,对生产现场中摆放和停置的物品进行分类,然后按照判断基准区分出物品的使用等级。整理的关键在于制定合理的判断标准。
(1) "要与不要"的判断标准。应当明确要与不要的标准,可以通过目视管理进行有效的标识,这样能找出差距,有利于改正。表10-2为物品要与不要的判断标准。

表 10-2 物品要与不要的判断标准

No.	要(允许放置)	不要(不允许放置)
1	生产用备件等	报废的零件、破损的刀具、夹具等
2	周转用的托盘、桶、袋等	更改后的部门标牌等
3	办公用品、文具	不再使用的配线、配管等
4	消防及安全用品	过期的标语、台历等
5	……	……

(2) 物品存放场所的处置标准。明确在何处"要与不要",如,不太常用的东西,放到较远的地方;偶尔使用的东西,安排专人保管;经常使用的物品,放在身旁附近;拿来拿去十分费时的物品,只留下必要的数量等。表10-3为物品保管场所确定表。
(3) 废弃处理的标准。通常由一个统一的部门来处理不要物。

表 10-3 物品保管场所确定表

No.	项目名词	使用频率	处理方法	建议场所
1	不用	全年一次也未使用	废弃	待处理区
2	少用	平均2个月~1年用1次	分类管理	集中场所(工具室、仓库)
3	普通	1~2个月用1次以上	置于车间内	各摆放区
4	常用	1周使用数次	工作区内	如机器、工作台旁
		1日使用数次	随手可得	流水线旁
		每小时都使用		个人工具箱

2. 整顿(SEITON)

整顿是指对工作场所进行合理规划，把必要的物品按整齐、美观、实用的原则，分门别类定位放置，摆放整齐，使用时随时能找到，减少寻找的时间，有异常(如丢失、损坏)能马上发现，同时保持通道畅通。

整顿是提高效率的基础。整顿的目的是为了减少无效的劳动，减少无用的库存物资，节约物品取放的时间，构建整齐、一目了然的工作环境，以提高工作效率。其核心是每个人都参加整顿，在整顿过程中制定各种管理规范，人人遵守，贵在坚持。整顿的宗旨是以最少的时间和精力，达到最高的效率、最高的工作质量和最安全的工作环境。

整顿的三要素是场所、方法和标识。判断整顿三要素是否合理的依据在于是否能够形成物品容易放回原地的状态。当寻找某一件物品时，能够通过定位、标识迅速找到，并且很方便将物品归位。

整顿的实施要点如下：
(1) 前一步的整理工作要落实到位；
(2) 整顿要做到任何人，特别是新员工或现场外其他员工都能立即取出所需要的东西；
(3) 对于放置处与被放置物，要易取易归位，如果没有归位或误放应能马上知道，要在放置场所(如划线定位)、放置方法和标识方法上下工夫；
(4) 贯彻整顿的"三定"原则，即定点(规定合适的位置)、定容(规定合适的容器、颜色)、定量(规定合适的数量)。

3. 清扫(SEISO)

现场的油垢、废物可能降低生产效率，使生产的产品不合格，甚至引发意外事故。清扫是将岗位变得无垃圾、无灰尘，干净整洁；设备保养得锃亮完好；创造一个一尘不染的环境。如果到处都干净整洁，则会使客户感动，员工心情舒畅；在整洁明亮的环境里，任何异常——包括一颗螺丝掉在地上可马上发现。设备异常在保养中就能发现和得到解决，不会在使用中罢工。

清扫时不要单靠清洁工来完成，而是每个人都要把自己的东西清扫干净。清扫的目的是培养全员讲卫生的习惯,减少脏污对产品质量的影响,减少意外事故的发生,保护生产设备,使员工在干净、整洁的作业场所心情愉快地工作。

清扫的实施要点如下:

(1) 寻找污染源,予以杜绝或隔离。因为最有效的清扫就是杜绝污染源。

(2) 制订清扫计划。明确由谁来打扫、何时清扫、清扫哪里、怎样清扫、用什么工具清扫、要清扫到什么样的程度等一系列的程序和规则。

(3) 建立清扫标准和规范。探讨作业场地的最佳清扫方法,了解过去清扫时出现的问题,明确清扫后要达到的目标。

(4) 清扫不良状态。发现的不良状态要及时修复。

4. 清洁(SEIKETSU)

清洁是将整理、整顿、清扫这前3S进行到底,并且制度化;管理公开化、透明化。要成为一种制度和习惯,必须充分利用创意改善和全面标准化,从而获得坚持和制度化的条件,以提高工作效率,养成一种制度和习惯,实施了就不能半途而废,否则又会回到原来的混乱状态。清洁要做到"三不",即不制造脏乱、不扩散脏乱、不恢复脏乱。清洁的目的就是维持前面3S的成果。

清洁的基本要求和方法如下:

(1) 明确清洁的目标。整理、整顿、清扫的最终结果是形成清洁的作业环境。动员全体员工参加是非常重要的,所有人要清楚应该干什么,在此基础上将大家都认可的各项工作和应保持的状态汇集成文,形成专门的手册。

(2) 确定清洁的状态标准。清洁的状态标准包含三个要素,即干净、高效和安全。只有制定了清洁状态标准,进行清洁检查时才能有据可依。

(3) 充分利用色彩的变化。厂房、车间、设备、工作服等都采用明亮的色彩,一旦产生污渍,就很明显,容易被发现。同时,员工的工作环境会变得生动活泼,员工在工作时心情舒畅。

(4) 定期检查并制度化。要保持作业现场的干净整洁、作业的高效率,为此,不仅在日常工作中要进行检查,还要定期地进行检查。企业要根据自身的实际情况制定相应的清洁检查表,检查的内容包括:场所的清洁度;现场的图表和指示牌设置位置是否合适,提示的内容是否合适,安置的位置和方法是否有利于现场高效率运作;现场的物品数量是否合适,有没有不需要的物品。

5. 素养(SHITSUKE)

素养是指努力提高员工的素质,培养现场作业人员严格遵守规章制度的习惯和作风。素养是5S的核心。没有人员素养的提高,各项活动就不能顺利开展,即使开展了也坚持不了。所以,素养是保证前4S持续、自觉、有序、有效开展的前提,是使5S管理顺利开展并坚持下去的关键。5S之间的关系如图10-1所示。

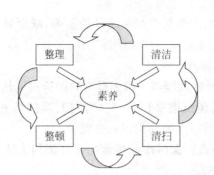

图 10-1　5S 之间的关系

整理、整顿、清扫、清洁的对象是场地、物品。而素养的对象则是人,人是企业最重要的资源,企业对人的问题处理得好,企业就能兴旺发达。

1) 培养和提高素养的意义

(1) 塑造良好的企业形象,形成和谐的工作环境,提升员工的工作热情和敬业精神,为其他管理活动的顺利开展打下基础;

(2) 减少员工作业出错,提升产品品质,提高产品质量;

(3) 延长设备的使用寿命,减少设备维护费用;

(4) 创造安全和舒适的工作环境;

(5) 提高员工士气,降低消耗,减少浪费,提高工作效率。

要培养和提高素养,一要经常进行整理、整顿、清扫,以保持清洁的状态;二要自觉养成良好的习惯,遵守工厂的规则和礼仪规定,进而延伸到仪表美、行为美等。

2) 素养的推行要点

(1) 制定规章制度。学习、理解并遵守规章制度,使其成为每个人应具备的一种修养;领导者的热情帮助与被领导者的努力自律是非常重要的,一旦企业员工都能主动、自觉地遵守制度,沟通畅通,员工士气高涨,企业将会进入一个高速发展的时期。

(2) 加强教育和培训。素养强调的是持续保持良好的习惯。素养的形成要经过长期不断地对员工进行教育和培训,要求员工按照规章制度办事,使遵循各种规章制度成为习惯,并通过教育和培训打造一支自主改善型员工队伍。

(3) 推动企业文化建设。在 5S 的推行过程中,一些良好的习惯经过积累和酝酿便会成为企业的文化,推动了企业文化的发展和进步,形成一个良好的氛围,将使企业内外环境得到优化,为企业快速发展提供动力和保证。

5S 管理是最基本的、最有效的现场管理方法。没有开展 5S 的企业,即使是拥有世界先进的设备和高新技术,也是不会有高效益的。5S 管理不仅能够改善生产环境,还能提高生产效率、产品品质、员工士气。5S 管理是其他管理活动有效展开的基石之一。表 10-4 为 5S 规范示例。

表 10-4　5S 规范示例

5S	规　范
清理	把永远不可能用到的物品清理掉
	把长期不用,但有潜在可用性的物品在指定地方放置
	把经常使用的物品放在容易取到的地方
整理	应有仓库、场地布置总体规划,并画出规划图
	物料、物品放置应有总体规划
	区域划分应有标识
	物料架应有标识
	不同物料应有适当的标识来区分
	物料放置应整齐、美观
	通道要空出、不杂乱
	应有车间场地布置总体规划,并画出规划图
	不同的生产线、工序应设牌标识
	工位摆放应整齐
	设备摆放应整齐
	工人工作台面应整齐
	文件、记录等物品放置应有规划
	物品放置应整齐、美观
	必要时应做一定标识
	档案柜应整齐,并有必要的标识
	抽屉应整齐,不杂乱
	员工应有员工卡
	要设置文件布告栏
清洁	地面要清洁
	墙面要清洁
	物料架要清洁
	物料无积尘
	通风要好,保持干燥清爽的环境
	工人工作台面要清洁
	设备要清洁
	光线要充足
	办公桌面要清洁
	档案柜要清洁
	抽屉要清洁
	文件、记录不肮脏破烂
维持	坚持上班"5S"一分钟,下班"5S"一分钟
	定期有检查
	对不符合的情况及时纠正

5S	规 范
素养	语言有礼貌
	举止讲文明
	着装要整洁
	工作主动、热情
	有强烈的时间观念(按时完成任务、开会不迟到等)

在开展5S管理时,要贯彻自我管理的原则。要创造良好的工作环境,要由现场的当事人自己动手创建一个整齐、清洁、方便、安全的工作环境,使他们在改造客观世界的同时,也努力改造自己的主观世界。

10.2.3 5S管理的延伸——6S

如在5S的基础上,增加安全S(safety),形成6S;增加服务S(service),形成7S;也有的企业增加习惯性S(shiukanka)、节约S(save)和坚持S(shikoku),形成10S。

安全只停留在强调安全意识还不够,必须建立安全管理体系和安全规则。所谓安全,就是通过制度和具体措施来提升安全管理水平,防止灾害的发生。

1. 安全管理的目的

(1) 保障员工的安全;
(2) 保证生产系统的正常运行;
(3) 建立系统的安全管理体制;
(4) 减少经济损失;
(5) 让员工放心地投入工作。

2. 安全管理的实施要点

(1) 识别安全隐患。安全隐患的识别是一项十分细致和非常专业的工作。一方面要找出所有的作业潜在的安全隐患;另一方面还要对设备、现场等进行详细的排查和分析,找出安全隐患。

(2) 安全标识。安全标识是用以表达特定安全信息的标志,由图形符号、安全色、几何形状(边框)或文字构成。通过安全标识指明及定义"危险",如无安全标识,则可能导致工作人员身体伤害,甚至危及生命安全。安全标识有警告标识、指示标识、禁止标识和提示标识四大类。安全标志牌应设在醒目的地方,员工看到后有足够时间来注意它所表示的内容。使用安全标志的目的是提醒人们注意不安全因素,防止事故的发生,起到安全保障的作用。安全标识只能警示,它不能取代预防事故发生的相应设施。

（3）定期制订消除隐患的改善计划。在安全管理中，警告、指令、禁止、提示等标识并不能解决所有的安全隐患，对于难以用安全标识或安全标识效果不佳的安全隐患，企业管理层还必须定期制订出消除隐患的改善计划。

（4）员工的劳动保护。劳动保护的目的是为劳动者创造安全、卫生、舒适的劳动工作条件，消除和预防劳动生产过程中可能发生的伤亡、职业病和急性职业中毒，保障劳动者以健康的劳动力参加社会生产，促进劳动生产率的提高，保证生产的顺利进行。企业有义务为员工配备必要的个人防护用品，进行劳动保护培训，使员工了解防护用品的性能特点，并能正确使用；让员工了解劳动保护的一般常识，如了解安全颜色、对比色、安全标识等知识。安全颜色通常为红、黄、蓝和绿等四种颜色。红色表示禁止、停止，一般用于禁止标志；黄色表示警告和注意；蓝色表示必须遵守指令；绿色表示安全，可以通行。

（5）建立安全巡视制度，设立安全巡视员。建立以无不安全的设备、无不安全的操作、无不安全的场所为目标的安全巡视制度，培训安全巡视员，不定期对现场进行巡视，通过采用发卡（红卡、黄卡、白卡）的方式将发现的安全隐患揭示出来，并限期整改。其中，红色卡片表示可能存在重大安全隐患，24小时内必须整改；黄色卡片表示可能存在一般伤害事故的安全隐患，48小时内必须整改；白色卡片表示可能存在造成轻微损失的安全隐患，一周内必须整改。

10.2.4　开展5S活动的常用工具

在5S管理中，员工通过对5S的学习，其目的不仅仅是让他们将东西摆好、设备擦干净，最主要的是通过细微单调的动作，潜移默化，使他们养成良好的习惯，进而能依照规定的各种规章制度，按照标准化作业规程来行动，变成一个有高尚情操、有道德修养的优秀员工，整个企业的环境面貌也随之改观。开展5S活动的常用工具包括以下几类。

1．"五现法"

该法由日本企业提出，是把握状况及解决问题的五种方式，即现场、现物、现实、原理和原则。因这5个词的日语开头发音为"GEN"，类似于中文发音的"现"，故称为"五现法"。其中，现场是指事物发生的场所；现物指变化的或有问题的实物；现实指发生问题的环境、背景和要素；原理指解决问题的理论和方法；原则指随时代不断进步和发展的科学技术。

"五现法"是亲临现场，察看现物，把握现实，找出问题的真正根源，从而根据原理、原则去解决问题的一种手段和方法。

2．看板管理法

看板管理法是将生产过程中的有关数据和信息采取看板的形式及时公布，以便节省时间,减少因信息不对称所造成的行动迟缓或决策失误。

现场看板既可提示作业人员根据看板信息进行作业,对现场物料、产品进行科学、合理地处理,也可使生产现场作业有条不紊地进行。任何人都可从看板中及时了解现场的生产信息,并从中掌握自己的作业任务,从而避免信息传递中的遗漏。通过看板,生产现场管理人员可以直接掌握生产进度、质量等现状,为其进行管控决策提供依据。表10-5为某产品日生产计划控制看板示例。

表10-5 某产品日生产计划控制看板

时间	产品型号	计划产量	实际产量	备注
08:00—10:00	NCSK-Y20	100	105	
10:00—12:00	NCSK-Y20	100	95	生产线小停机
13:30—15:30	NCSK-Y20	100	103	
15:30—17:30	NCSK-Y20	100	89	没有螺栓(15分钟)

3. 红牌

红牌(图10-2)指用红色标牌,将企业内部急需整理、整顿的地方和急需改善的问题标示出来,并张贴或悬挂在醒目的位置。红牌使存在的问题一目了然,提高每个员工的自觉性和改进意识,以达到整理、整顿的目的。5S管理从整理、整顿入手,但在面对物料、工具、设备等众多项目时,千头万绪不知从何下手。如运用红牌,能使整理、整顿工作顺利进行。

红牌的延伸——三牌,即绿牌、黄牌、红牌同时使用。在工作中业绩突出者,给予绿牌奖励;对于不按时完成工作,又不在规定时间内及时反馈并说明缘故的,给予黄牌警告;对于黄牌警告后,仍然不能完成工作者,给予红牌处罚。将奖励、警告和处罚的内容在绿牌、黄牌、红牌中列明,纳入绩效考核。

图10-2 红牌

4. 定点拍照

定点拍照是指对同一地点,面对同一方向,对问题点改善前后的状态进行拍照,以便对比改善前后的状态。定点拍照能激起员工较佳的改善意愿,其目的是把现场不合理的现象,包括作业、设备、流程与工作方法等予以定点拍照,并进行连续性改善的一种手法。定点拍照时,照片上应打上日期,拍照的方向、设置要一致,每次拍照时站在同一位置。

5．查核表

5S 查核表如表 10-6 所示。在 5S 的推行过程中，按照查核表中的要求，定期检查 5S 的推行状况，发现问题后，要不断加以改善。

表 10-6　5S 查核表

项次	检查项目	检查内容	检查状况
1	整理	1. 不必要的物品是否全部及时清离现场	
		2. 作业指导书是否放置在适当的位置	
		3. 通道是否畅通	
		4. 工具、器具是否摆放整齐、规范	
		5. 现场物品是否摆放整齐、规范	
		6. 料架上的物品是否摆放整齐、规范	
		7. 现场是否有未及时归还的夹具、刀具、量具等	
2	整顿	1. 机器设备是否干净、整洁，状态是否最佳	
		2. 仓库是否按货物分类进行区域管理	
		3. 仓库货物是否进行分类目视管理	
		4. 特殊材料是否按相关规定处理	
		5. 成品、半成品、废品是否分别放置，并有区分及标志	
		6. 图样、作业指导书是否有目录、有次序，是否整齐，并能很快找到	
3	清扫	1. 作业场所、通道是否清扫干净	
		2. 工作台面是否擦拭干净	
		3. 作业中是否有零配件、边角废料等掉落地面	
		4. 工作结束后是否及时进行清扫	
		5. 设备、工具、量具等是否有油污、灰尘、生锈等	
		6. 作业现场是否悬挂不必要的东西	
4	清洁	1. 整理、整顿、清扫是否规范化	
		2. 现场是否恰当设置垃圾桶	
		3. 现场标语、提示牌等是否清洁、整齐	
		4. 现场对吸烟场所有无规定	
		5. 通道、作业区等地面是否规划线清楚、清晰，地面有无清扫	
		6. 工作场所环境是否随时保持清洁干净	
5	素养	1. 是否遵守劳动纪律	
		2. 是否有时间观念，开会有无迟到	
		3. 公司规章制度是否能遵守	
		4. 员工是否按规定穿着	
		5. 是否有改善提案及实施计划	
		6. 工作时间是否吃零食	
		7. 是否在规定时间、地点吸烟	

6. 推移图

推移图也叫时间序列图,是以时间轴为横轴,变量为纵轴的一种图。在5S活动中,将各部门在5S活动中的业绩作为纵坐标,时间作为横坐标,形成一个二维的5S活动状态变化历程与趋势图。5S得分推移图如图10-3所示。

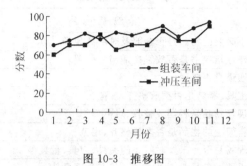

图 10-3 推移图

将各部门每月的业绩作成推移图,从中可以看出各部门业绩变化的历程和趋势,找出不足,不断改善;同时,通过比较不同部门的业绩,奖励先进,鞭策落后,营造出一种竞争的氛围。

7. POKA-YOKE 法

POKA-YOKE法又称防呆法,是由丰田汽车公司的工程师新江滋生(SHIGEO SHINGO)通过长期研究,建立的一套新的防错模式。其基本原理是:用一套设备或方法使作业者在作业时直接可以明显发现缺陷或使操作失误后不产生缺陷。作业人员通过POKA-YOKE完成自我检查,失误会变得明白易见,同时,POKA-YOKE也保证了必须满足其设定条件,操作才可完成。

防呆法的应用原则为:
(1) 使作业的动作轻松;
(2) 使作业不要技能与直觉;
(3) 使作业不会有危险;
(4) 使作业不依赖感官。

10.2.5　5S活动推行步骤

5S活动是企业全员的一致行动,开展5S活动应遵循循序渐进、制定规章、督导检查、持之以恒、以人为本的原则。5S活动的推进从以下几个方面着手。

1. 导入培训与宣传造势

推进 5S 管理,不仅仅是管理技术上的革新,更重要的是管理观念上的更新,企业高层领导的重视是成功导入一项新的管理方法的关键。应对高层领导、中层管理人员、班组长、一般员工等进行不同层次的导入培训,使其坚定信念,激发各级人员的参与热情,为 5S 活动的顺利进行打下坚实的基础。

企业可以适时召开全体员工誓师大会,企业最高管理者亲临现场做动员报告,阐述 5S 管理的重要性和企业的重视程度,向全体员工表达企业推行 5S 管理的决心,号召全体员工积极参与到 5S 活动中来,正式启动 5S 管理项目。

2. 建立推进组织

5S 活动能否有效实施关键在于能否建立一个强有力的推进组织。5S 活动推进组织主要由 5S 管理委员会主任、副主任、5S 活动办公室和委员组成。5S 活动推行委员会组织结构如图 10-4 所示。

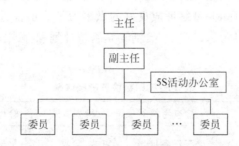

图 10-4　5S 活动推进委员会组织结构图

推进委员会由企业的高层管理人员组成,主要负责 5S 活动方针、目标的制定,策划年度 5S 活动大会的如期召开,以及对 5S 活动办公室制定的事项进行审议和批准。

3. 活动的策划

1) 制定方针和目标

5S 活动办公室结合企业的经营方针、目标及企业的现场管理现状,制定 5S 活动方针和目标,为 5S 活动指明方向。

2) 推进计划的制订

制订详细的 5S 活动实施内容和工作推进计划。推进计划分为企业和部门两级,企业级推进计划由 5S 活动管理办公室组织制订,用以指导企业的 5S 活动的开展;各部门的推进计划由各部门根据企业的 5S 活动推进计划制订,用于指导本部门的 5S 活动的实施。5S 活动是一项长期持续的过程,因此推进计划应分阶段制定,一般以 3~5 个月为一个阶段。

4. 活动的实施

5S活动按照推进进度计划、方案实施,让员工了解5S活动实施的进程、预期达到的目标。在5S活动实施的过程中会遇到各种各样的问题,往往会拖延活动的实施。这时可以指定一个或数个有条件的部门为示范区,在示范区内推行5S活动,有以下几方面的作用:

(1) 改变员工观望、怀疑的态度;
(2) 鼓励先进部门,鞭策落后部门;
(3) 激发员工参与5S活动的热情。

开展示范区为企业全面开展5S活动创造条件,积累经验,在示范区取得成果之后,要不失时机地在企业内全面推广。

5. 检查、评比和奖惩

在5S活动推进过程中,必须进行监督和定期诊断检查,必须建立严格的检查和考核制度,对发现的问题及时进行纠正,这样才能将5S活动落到实处。通过不断监督,使5S在每位员工心中打下深刻的烙印,并最终形成良好的做事习惯。由推进办公室制定企业、工厂、班组和员工四级检查考核体系,以确认5S活动是否按计划和标准实施。四级检查考核体系如表10-7所示。

表10-7 四级检查考核体系

级别	检查部门	检查考核对象	检查方式	检查频率	检查内容
企业级	5S管理推行委员会	工厂各区域	审核、验收	每季度	制度和标准的执行情况,现场检查
工厂级	厂级5S管理推进小组	班组各区域	审核、验收	每月两次	制度和标准的执行情况,现场检查
班组级	班组长	一线员工	现场检点	每天一次	现场检查
员工级	一线员工	一线员工	现场自检、互查	日常工作	现场检查

对检查后的工作进行评比,每个进度进行一次汇总统计,使用统一的评分标准表、评分记录表,评比成绩张榜公布,奖优罚劣。

6. 活动的不断深化

只有持续地推行才能真正发挥5S的效力。5S是一项长期的活动,当5S活动推进到一个新的阶段后,如要维持和进一步深化与突破,就需要通过一定的方法使其保持活力。开展5S活动征文等有意义的活动,使员工保持新鲜感和成就感,激发员工对5S活动的持续改善的热情。在5S活动到一定阶段时,在适当的时机召开成果发布会,邀请企业管理层和当地媒体参加,会后利用电视、广播和刊物等各种手段进行宣传,激起员工的热情和兴趣,积极营造推进氛围。

10.2.6 5S 应用案例

1. 5S 管理实施前的现场状况

某企业在实施 5S 管理之前,生产现场环境较差,员工随心所欲地摆放工具及私人物品,如图 10-5 所示。员工在工作中随意散漫,品质意识差,缺乏责任心。企业领导下决心改变现状,成立了由企业一把手为主任的 5S 推行领导小组,制订了实施 5S 管理的目标和计划,5S 管理推进按部就班地进行。

图 10-5　5S 管理实施前的生产现场

2. 5S 管理实施后的现场状况

在实施 5S 管理过程中,运用定位、定标、定量等手段,把生产现场的空间充分利用起来,并根据物品的形状和特点,对物品进行标识和定位。5 个月之后,杂乱无章的现场变得规范、整洁、有序。整个现场井井有条,工人能够迅速地找到所需要的任何工具。实施前后生产车间零件架对比如图 10-6 所示。

实施前　　　　　　　　　　　实施后

图 10-6　5S 管理实施前后生产车间零件架对比

如图10-7所示，小零件被分门别类地放在不同的抽屉里，并且被清楚地标识出来；对物料柜的空间进行了细致的划分，各种物料均按照规定的位置和顺序摆放，并且将责任人清楚地标识出来。

图10-7　小零件抽屉和物料柜

通过实施5S管理，该企业的管理现场改变了过去脏、乱、差的面貌，变得规范而有序。员工的素质得到了提高。企业的现场管理水平取得显著改善和提高，逐步培养和提高了员工的管理意识和自觉意识，实现了现场管理人人有责、事事有人的良好局面，具体体现在以下几个方面：

（1）提高了员工素质。在实施5S后，遵循理论宣传、行动实践、继续深化的过程，激发员工发现问题的热情，提高员工解决问题的能力。工作环境的清洁整齐，使员工的精神面貌焕然一新，工作热情有了很大的提高。5S的显著成果带动了员工巨大的主动性和创造性，大家的愿望已不仅仅停留在整齐和清洁的工作环境，考虑的更多的是怎样创建一个更人性化的工作氛围，树立一个现代化的企业形象。

（2）现场管理的改善和优化。5S实行后作业面积增加了，行道畅通，区域划分清楚，效率提高了。

（3）提高了效益。降低了生产成本，降低了生产的在制品数量，减少了现场混乱，提高了产品的合格率水平。

10.3　目视管理

10.3.1　目视管理概述

1. 目视管理的含义

目视管理是利用形象直观、色彩适宜的各种视觉感知信息来组织现场生产活动，达到提高劳动生产率目的的一种管理方式。它是以视觉信号为基本手段，以公开化为基本原则，尽可能地将管理者的要求和意图让大家看得见，借以推动自主管理、自我控制。所以目视管理是一种以公开化和视觉显示为特征的管理方式，也可称为看得见的管理。

在日常活动中，我们是通过"五感"（视觉、嗅觉、听觉、触觉、味觉）来感知事物的。其中，最常用的是视觉。据统计，人的行动的60%是从视觉的感知开始的。因此，在企业管理中，强调各种管理状态、管理方法清楚明了，达到一目了然，从而容易明白、易于遵守，让员工自主性地完全理解、接受、执行各项工作，这会给管理带来极大的好处。

目视管理有三个要素：①无论是谁都能判明是好是坏（异常）；②能迅速判断，精度高；③判断结果不会因人而异。

日常生活中的目视管理事例有很多，如交通用的红绿灯，红色停，绿色行；饮水机的开关，红色表示热水，蓝色表示冷水；包装箱上的酒杯标志，表示货物易碎，要轻拿轻放；在制造型企业中根据不同车间和工种的特点，规定员工穿戴不同的工作服和工作帽，可以使那些擅离岗位、串岗聊天的人很容易处于众目睽睽之下，从而促使其自我约束，逐渐养成良好的习惯。

大部分从现场产生的信息，经过许多管理阶层的传达，最后才送达最高管理人员，因此在往上级呈报途中，信息就愈来愈抽象且还远离了事实。然而，在实施目视管理的场所，管理人员只要一走入现场，一眼即可看出问题的所在。而且可以在当时、当场下达指示。目视管理的技法，使得现场的员工得以解决这些问题。实施目视管理，即使部门之间、全员之间并不相互了解，但通过眼睛观察就能正确地把握企业的现场运行状况，判断工作的正常与异常，这就能够实现自主管理的目的，省却许多无谓的请求、命令、询问，使得管理系统能高效率地运作。

目视管理实施如何，很大程度上反映了一个企业的现场管理水平。在市场竞争激烈的今天，企业需要在短时间内满足消费者的需求，实行多品种、小批量，从而增大了管理的难度。目视管理作为一种管理手段，能使员工降低差错率，提高生产效率，轻松地进行各种工作。

2. 目视管理的目的

（1）使异常、问题明显化。在企业生产活动中，每天都会发生各种不同的异常问题。通过目视管理，揭示出理想状态与现实状态或正常状态与异常状态，使员工能直接感受到"与平常有异"，这样员工就能一边工作一边发现异常与问题点，并对异常与问题作出早期处理。

（2）使管理形象直观，有利于提高工作效率。现场管理人员组织指挥生产，实质是在发布各种信息。操作工人有秩序地进行生产作业，就是接收信息后采取行动的过程。目视管理通过发出视觉信号的手段，如仪器、电视、信号灯、标识牌、图表等，迅速而准确地传递信息，无需管理人员现场指挥即可有效地组织生产。

（3）使管理透明度高，便于现场人员互相监督，发挥激励作用。实行目视管理，对生产作业的各种要求可以做到公开化，这就有利于人们默契配合、互相监督，使违反劳动纪律的现象不容易隐藏。这样,目视管理就能起到鼓励先进、鞭策后进的激励作用。

(4) 延伸管理者的能力和范围,降低成本,增加经济效益。目视管理通过生动活泼、颜色鲜艳的目视化工具,如管理板、揭示板、海报、安全标识、警示牌等,将生产现场的信息和管理者的意图迅速传递给有关人员。尤其是借助一些目视化的机电信号、灯光等,可使一些隐性浪费的状态变成显性状态,使异常造成的损失降低到最低。

(5) 目视管理有利于产生良好的生理和心理效应。目视管理十分重视综合运用管理学、生理学、心理学和社会学等多学科的研究成果,能够比较科学地改善同现场人员视觉感知有关的各种环境因素,使之既符合现代技术要求,又适应人们的生理和心理特点,这样,就会产生良好的生理和心理效应,调动并保护工人的生产积极性。

10.3.2 目视管理的内容与常用方法

1. 目视管理的内容

目视管理以生产现场的人-机系统及其环境为对象,并贯穿于这一系统的输入、作业和输出各个环节,并且覆盖作业者、作业环境和作业手段,其内容主要包括:

1) 规章制度与工作标准的公开化

为了维护统一的组织和严格的纪律,保持生产的连续性、比例性和节奏性,提高劳动生产率,实现安全生产和文明生产,凡是与现场员工密切相关的规章制度、标准、定额等,都需要公布于众;与岗位工人直接有关的,应分别展示在岗位上,如岗位责任制、操作程序图、工艺卡片等,并要始终保持完整、正确和洁净。

2) 生产任务与完成情况的图表化

现场是协作劳动的场所,因此,凡是需要大家共同完成的任务都应公布于众。计划指标要定期层层分解,落实到车间、班组和个人,并列表张贴在墙上;实际完成情况也要相应地按期公布,并用作图法,使大家看出各项计划指标完成中出现的问题和发展的趋势,以促使集体和个人都能按质、按量、按时地完成各自的任务。

3) 与定置管理相结合,实现视觉显示信息的标准化

在定置管理中,为了消除物品混放和错误放置,必须有完善而准确的信息显示,包括标志线、标志牌和标志色。因此,目视管理在这里便自然而然地与定置管理融为一体,按定置管理的要求,采用清晰的、标准化的信息显示符号,运用标准颜色将各种区域、通道、各种辅助工具(如料架、工具箱、工位器具、生活柜等)进行标识,不得任意涂抹。

4) 生产作业控制手段的形象直观与使用方便化

为了有效地进行生产作业控制,使每个生产环节、每道工序能严格按照期量标准进行生产,杜绝过量生产、过量储备,要采用与现场工作状况相适应的、简便实用的信息传导信号,

以便在后道工序发生故障或由于其他原因停止生产,不需要前道工序供应在制品时,操作人员能看到信号,能及时停止投入。例如,看板就是一种能起到这种作用的信息传导手段。

各生产环节和工种之间的联络,也要设立方便实用的信息传导信号,以尽量减少工时损失,提高生产的连续性。例如,在机器设备上安装红灯,在流水线上配置工位故障显示屏,一旦发生停机,即可发出信号,巡回检修工看到后就会及时前来修理。

生产作业控制除了期量控制外,还要有质量和成本控制,也要实行目视管理。例如质量控制,在各质量管理点(控制)要有质量控制图,以便清楚地显示质量波动情况,及时发现异常,及时处理。车间要利用板报形式,将"不良品统计日报"公布于众,当天出现的废品要陈列在展示台上,由有关人员会诊分析,确定改进措施,防止再度发生。

5) 物品的码放和运送的数量标准化

物品码放和运送实行标准化,可以充分发挥目视管理的长处。例如,各种物品实行"五五码放",各类工位器具,包括箱、盒、盘、小车等,均应按规定的标准数量盛装,这样,操作、搬运和检验人员点数时既方便又准确。

6) 现场人员着装的统一化与实行挂牌制度

现场人员的着装不仅起劳动保护的作用,在机器生产条件下,也是正规化、标准化的内容之一。它可以体现职工队伍的优良素养,显示企业内部不同单位、工种和职务之间的区别,因而还具有一定的心理作用,使人产生归属感、荣誉感和增加责任心等;对于组织指挥生产,也可创造一定的方便条件。

挂牌制度包括单位挂牌和个人佩戴标志。按照企业内部各种检查评比制度,将那些与实现企业战略任务和目标有重要关系的考评项目的结果,以形象、直观的方式给单位挂牌,能够激励先进单位更上一层楼,鞭策后进单位奋起直追。个人佩戴标志,如胸章、胸标、臂章等,其作用同着装类似。另外,还可与考评相结合,给人以压力和动力,达到催人进取、推动工作的目的。

7) 色彩的标准化管理

色彩是现场管理中常用的一种视觉信号,目视管理要求科学、合理、巧妙地运用色彩,实现统一的标准化管理,不允许随意涂抹。

(1) 技术因素。不同色彩有不同的物理指标,如波长、反射系数等。强光照射的设备,多涂成蓝灰色,是因为其反射系数适度,不会过分刺激眼睛。危险信号多用红色,这既是传统习惯,也是因其穿透力强、信号鲜明的缘故。

(2) 生理和心理因素。不同色彩会给人以不同的重量感、空间感、冷暖感、软硬感、清洁感等情感效应。例如,高温车间的涂色应以浅蓝、蓝绿、白色等冷色为基调,可给人以清爽舒心之感;低温车间则相反,适宜用红、橙、黄等暖色,使人感觉温暖。热处理设备多用属冷色的铅灰色,以起到降低"心理温度"的作用。家具厂整天看到的是属暖色的木质颜色,木料加工设备则宜涂浅绿色,可缓解操作者被暖色包围所涌起的烦躁之感。从生理上看,长时间受一种或几种杂乱的颜色刺激,会产生视觉疲劳,因此,就要讲究工人休息室的色彩。如纺织工人的休息室宜用暖色,冶炼工人的休息室宜用冷色,这样,有利于消除职业疲劳。

(3) 社会因素。不同国家、地区和民族,都有不同的色彩偏好。例如,我国人民普遍喜欢绿色,因为它是生命、青春的象征;而日本人则认为绿色是不吉祥的。

总之,色彩包含着丰富的内涵,现场中凡是需要用到色彩的,都应有标准化的要求。

2. 目视管理的层次

目视管理的常用实施工具有看板、标识、图标等,查核工具有查核表、改善前后的照片、录像等。在进行目视用具的设计时,要充分考虑企业的自身特点与管理水平,应遵循以下原则:

(1) 用具表达的内容字体应清晰、活泼、生动,达到一目了然的效果;

(2) 内容明确且易于执行;

(3) 异常状态出现可以立即分辨。

目视管理有三个层次,即初级、中级和高级。初级水准:有标识,能明白现在的状态;中级水准:任何人都能判断好坏;高级水准:管理方法(异常处置等)都列明,有作业标准。

在许多企业里,通常只达到目视管理的初级水准,达到中级水准的不多见,能达到高级水准的更是凤毛麟角。表 10-8 说明了初、中、高级三个层次的区别。

表 10-8 目视管理三个层次比较

无 水 准	初 级 水 准	中 级 水 准	高 级 水 准	
○○○○○ ○○●●○ ●○●○○ ○○○○○	○○○○○ ○○○○○ ○○	○○○○○ ○○○○○ ○○	○○○○○ ○○○○○ ○○	安全库存 用完请与＊＊联系 异常处理程序
状态不明确,容易造成混用和错误	排列整齐,便于对物品进行必要的确认	通过一般标识使物品的数量一目了然	通过标识和提示,使物品数目和在数目不足时应该怎么做也一目了然	

3. 目视管理的方法

1) 常用的目视管理方法

为了能实现目视管理的目标,各企业现场可根据其具体情况采用不同的目视管理方法。以企业的生产现场为例,常用的目视管理方法有:

(1) 目视管理平面图。将现场的目标用图表表示出来,使各部门能根据目视管理平面图,一目了然地确定自己的岗位职责。应将目视管理平面图放在车间的明显位置,使每一个员工都很容易地看到,并按照目标去努力工作。

(2) 物流图。物流图中标示了生产现场各种零件取送的数量、时间间隔、路线、目的地、工具种类及存放地点和数量，以及运输车辆的类别等信息。物流图展示了生产现场与有关送、取零件单位相互之间的整个物流综合平衡状态，从而可以统一各有关单位的步调，避免在现场出现物流混乱现象。物流图常用于毛坯、半成品、协作件等库房管理工作中。

（3）标准岗位板。标准岗位板是针对具体岗位的标准而设置的目视板。目视板上标明了零件图号、零件名称、标准储存定额、工具的容量、工具的定额存放数、取送零件批量等。生产管理人员根据目视板上的内容，核对实物与标准规定是否相符，然后决定是否应发取件和送件信息卡。标准岗位卡一般悬挂在生产线的第一道工序的明显位置。

（4）工序储备定额显示板。在工序储备定额显示板中标明了零件号、零件名称、储备定额等信息，以方便生产管理人员对照监督工序在制品数量是否在规定限额内，防止制造过量。工序储备定额显示板一般悬挂在生产的各道工序的明显位置。

（5）库存对照板。将企业库存积压的产品及各种零部件分类做标记，按时间排序，防止错领或发放出错，特别是有利于新来员工熟悉业务，提高工作效率。库存对照板适用于小型企业的生产管理，特别是生产产品体积小、品种多，且形状相似、不易辨认、容易出错的企业；如生产弹簧、垫片、橡胶制品、螺钉、螺母等产品的企业。

（6）零件箱信息卡。零件箱信息卡上标明了零件号、零件名称、箱内装有零件的数量、交件单位和需件单位等信息。该卡片便于了解零件箱的内部情况，提高企业的现场工作效率。

（7）成品库储备显示板。成品库储备显示板上标明了成品库存的所有零部件的件号、名称、最低和最高储备额、工具容量、发送单位、实物库存数量等信息，通过显示板可以使成品库的库存情况一目了然，从而提高工作效率，有利于加速资金周转。

（8）地面标志。在生产现场的地面上用不同颜色的线条画线，标示出车辆运输路径、生产区域、工具放置区域、原材料堆放区域、半成品放置区域、产成品放置区域、废品放置区域等，使生产现场井然有序，提高现场工作效率。

（9）生产线传票卡。传票卡是一种用来记录各种作业指令的卡片，卡片中包含的信息包括生产的数量、时间、方法、先后顺序、运送数量、放置场所等，用来传递生产作业指令，控制生产的周期、程序和标准。在生产现场，传票卡和实物一起移动，严格按照既定的量化标准，控制制造过程中毛坯、在制品、成品等的生产与流动，使生产过程始终处于最佳状态，做到"准时领取，准时运往，准时生产"，减少在制品积压，消除不必要的浪费，降低产品成本。

（10）安全生产标记牌及信号显示装置。安全生产标记牌起警示作用，悬挂在生产线的显著位置，使员工时刻牢记安全生产，避免生产中安全事故的发生。在危险区域可以安装带有继电器装置的安全灯，时刻提醒注意安全。

2）常用的目视管理用具

目视管理在生产现场的应用可以归纳为五大类，即目视生产管理、目视现物管理、目视质量管理、目视设备管理和目视安全管理，其常用的目视管理用具包括：

（1）目视生产管理：生产管理板、目标生产量标示板、实际生产量标示板、生产量图、进度管理板、负荷管理板、人员配置板、电光标示板、作业指示看板、交货期管理板、交货时间管理板、作业标准书、作业指导书、作业指示灯、作业改善揭示板、出勤表等。

(2) 目视现物管理：料架牌、放置场所编号、现货揭示看板、库存表示板、库存最大与最小量标签、定购点标签、缺货库存标签等。

(3) 目视质量管理：不良图表、管制图、不良发生标示灯、不良品放置场所标示板、不良品展示台、不良品处置规则标示板、不良品样本等。

(4) 目视设备管理：设备清单一览表、设备保养及点检处所标示板、设备点检检查表、设备管理负责人标牌、设备故障时间表(图)、设备运转标示板、经常停止柏拉图、运转率表、运转率图等。

(5) 目视安全管理：各类警示标志、安全标志、操作规范。

10.3.3 目视管理的实施

目视管理的实施可以让现场操作人员通过眼睛就能够判断工作的正常与异常。同时，省去了无谓的请示、询问、命令等。推行目视管理，要防止搞形式主义，一定要从企业实际出发，有重点、有计划地逐步展开。

1. 实施目视管理的基本要求

在实施目视管理的过程中，应做到的基本要求是：统一、简约、鲜明、实用和严格。
(1) 统一，即目视管理要实行标准化，消除五花八门的杂乱现象；
(2) 简约，即各种视觉显示信号应易懂，一目了然；
(3) 鲜明，即各种视觉显示信号要清晰，位置适宜，现场人员都能看得见、看得清；
(4) 实用，即不摆花架子，少花钱、多办事，讲究实效；
(5) 严格，即现场所有人员都必须严格遵守和执行有关规定，有错必纠，赏罚分明。

2. 目视管理的实施要点

(1) 目标明确。推行目视管理要目标明确，要有计划、有步骤地实施目视管理。目视管理工具要制作清晰、明白，真正做到一目了然，同时，要制定详细的判断、处置标准，使员工发现异常能立即判断并处置。

(2) 全员参与。通过大会、海报、墙报、标语等形式，使全体员工了解目视管理的内容、目的、意义等，使目视管理深入人心，充分调动员工的积极性、创造性，并制订详细的培训计划，编制培训教材，为目视管理的推行打下坚实的基础，使全体员工都了解目视管理的含义、目的、方法等。

(3) 建立激励机制。只有制定相应的措施，奖励先进，惩罚后进，并与工资待遇挂钩，才能保证目视管理活动顺利实施，才能保持活动的活力。

(4) 常抓不懈。目视管理是一项长期的工作，任何实施目视管理的企业都面临如何使这项活动持之以恒的问题。一方面要靠广大员工的自觉遵守；另一方面，还要有严格的检查制度，并常抓不懈。

(5) 领导重视。推行目视活动能否成功，关键在于活动领导小组的组织与指导是否得力。

3. 目视管理的实施步骤

(1) 成立目视管理推行领导小组，制订目视管理的推行计划，并进行宣传教育等工作；
(2) 设定目视管理项目；
(3) 准备目视管理用具；
(4) 开展目视管理活动。

10.4 定置管理

10.4.1 定置管理概述

定置管理是以生产现场为研究对象，研究分析人、物、场所的状态及其联系，并通过整理、整顿改善生产现场条件，促使人、机器、制度、环境等达到最佳结合的一种方法。定置管理以物在场所的科学定置为前提，以完善的信息系统为媒介，以实际人和物的有效结合为目的，从而使生产现场管理科学化、规范化和标准化，从而优化企业物流系统，改善现场管理，建立起现场的文明秩序，使企业实现人尽其力、物尽其用、时尽其效，达到高效、优质、安全的生产效果。

定置管理的范围是对生产现场物品的定量过程进行设计、组织、实施、调整，并使生产和工作的现场管理达到科学化、规范化、标准化的全过程。推行定置管理能有效地促进企业工作现场的文明生产，有利于安全生产，为员工创造良好的生产环境，树立良好的企业形象，进一步提高产品质量、工作效率和企业经济效益。

定置管理的创始人是日本工业工程学研究所的青木龟男，之后日本企业管理专家和质量管理诊断专家清水千里总结和提炼出定置管理这一科学管理方法，于1982年出版了《定置管理入门》一书。1985年清水千里应邀来华讲学，首次将定置管理这一新的科学管理方法介绍到我国。我国进行试点推广，以工艺为突破口，加强工艺管理，深入推行全面质量管理，效果显著。

定置管理是一项以人的主观能动性和始终如一的责任感为基础的群众性基础管理，涉及面广，影响因素多，因此必须克服传统观念、旧的作风和习惯势力以及管理惰性等影响，培养一种良好的作风。要把定置管理的观念变为企业员工自觉、持久的行动，这是一项非常艰巨的任务。从企业管理的角度，定置管理具有以下几个特点：

(1) 目的性。定置管理的目的是根据企业生产活动的实际需要,从优化物流系统出发,使生产过程中的人、物、场所三者在时间和空间上优化组合,以达到优化现场管理的目的。这与那些单纯追求形式上的好看而对各类物品简单的、临时的"归堆"、"划类"式摆放,以及为了应付检查而进行的突击性的整理、整顿,有着本质上的区别。

(2) 综合性。定置管理和其他各种专业管理有着密切的联系,但并不是代替其他专业管理的职能,而是对其他专业管理的必要补充,为保证和促进各项专业管理在生产活动中高效率地发挥职能奠定基础。

(3) 针对性。工业企业的产品结构并不完全一样,工业要求也不完全相同。因此,要根据企业各自的特点、条件,有针对性地建立符合本企业实际的定置管理体系,切忌生搬硬套。

(4) 艰巨性。艰巨性首先表现在克服传统的偏见上,要求领导者、管理者和生产者必须转变思想观念,加深对定置管理这一科学管理方法的认识和理解,以保证其卓有成效地推行。其次表现在推行的过程中,要克服人在行动上的惰性,要求每个人都必须坚持已建立的制度(标准),根据生产过程中各种因素的变动,不断地去探索和努力,以巩固和发展定置管理的成果。

10.4.2 定置管理的内容

1. 人、物、场所三者之间的关系

1) 人与物的关系

在工厂生产活动中,构成生产工序的要素有5个,即原材料、机械、工作者、操作方法、环境条件。其中最重要的是人与物的关系,只有人与物相结合才能进行工作。

(1) 人与物的结合方式。人与物的结合方式有两种,即直接结合与间接结合。直接结合又称有效结合,是指工作者在工作中需要某种物品时能够立即得到,高效率地利用时间。间接结合是指人与物呈分离状态。为使其达到最佳结合,需要通过一定信息媒介或某种活动来完成。

(2) 人与物的三种结合状态。生产活动中,按照人与物有效结合的程度,可将人与物的结合归纳为 A、B、C 三种状态。

A 状态是物与人处于立即结合的状态,即物与人结合立即能进行生产活动,需要的物品随手可取,不需要的可以随时转换。例如,操作者使用的各种工具,由于摆放地点合理而且固定,当操作者需要时能立即拿到。

B 状态是物与人处于待结合状态,即物与人处于寻找状态或物存在一定缺陷,经过某种媒介或某种活动后才能进行有效生产活动的状态。例如,一个操作者加工一个零件,需要使用某种工具,但由于现场杂乱或忘记了这一工具放在何处,结果因寻找而浪费了时间;又如,由于半成品堆放不合理,散放在地上,加工时每次都需弯腰,一个个地拣起来,既影响了工时,又增加了劳动强度。

C 状态是物与人已失去结合的意义,与现场生产活动无关,也可说是多余物。例如,生产现场中存在的已报废的设备、工具、模具,生产中产生的垃圾、废品、切屑等,这些物品放在现场,必将占用作业面积,而且影响操作者的工作效率和安全。

因此,定置管理就是要通过相应的设计、改进和控制,消除 C 状态,改进 B 状态,使之都成为 A 状态,并长期保持下去。

2) 场所与物的关系

在工厂的生产活动中,人与物的结合状态是生产有效程度的决定因素。但人与物的结合都是在一定的场所里进行的。因此,实现人与物的有效结合,必须处理好场所与物的关系,也就是说场所与物的有效结合是人与物有效结合的基础。从而产生了对象物在场所中的放置科学——定置。

(1) 定置。定置与随意放置不同,定置即是对生产现场、人、物进行作业分析和动作研究,使对象物按生产需要、工艺要求而科学地固定在场所的特定位置上,以达到物与场所有效地结合,缩短人取物的时间,消除人的重复动作,促进人与物的有效结合。

(2) 场所的三种状态,即 A 状态、B 状态和 C 状态。A 状态是良好状态。在现场工作中,场所具有的工作环境、作业面积、通风设施、恒温设施、光照、噪声、粉尘等符合人的生理状况与生产需要,整个场所达到安全生产的要求。B 状态是改善状态。即场所需要不断改善工作环境,场所的布局不尽合理或只满足人的生理要求或只满足生产要求或两者都未能完全满足。C 状态是需要彻底改造的状态。即现场的环境需要彻底改造,场所既不能满足生产要求、安全要求,又不能满足人的生理要求。

(3) 场所的划分。在生产过程中,根据对象物流运动的规律性,基于方便人与物的结合和充分利用场所的原则,科学地确定对象物在场所的位置。

① 固定位置:场所固定、物品存放位置固定、物品的信息媒介固定。用三固定的技法来实现人、物、场所一体化。此种定置方法适用于对象物在物流运动中进行周期性重复运动,即物品用后回归原地,仍固定在场所某特定位置。例如,生产中常用的工具、量具、卡具等适合采用固定位置状态下的管理。因为这些物品使用频率很高,采用这种方式可以显著提高工作效率。

② 自由位置:物品在一定范围内自由放置,并以完善的信息、媒介和信息处理的方法来实现人与物的结合。这种方法应用于物流系统中不回归、不重复的对象物,可提高场所的利用率。例如,毛坯、半成品等,由于使用频率低,且规格、数量等经常变化,因而适宜采用自由位置状态下的管理。对于自由位置管理,必须明确区分各个存放区域,可以使用不同颜色加以标识,以便于收发,防止混淆。

3) 人、物、场所与信息的关系

生产现场中众多的对象物不可能都与人处于直接结合状态,而绝大多数的物与人处于间接结合状态。为实现人与物的有效结合,必须借助于信息媒介的指引、控制与确认。因此,信息媒介的准确可靠程度直接影响人、物、场所的有效结合。信息媒介又分确认信息媒介和引导信息媒介两类。

(1) 确认信息媒介物。即人们通过信息媒介物确认出物品和场所,如场所标志、物品名称(代号)等。

(2) 引导信息媒介物。即人们通过信息媒介物,被引导到目的场所,如位置台账、平面布置图等。

定置管理将生产现场中人、物、场所三要素分别划分为三种状态,并将三要素的结合状态也划分为三种。定置管理中的三种状态见表10-9。

表 10-9 定置管理中的三种状态

要素	A 状态	B 状态	C 状态
场所	指良好的作业环境。如场所中工作面积、通道、加工方法、通风设施、安全设施、环境保护(包括温度、光照、噪声、粉尘、人的密度等)都应符合规定	指需不断改进的作业环境。如场所环境只能满足生产需要而不能满足人的生理需要,或相反。故应改进,使其既满足生产需要,又满足人的生理需要	指应消除或彻底改进的环境。如场所环境既不能满足生产需要,又不能满足人的生理需要
人	指劳动者本身的心理、生理、情绪均处在高昂、充沛、旺盛的状态,技术水平熟练,能高质量地连续作业	指需要改进的状态。人的心理、生理、情绪、技术四要素,部分出现了波动和低潮状态	指不允许出现的状态。人的四要素均处于低潮,或某些要素如身体、技术居于极低潮等
物	指正在被使用的状态。如正在使用的设备、工具、加工工件,以及被妥善、规范放置而处于随时和随手可取、可用状态的坯料、零件、工具等	指寻找状态。如现场混乱,库房不整,需用的东西要浪费时间逐一去找的零件与工具等物品的状态	指与生产和工作无关,但处于生产现场的物品状态。需要清理,即应放弃的状态
人、物、场所的结合	三要素均处于良好与和谐的、紧密结合的、有利于连续作业的状态,即良好状态	三要素在配置上、结合程度上还有待进一步改进,还未能充分发挥各要素的潜力,或者部分要素处于不良好状态等,也称为需改进状态	指要取消或彻底改造的状态。如严重影响作业、妨碍作业、不利于现场生产与管理的状态

2. 定置管理的内容及定置标准

1) 定置管理的基本内容

定置管理的研究对象是以生产现场为主,以部门办公室的定置管理为辅,逐步实行全面定置管理。定置管理的基本内容大致包括以下几方面:

(1) 全系统定置管理。对生产经营的总体系统地进行定置管理,从而使其布局合理、物流有序、生产高效,包括生产制造子系统、经营子系统和行政后勤子系统等的定置管理。

(2) 区域定置管理。是按工艺流程把生产现场划分为若干定置区域,并对每一区域中的生产要素,如人、机、物、法、环等实行定置管理,保证区域人员精干、设备完好、物流有序、纪律严明、环境整洁、信息灵敏,从而促使生产活动高效运行。区域定置是系统定置的最小单元。

(3) 职能部门定置管理。要求企业的各级干部和管理人员,按照管理标准及时准确地处理好和管理好各种信息、文件和资料,达到标准化、规范化、系列化,提高办事效率和工作质量。

(4) 生产要素定置管理。主要包括设备定置、器具定置、材料定置和人员定置等,其中设备定置包括设备易损件定置、保养与检查定置、运行情况定置、模具定置,器具定置包括对模具生产周期、消耗量、储备定额、套数等实行定置。

(5) 仓库定置管理。通过调整物品存放位置,更好地发挥库存功能,促进仓库管理的科学化、规范化和标准化。

(6) 特别定置管理。指在生产制造过程中,把影响质量、安全问题的薄弱环节,切实实行人定置、物定置、时间定置。其内容有质量控制点定置管理、安全定置管理等。

2) 定置管理必须遵循的原则

(1) 有图必有物:定置管理图内要标识出物类和区域。

(2) 有物必有区:物有所归,划区管理,区域明确。

(3) 有区必挂牌:标牌颜色、大小、文字、数字大小和字体等都要标准化,全公司统一纳入标准化管理。

(4) 有牌必分类:每一类物品按所处的工艺状况标出专门的分类标识,将生产现场物品分成 A、B、C 三类。

(5) 定置:实行定置管理必须认真分析研究,给出定置管理图,用定置管理图来表示区域。

(6) 按类存放:各类物品在各类区域内定置,做到各就各位,不占用通道。

(7) 财务一致:使物品的台账或定置图与实物相符。在工具室、模具室及各类仓库中,除了保持账务卡一致外,还应在账册中注明方位,为货架编号。账务卡是联系人和物的联系媒介,是两者结合的载体。

3) 各种储存容器、器具定置标准

(1) 各种储存容器、器具中所摆放的物品,应是与生产工作有关的物品,反之均不得摆放。

(2) 应将各种物品分类,按使用频次排列成合理的顺序,整齐有序地摆放在容器和器具中。使用频次多的物品,一般应放入每层中间且与操作者较近的位置。

(3) 物品放好后,依次编号,号码要与定置图的标注相符,做到以物对号,以号对位,以位对图,图、号、位、物相符。

(4) 定置图要求贴在容器、器具门内或是合适的表面下。

(5) 各种容器、器具的层格要保持清洁、无污垢,要按规定的时间进行清洗和整理。

(6) 操作现场的器具和容器,定置到一定位置后,不得随意挪动。

(7) 工具箱的结构尽可能做到一致,容器和器具也做到部门内统一。

4）设备定置管理标准

（1）按标准设计设备定置图；

（2）在设备周围给操作者充足的活动空间；

（3）在设备周围给维修人员充足的活动空间；

（4）操作者能安全进出设备放置处；

（5）设备配置要符合安全要求；

（6）设备作业面的高度要满足操作者运动自如的需要；

（7）对设备所有的资料实行定量管理；

（8）易损件在容器、零件架的摆放数量及摆设方式实行定置管理。

5）仓库定置标准

（1）仓库定置图应贴在仓库内显眼的位置上；

（2）库房物品要按定置图要求分类摆放，贴好信息铭牌，物品的摆放要做到齐、方、正、直；

（3）与生产无关的物品一律清除出仓库；

（4）货架层、格应清洁、无污垢；

（5）库房定置做到账、物、卡、号、图相符，出入库手续齐备；

（6）库房内运输通道畅通无阻，清洁干净。

6）办公室定置标准

（1）办公室定置图应贴在各自的门板内或墙壁的适当位置上；

（2）办公室的物品要按定置图的编号顺序依次摆放，做到整齐、方便、美观、大方；

（3）办公室内与工作无关的物品，一律清除出办公室；

（4）文件资料柜要按第（2）项要求，贴墙摆放；

（5）每天安排人值班，负责当天卫生清扫及物品的定置摆放。

7）安全定置管理标准

（1）存放地的选择及要求：物品储存量和处理地要达到最低值；

（2）消防通道、灭火器的定置要求：使通道畅通无阻，并设专人负责定时检查；

（3）生产现场电源、电路、电器设施的定置要求：符合国家有关标准；

（4）吸烟点的设定及定置要求：休息室应设有烟灰缸，并放在安全可靠处；

（5）生产现场精、大、稀设备的重点作业场所和区域的定置要求：定置场所和机械放置处必须有利于操作者出入；

（6）对不安全场所，如建筑场所、吊车作业、易滑坠落、塌方现场、易发生机械伤人的场所及通道等的定置要求：安全通道路标要清楚，安全线要清晰。

3. 定置管理图

企业定置的构成如图 10-8 所示。

定置图的牌、架应美观大方，悬挂在醒目位置，如生产车间的定置图应放置在车间入口处，在定置图中应标明生产车间的状态、机床的位置、通道和已定置物品的区域等。定置图

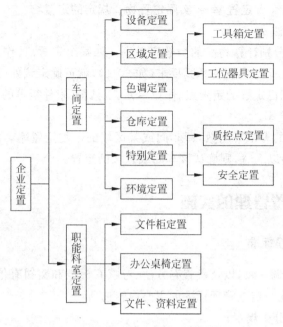

图 10-8　企业定置的构成

绘制的要求和标准如下：

（1）对场所、工序、工位、机台等进行定置诊断。根据人-机工程学确定是否符合人的心理、生理需要与满足产品质量的需要，做到最大的灵活性和协调性，最大的操作方便和最小的不愉快，以及切实的安全和防护保障，充分利用空间与时间。

（2）统一规定各种定置图的图幅。

（3）统一规定各类定置物的线型画法，包括机器设备、工位器具、流动物品、工具箱及现场定置区域等。

（4）定置图中标准信息符号的规定。如定置图中的可移定置物，用信息符号表示后，还要在定置图的明细栏中加以说明。

（5）各种定置图（蓝白图）的规定。如办公室可用白图，而办公桌、文件柜、资料柜用蓝图。

（6）定置图完成后可进行信息标准化工作。如合格区域可用绿色标牌表示，返修区域用红色标牌表示，待处理区域用黄色标牌表示，待检区域用蓝色标牌表示，废品区域用白色标牌表示。这些信息符号标志牌的颜色含义即为绿色通（合格）、红色停（返修）、黄色缓行（需办理会签或审批手续）、蓝色未检查、白色不能用（废品）。

4．定置管理效果评价

定置率在一定程度上是评价定置管理的科学尺度，它表明生产现场中必须定置的物品已经实现定置的程度，是检验定置管理水平的重要依据之一。其基本公式如下：

$$\text{定置率} = \text{实际定置物} / \text{规定的定置物} \qquad (10\text{-}1)$$

定置率的计算方法是:

(1) 按每个类别分别计算物品的个数定置率。如某个定置点、作业单元、工具箱、零件柜等,只要其中物品的个数定置率达到要求(如 90%),就可确定该处已定置了。

(2) 按大类,根据已定置的定置点、作业单元、工具箱、附件柜等的数量和必须定置的数量,计算各大类的定置率。

(3) 计算各大类的算术平均数,即车间或某区域的平均定置率。如果此平均定置率达到规定指标(如 80%)以上时,则确认该车间或区域已定置。

10.4.3 定置管理的实施

1. 制定定置管理标准

为使定置工作步调一致,以及检查有方法、考核有标准和奖罚有依据,需要定置管理标准化、规范化和秩序化。定置管理标准的主要内容包括:

(1) 定置物品的分类规定;

(2) 定置管理信息铭牌规定;

(3) 检查现场区域标准信息符号;

(4) 定置管理颜色标准;

(5) 可移定置物符号标准;

(6) 定置图绘制标准。

2. 定置管理设计

开展定置管理重在设计。定置管理设计是搞好定置的关键环节,包括系统设计、通用设计、特殊设计、定置图设计。系统设计是整体优化的总体设计,通用设计是工厂布置的细化设计。定置图是判断定置正误与否,及对定置结果评价的对比、参照检查的依据标准。定置设计的主要任务就是设计定置图。但定置图不是简单的现场平面布置图,它是场所中所有与生产经营活动相关的物品经诊断调整后的科学定位图。现场中的物品均应反映在定置图上。

3. 定置管理准备

制作各种容器、器具,制作信息铭牌,设定清除物存放地,划分区域界线。

4. 定置管理实施

按照定置设计的具体内容进行定置管理。即对生产现场的材料、机械、操作者、方法进行科学的整理、整顿,将所有的物品定位,按图定置,使人、物、场所三者结合状态达到最佳程度。包括以下三个步骤：
(1) 清除与生产无关之物；
(2) 按定置图实施定置；
(3) 放置标准信息铭牌。

5. 检查和考核定置管理

为了巩固已取得的成果，发现存在的问题，不断完善定置管理，就得坚持定期检查与考核工作。因此，必须建立定置管理的检查、考核制度，制定检查和考核办法，并按标准进行奖惩，以实现定置的长期化、制度化和标准化。

定置管理的检查和考核一般分为两种情况：一是定置后的验收检查。检查不合格的不予通过，必须重新定置，直到合格为止。二是定期或不定期、突击性地对定置管理进行检查与考核。这是要长期进行的工作，它比定置后的验收检查工作更为复杂、更为重要。

10.5 异常管理与防错法

正常的生产程序下，所产出的成品均会呈现稳定的分布情形，然而，经过长时间的生产过程，难免会产生一些不良品。造成不良品的原因，一种是机遇性原因，是不可避免的，也是无法控制的；另一种是非机遇性原因，又称异常原因，属于人为因素，它会对生产和品质产生严重的影响，所以必须采取有效的管理和预防措施，进行异常分析和处理，唯有如此，才能保证持续的大规模生产和取得长期的持续改善。

10.5.1 异常管理

生产现场的异常管理就是指为了能够检测、控制、解决生产过程中的错误、突发和失控状况，而制定的一系列措施、管理手段。在生产现场的异常管理中，针对每天管理的异常，快速应对并及时进行处理，防止其再发生是很重要的，而自动化则是其实现的一个重要手段，因为自动化具有自动地监视和管理异常的作用，如自动报警装置、防错装置、操作人员异常目视板、QC工程表、设备能力表等。

异常的产生有机遇性原因（又称不可控制原因）和非机遇性原因（又称不正常原因或异常原因）两种。

机遇性原因为生产过程中所产生的变异，缘于许多微小的不可控制因素所引起的对产品品质的影响。例如，同种原料内的变化、机器轻微振动所引起的变化，对工厂而言，属于正常的变动范围，是不可避免的，在制造过程控制时，如希望予以减少或去除是非常不经济的，会增加质量成本。

非机遇性原因属于人为原因,是可以预防的,也是必须加以控制的。例如,使用不合格的材料;未按操作标准工作,标准本身不合理;机械故障或工具损坏;员工替换或工作不力。

从不接受不良、不生产不良、不流出不良的品质保证观点出发,确定有关异常管理的步骤和方法如图10-9所示。

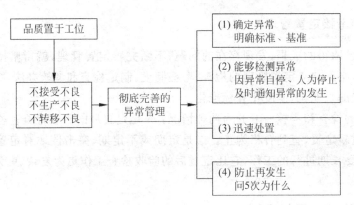

图10-9 异常管理的步骤

1. 确定异常

第一步即确定完善的异常标准及确定什么是异常。异常的确定是异常管理的重要一步,确定异常有5个方面。

1) 检查是否按操作标准进行正确操作

所谓的操作标准是指在现场进行标准作业的同时,以工艺图、质量检查标准、QC工艺表、安全标准为基础,将能够确保质量、成本、安全等各种操作的方法、条件标准化之后的总称。具有代表性的文件有操作要领书、操作指导书、刀具更换操作要领书等。

是否按操作标准进行操作的检查是从人、物和设备三方面进行的:

(1) 人员方面。检查作业人员是否进行正确的操作,是否遵守标准作业等。常见的操作标准有标准作业组合表、标准作业表等。

(2) 物品方面。检查是否排除了不需要的物品,使零件的取放简单化等,也就是基本的整理、整顿、清扫、清洁工作。另外从物流上来看,为了使运送不停滞,进行正确有效的运送作业,完全有必要指明物品的发送地点。

(3) 设备方面。为了能了解设备是否正常运转,应该有工位设备能力表、加工条件基准等。

2) 通过培训让员工遵守

有标准并不等于能够按照标准执行,所以应该通过培训让员工知道并严格执行。通过对操作者进行标准作业的培训,使其遵守,从而减少异常的发生。人员培训的内容主要有作业要领书、刀具换模作业要领书、品质检查要领书等。

3) 确定保全管理项目

为了防止设备在使用过程中出现故障,影响正常的生产,必须保证设备必要时,也就是想动的时候，一定能够正常运转，即做到可动率100％，为此必须事先进行保全。判别标准有自主保全图表、自主保全计划等。

4）确认各工程的质量管理项目

质量保证是异常管理的一项重要内容，为此，在确定异常标准时，质量方面就显得尤其重要。各工程内的质量管理项目有作业标准、QC工程表、品质检查标准、简易检具等。

5）防止质量项目遗漏

为了保证所有的质量管理项目能够全部被执行而无遗漏，在所有项目被执行完毕之后要进行一项检查，以防止出现质量问题。

2. 检测异常

检测异常包括能够检测异常、异常自停和人为停止、及时通知异常三部分内容，以下分别介绍。

1）能够检测异常

能够检测异常是指人员、设备、物品具有检测异常的能力，能够通过各种方式检测异常状况，如表10-10所示。

表10-10　各种检测异常方式

检测对象	检测内容	
人员	标准作业票的张贴 品质检查标准的张贴 剩余工件的揭示 监视传感器、线路	刀具交换实绩表 完结工程 纠错装置 生产管理看板
设备	监视传感器、线路	生产管理看板
物品	所在地的揭示 初始工件、终了工件、定时品质检查 先入先出 整理化、一个流 生产管理看板	

（1）人员检测异常。在生产现场，操作人员一般可以依靠标准作业票、品质检查标准、生产管理看板来判别各项操作和指标异常与否，也可以通过对剩余工件的揭示牌、刀具交换实绩表等来检测异常状况。但是操作人员也有疏忽的时候，或者没有按照标准进行检测，按照自动化的思想，可以由能够自动检测异常状况的设备来弥补以上不足，如使用监视传感器或者纠错装置。对于质量方面，可以采用完结工程来检测异常。所谓的完结工程是指每个零部件、产品，在同一个工位、同一班、组、系内进行，并且在所在的工位、班、组、系内确认质量。保证质量，完结工程包括部品完结、分组完结和机能完结，如表10-11所示。这样，质量

在制造的本工位内确认、保证,只给下道工序提供合格品,万一出现不良品,也要在本工位修理确认,从而提高合格率。同时,马上反馈不合格信息,可以容易地彻底防止不合格品再发生,从而使质量的保证轻松而迅速地进行,强化质量保证体制。更为重要的是,让员工明确工作的目的、所必需的技能和责任,体会每日工作的成就感,使工程向着持续成长的目标发展。

表 10-11　完结工程

① 部品完结	在某工程内,一个主要部品依赖从属部品而固定,其部品的所有的结合部位都要与已组装的部品结合,因此要确认、保证其工程内部品的组装状态的品质
② 分组完结	把分组内的全部零件在组内组装的同时,确认保证其零件的组装后的品质(调整等)
③ 机能完结	让同一机能系内的所有分组在系内进行组装的同时,全体机能组要确认、保证其后的组装状况的品质

(2) 设备检测异常。针对设备,除了依靠对比、记录、分析管理看板的各项检测指标来检测异常外,也可采用监视传感器或者线路来检测异常的发生。

(3) 物品检测异常。对物品的异常检测,包括物料、半成品、成品等。比如,为了避免领错物料而通过目视管理的办法(如通过所在地的揭示牌、仓储看板等)来检测异常;为了能够检测质量异常而进行的首件、尾件检查以及定时品质检查;为了防止物品积压过久产生质量问题而采用的先入先出货架;通过整流化和一个流来减少在制品积压,并检测追溯质量异常;通过各种管理目视看板使生产过程中出现的问题明确化,从而进行改善和监督,防止再发生。

2) 异常自停和人为停止

在生产现场,一旦发生异常情况,机器和生产线可以通过自动停止装置和防错装置立刻停止,操作人员也可以在发现异常情况时,人为停止错误的操作和生产线。

首先要提到的是通过人的判断停止。

通过人的判断防止发生异常情况的关键是每个作业员都有停止生产线的权限。在整个作业没有按照标准作业组合进行或者不能进行的时候,可通过"定位停止线"把生产线停下来。如图 10-10 所示,在汽车的总装线上,每个作业人员可以在节拍时间的作业范围内在流水线旁边的地板上用白线画个记号,并写上"反光镜"和"方向盘"之类的文字,表示走到这里要安装完反光镜,走到那里要安装完方向盘等。

如果到了地方还没有安装完方向盘,这个作业人员只要拽从顶棚挂下来的拉线(也称拉线开关),传送带就会停下来。但是,因为安装方向盘的时间处在循环时间中,如果传送带在循环过程中突然停止,那么正伏在这条生产线上干活的其他人也会被迫中断作业,有可能因为混乱造成失误。例如,另外一个作业人员必须上紧五个螺丝,如果正在拧第三个螺丝的时候传送带停止了,那么当传送带再次启动,作业重新开始的时候,就有可能忘记拧上一个螺丝。

因此,在循环时间中途的时点,即使某个作业人员发现了生产线异常,也不要盲目拽拉线,而要在一个循环结束的地方拽拉线开关让生产线停下来。所以要在生产线旁的地板上循环时间结束的位置画上"定位停止线",当汽车到达这个时点再拽拉线开关(见图 10-10)。

这样就可以避免因为一个人的麻烦给其他所有人的标准作业在中途造成混乱。但需要说明的是,如果在循环时间中间发生了必须停止的事态,一定要按急停按钮。

图 10-10　定位停止线

还有一种方法是防错法。有关防错法的内容可参考 10.5.2 节。

3）及时通知异常

当异常发生时,设备自动停止或人为停止后,应及时通知异常,一般采用报警装置向相关人员通知。

所谓报警装置,就是要在发生异常时将必要的信息定时通知给相关的人。通过报警装置,不必浪费过多的劳力就能够掌握人、设备是否正常,并可以使必要的人正确作业。在生产现场有着不同的报警装置,如表 10-12 所示。例如,在一般组装线、加工线、单位设置的报警装置;针对组长、班长,以及线以外者知道异常而设置的呼叫工位;作业的指示、信息,线的状态等醒目显示。

表 10-12　各类报警装置

机能	1 异常表示	2 作业指示表示	3 其他的信息表示	4 生产线的状态表示
目的	异常的早期发现、修复,防止其再发生	计时明确化,使生产线顺利运转以期实现作业的效率化	1. 生产指示信息; 2. 计数表; 3. 加班时间;	1. 满负荷工作,不满负荷工作; 2. 准备中; 3. 运转状况等 灯亮时需要各自作业的标准化
向谁	管理者、监督者组班长,异常处置者	技能员、生产线以外者	4. 生产线终了等根据内容表示方法有所不同	
什么内容	1. 设备故障; 2. 品质不良; 3. 呼叫班长; 4. 作业迟缓(手动)、超时(自动)	1. 刀具交换; 2. 品质检查; 3. 搬运; 4. 材料投入,完成取出; 5. 作业援助		
表示方法	工程番号及工程名表示			

3. 迅速处理

在生产现场,当通过各种途径把异常状况及时通知给相关人员后,必须迅速作出处理,以消除异常现象,故时效的掌握是很重要的。处理的速度越快,问题就越容易解决。针对设备异常的处理通常包括:

(1) 暂定处置→规格限制等;

(2) 紧急处置。

让自动线转换为手工作业,不管怎样让暂定工程运转(注:工程是指工序或作业)。

对于品质异常,可采用下面的处理步骤:

(1) 检查现场、现物,判断重要性并迅速处理;

(2) 联络相关作业单元并部署;

(3) 迅速进行后工程品质确认;

(4) 进行对象范围把握和不良品排除(不良品分类识别,良品选出等);

(5) 排除原因,启动设备;

(6) 研究对策和再发生防止,再次明确指导各工程异常是什么。

例如,在发动机生产线上,当品质异常发生(发现)时,其处理步骤为:

(1) 停止工程;

(2) 向上司报告——等待指示;

(3) 追查不合格品源头;

(4) 联络前后工程及品质科;

(5) 对发生工程进行对策处置;

(6) 在此加合格标志,控制发动机;

(7) 在合格品到来前进行点检,选出不合格品;

(8) 工程内剩余工件及库存品也全数检选出;

(9) 不合格品必须进行识别;

(10) 修复时遵守规定。

4. 防止再发生

1) 5W法

当异常发生后,应迅速处置异常。如果只是临时性地消除异常现象,找出的原因不够充分,那么以后类似的问题还会再发生,解决的对策也就没有什么意义,只能达到治标的效果。为此只有找到隐藏在问题背后的真正原因(即真因),并设法解决,使之不重复发生,才能达到治本的效果。

寻求真因的方法很多,最简单的方法往往却是最有效的,5W法就是其中的一种。5W法即"5个为什么"分析法,是把5W1H法(5W指what、when、where、who、why,H指how)

中的 5W 全部转换到"为什么（why）"，通过反复问为什么，经过多次探究之后，就会开始思考"怎么做好（how）"，此时便接近了问题的真因。

2）5W 法的注意点

通过 5W 法查找真因，以下三点值得特别注意：

（1）单纯表现。指应单纯表现事实。例如，线夹把手夹住了，为什么会夹住呢？如果要深究慌忙的原因，则没有必要，应像下述的那样用简单文字表述为："移动线夹时，手在夹具下面。"所以，在追究问题的原因时，应考虑在指定的原因中是否包含因果关系，并用简单的文字实事求是地描述事实。

（2）因果关系应逆向成立。指因果关系逆向成立与否的检查。例如，电机烧了，原因是润滑油不足，其逆向关系即"因为润滑油不足，所以烧了"也成立。又如，吵架了，原因是关系不好，那么逆向关系成立吗？"关系不好，和谁都打架吗"，显然不是这样的。所以在追求真因的提问过程中，如果逆向关系不成立，则所提出的对策可能不正确。

（3）问题不扩散。指问题要遵守实际，不应扩散。针对电机烧了的问题追其原因，认识到是由于注油管理体制的不完备时，解决对策应该是提醒给油的工序和填写定期的检查表。但是如果把问题扩散继续追究下去，最终的结果只能是换厂长。这样，在追究真正原因时，就步入了歧途。因此，在追究真因时，对所描述的问题要基于事实，必须落实到亲眼亲手可确认的对象，以防止问题的扩散。

5．填写生产异常报告单

发生生产异常，即有异常工时产生，时间一般在 10min 以上时，应填写异常报告单。

1）异常报告单的内容

（1）生产批号——填具发生异常时正在生产的产品的生产批号或制造命令号；

（2）生产产品——填具发生异常时正在生产的产品的名称、规格、型号；

（3）异常发生单位——填具发生异常的制造单位名称；

（4）发生日期——填具发生异常的日期；

（5）起讫时间——填具发生异常的起始时间、结束时间；

（6）异常描述——填具发生异常的详细状况，尽量用量化的数据或具体的事实来陈述；

（7）停工人数、影响度、异常工时——分别填具受异常影响而停工的人员数量，因异常而导致时间损失的影响度，并据此计算异常工时；

（8）临时对策——由异常发生的部门填具应对异常的临时应急措施；

（9）填表单位——由异常发生的部门经办人员及主管签核；

（10）责任单位对策（根本对策）——由责任单位填具对异常的处理对策。

2）异常报告单使用流程

（1）异常发生时，发生部门的第一级主管应立即通知技术部门或相关责任单位，前来研究对策，加以处理，并报告直属上级；

(2) 制造部门会同技术部门、责任单位采取异常的临时应急对策并加以执行,以降低异常的影响;

(3) 异常排除后,由制造部门填具异常报告单,一式四联,并转责任单位;

(4) 责任单位填具异常处理的根本对策,以防止异常重复发生,并将异常报告单的第四联自存,其余三联退还生产部门;

(5) 制造部门接到责任单位的异常报告单后,将第三联自存,并将第一联转财务部门,第二联转生产部门;

(6) 财务部门保存异常报告单,作为向责任厂商索赔的依据及制造费用统计的凭证;

(7) 主管部门保存异常报告单,作为生产进度管制控制点,并为生产计划的调度提供参考;

(8) 生产部门应对责任单位的根本对策的执行结果进行追踪。

3) 异常工时计算规定

(1) 当所发生的异常导致生产现场部分或全部人员完全停工等待时,异常工时的影响度以100%计算(或可依据不同的状况规定影响度)。

(2) 当所发生的异常导致生产现场需增加人力投入排除异常现象(采取临时对策)时,异常工时的影响度以实际增加投入的工时为准。

(3) 当所发生的异常导致生产现场作业速度放慢(可能同时也增加人力投入)时,异常工时的影响度以实际影响比例计算。

(4) 异常损失工时不足10min时,一般只作口头报告或填入生产日报表,不另行填写异常报告单。

10.5.2 防错法

产生失误的原因基本可归为三大类,即人的原因、方法的原因和设备的原因,如表10-13所示。

表10-13 产生失误的原因

失误原因	原因归类	所占比例
忘记	人	77.8%
对过程、作业不熟悉	人	
缺乏工作经验	人	
故意失误	人	
疏忽	人	
行动迟缓	人	
缺乏适当的作业指导	方法	11.1%
突发事件	设备	11.1%

从表10-13可以看出,在导致失误的原因中,人占了绝大部分(77.8%),其次为作业方法和设备原因。防错法的研究就要从这三个方面入手。

1. 防错法的定义

在工作中,管理人员总是不断地告诫操作人员要细心、勤奋,并通过培训和惩罚来避免错误的发生。但实践证明,这些防范措施并不能长期有效。在传统的方法中,为了保证操作员的正确操作,总要对操作员进行培训,而一旦出现差错,为了让犯错误的人吸取教训,不再重犯,管理人员总是对他们进行纪律惩罚。但专门从事制造过程错误防范问题研究的人员相信,只要是人就难免出现差错。表 10-14 列举了人常犯的错误。尽管每次差错的出现都会涉及到人,但造成错误的原因往往是人所不能控制的。因此,需要建立一套系统的防范"制造"差错的方法——防错法。

表 10-14 常见的 9 种失误

原因	含义
忘记	即忘记了作业或检查步骤。例如忘记在拧螺丝之前先装上垫片
对过程、作业不熟悉	由于不熟悉作业过程或步骤,产生失误就很难避免。如让一个刚经过培训的新手去焊接工序,产生失误的概率肯定比熟手大得多
识别错误	是对工作指令或程序判断或理解错误所致。如作业标准书指明更换 IC 时需同时加热各引脚,但修理作业员理解为逐个加热各引脚
缺乏工作经验	缺乏工作经验,很容易产生失误。如让一个从未在企业中做过的人去进行制造过程管理,就比较容易产生失误
故意失误	指出于某种原因,作业者有意造成的失误
疏忽	指由于作业者不小心造成的失误。失误中的很大一部分是由此类原因造成的
行动迟缓	指由于作业人员判断或决策能力过慢而导致的失误。如锡槽焊接时间为 3 秒之内,而作业员 5 秒后才将漆包线从锡槽内拿出,而导致绝缘不良
缺乏适当的作业指导	当缺乏作业指导或作业指导不当时,发生失误的概率是相当大的。如装配机壳,假设正确的装配方法是先装一颗螺丝,后装对角螺丝,第三步装其余螺丝中的一个,如作业指导为随机装配螺丝,则可能发生装配间隙等失误
突发事件	指由于突发事件而导致作业人员措手不及造成的失误。现实中此类原因引起的失误较少

防错法也叫防呆法(fool-proofing),是实施自动化以防止异常发生的一个重要方法。它的基本前提是:任何需要通过人员干预和判断来防止错误发生的活动,都是一个即将发生的错误。防错法(mistake-proofing,音译为 Poka-Yoke),意即在过程失误发生之前即加以防止,是一种在作业过程中采用自动作用、报警、标识、分类等手段,使作业人员不特别注意也不会失误的方法。也就是说,防错法使得操作人员即使疏忽也不致造成不良后果,即使是外行人也不会做错。不给作业员提供犯错误的机会,把漏洞堵住;并且使作业变得轻松,作业没危险。

常用的方法是发生异常时采用"引起注意方式"、"停止运转方式"与"区别不良品方式"

进行警示,采用急停等方式进行紧急处理。例如,跳动路面,驼峰路面,路面反光装置,萤光贴纸,瓦斯臭味,电梯载重管制,电梯门未关妥无法启动,产品标签,缺陷分类标签,以电眼或两手同按开关保护冲床人员安全,电线编号,以颜色区别各种管路,点检表,归档资料以颜色、符号区别等。

2. 防错法的作用

(1) 由于防错法采用一系列方法和工具防止失误的发生,其结果即为第一次就把事情做好。

(2) 提升产品质量,减少由于检查而导致的浪费。防错法意味着"第一次即把事情做好",直接结果就是产品质量的提高,与靠检查来保证质量相比,防错法是从预防角度出发所采取的预防措施,而检查不能防止缺陷的产生,检查发现的缺陷只能去纠正,这是一种浪费。

(3) 消除返工及其引起的浪费。防错法会提升产品质量,消除缺陷,这会导致返工次数的削减,由于返工所致的时间和资源浪费便得以消除。

(4) 安全保障。防错法能够防止操作员因为失误或其他原因而引起损伤和安全事故,从而有效保证生产的安全有序进行。

3. 防错法的原则

在应用防错法时,可遵循以下 4 个原则:

(1) 使作业的动作轻松。对于难于观察、取放和移动的作业,操作即变得难做,变得易疲劳而发生失误。可以采用不同颜色使得容易看,或放大标识或加上把手使得容易拿,或使用搬运器具使动作轻松。

(2) 使作业不要技能与直觉。需要高度技能与直觉的作业,往往容易发生失误。可以考虑对夹具及工具进行机械化,使新进人员或辅助人员也能操作并不出错。

(3) 使作业不会有危险。因不安全或不安定而会给人或产品带来危险时,加以改善使之不会有危险。

(4) 使作业不依赖感官。依赖像眼睛、耳朵、感触等感官进行作业时,容易发生失误。因此可以制作防错夹具或使之机械化,减少用人的感官来判断的作业。如果一定要依赖感官的作业,譬如,当信号一红即同时有声音出现,则应设法使之能做二重或三重的判断。

4. 防错法的思路

(1) 消除失误是最好的防错方法。从设计角度即考虑到可能出现的作业失误,用防错方法进行预防。这是从源头防止失误和缺陷的方法,符合质量的经济性原则,是防错法的发展方向。

(2) 替代法是对硬件设施进行更新和改善,使过程不过多依赖于作业人员,从而降低由于人为原因造成的失误(占失误的部分)。这种防错方法可以大大降低失误率,为一种较好的防错方法;缺点在于投入过大,另外由于设备问题导致的失误无法防止。

(3) 简化是通过合并、削减等方法对作业流程进行简化,流程越简单,出现操作失误的概率越低。因此,简化流程为较好的防错方法之一,但流程简化并不能完全防止人为缺陷的产生。

(4) 检测是在作业失误时自动提示的防错方法,一般通过计算机软件实现,为目前广泛使用的防错方法。

(5) 为减少因失误所造成的损失,即发生失误后,将损失降至最低或可接受范围,可以借用一些设备。目前许多智能设备均或多或少具备防错功能。

5. 防错法的原理方法

1) 保险原理

保险原理是指需要两个以上的动作必须共同或依序执行才能完成工作。例如,开银行保险箱时,须以顾客的钥匙与银行的钥匙同时插入钥匙孔,才能将保险箱打开。台式冲压机为作业方便,动作按钮设在工作台面上,由于操作员拿动工件时的误碰,常发生冲头误动作事故,导致人员安全、零件及冲压机配件报废等损失,这类误动作均为单手或单臂触碰按钮所致。现已设计了一个双联串联式按钮,设置于工作台的两侧,只有两个按钮同时按下,冲压机才会工作,这完全防止了由于误操作所致的冲头误动作。这个防错装置属于预防式防错,因为它从根本上消除了产生失误的机会。

2) 自动原理

自动原理是指以各种光学、电学、力学、化学等原理来限制某些动作的执行或不执行,以避免错误的发生。目前这些自动开关非常普遍,也是非常简易的"自动化"的应用。

3) 顺序原理

顺序原理是指为了避免工作顺序或流程前后倒置,可依编号顺序排列,从而减少或避免错误的发生。比如流程单上所记载的工作顺序,应依数字顺序编列下去。再如资料柜内的档案,应以"斜线"方式完成归档,使得每次拿出来看过之后再放回去时,不会放错地方。

4) 隔离原理

隔离原理是指靠分隔不同区域的方式,来达到保获某些区域,使其不能造成危险或错误的现象发生,亦称保护原理。例如,电动圆锯有一个保护锯片套,以防止锯到手。

5) 感官

(1) 形状。依形状的不同来达成,这是最简单的防错设计。在日常生活中有很多这类的设计,尤其是在个人计算机上应用更为常见。例如,个人计算机与监视器或打印机的连接线用不同的形状设计,使其能正确连接起来;DDR 和 SDRAM 内存条都有防错口的设计,以防止用户插反；各种USB接口都采用非对称设计；主板数据线和电源线、CPU插脚都采用不同形状来达到防错的目的。

(2) 颜色。我们通常通过"五感"来感知事物，其中最常用的是视觉。据统计，人的行动的62%是从视觉的感知开始的，而颜色在视觉识别中最为明显。因此可以用不同的颜色来代表不同的意义或工作内容来防止出错。例如，用红色代表紧急文件，白色代表正常文件，黄色代表机密文件；将不良品挂上红色标签，将重修品挂上黄色标签，将良品挂上绿色标签。

(3) 警告。如有不正常的现象发生，能以声光或其他方式显示出各种警告的信号，以避免错误的发生。例如，车子速度过高时，警告灯就亮了；安全带没系好时，警告灯就亮了；操作计算机时，如果按错键了，就会发出警告声音；如果组装过程中遗忘了某些零部件，警告灯会提醒。

6) 检查表

在现场中，也可以通过检查表来防止人为疏漏，如出货检查表、包装检查表、5S检查表等。

以上列举了几种常见的防错手法，可以看出对错误或异常的防止有3种方式，分别是停止、防备和警报。防错法认为"不会出错"要强于"不要出错"。因此通过各种防错装置和防错方法，可以在源头上防止异常的发生，即使异常发生时也能自动停止，从而实现自动化的主要目的，即保证质量、降低成本、准时交货、更加尊重人格(作业人员没有必要注意各种细小的麻烦了)。

以上介绍了自动化的思想理念和方法体系。自动化作为精益生产中的一个重要管理手段，一方面，实现了人机分离，有效地消除了闲置的浪费；另一方面，要实现自动化，就要有应对异常管理的一系列手段，异常解决好了就是改善，解决不好就是隐患。因此，在推行自动化生产的过程中，从人员、设备、物品等方面制作了各种确定异常和检测异常的标准，通过纠错装置、防错方法、报警装置来防止和通知异常的发生并迅速处置异常状况，最后，用问5个为什么的方式进行真因追究，弄清事物的因果关系及其隐藏在背后的真正原因，从而做到亡羊补牢，有效地保证产品质量。不仅是在质量方面，自动化还同时实现了精益生产中适时生产和人格尊重的目标。防错法与纠正、纠正措施比较如表10-15所示，防错实施程序如表10-16所示。

表10-15 防错法与纠正、纠正措施比较

	纠正	纠正措施	预防措施
目的	消除不合格	消除不合格原因	消除潜在不合格因素，防止不合格发生
对象	已存在的不合格		潜在不合格
手段	采取措施处置	对不合格的分析原因	应与所遇到的不合格或潜在不合格影响程度相适应

表 10-16 防错实施程序

任务	主要步骤	专题训练内容
准备应用的领域	步骤 1：防错概要	①防错的定义；②防错的途径；③其他定义；④防错的准备和开展步骤；⑤防错装置的功能；⑥防错装置示例；⑦防错的优点
	步骤 2：创建防错日志	⑧建立防错信息的采集、存储和维护的格式；⑨指定人员更新防错日志
	步骤 3：优化缺陷	⑩明确应用区域内的数据采集点；⑪从工厂资源中采集现有质量数据；⑫从各采集点收集现有数据和历史数据；⑬根据缺陷类型为采集的数据分类；⑭利用柏拉图（排列图）图表为每种缺陷形式汇总数据
	步骤 4：选择缺陷	⑮完成零件描述；⑯明确缺陷；⑰明确缺陷对财务的影响；⑱明确缺陷被发现的地点；⑲明确造成缺陷的原始地点；⑳明确缺陷发生的时间和经过；㉑选择开展防错的缺陷对象
	步骤 5：证明选择缺陷基本原理	㉒指出选择缺陷的原因；㉓记录防错日志中所选缺陷的原因
实施防错	步骤 1：为防错建立实施目标	㉔审核现有数据和历史数据；㉕估计并证实所进行的改进措施；㉖计算预期的影响
	步骤 2：发放防错实施工作表	㉗定义和讨论防错实施工作表的目的；㉘讨论防错实施工作表的主要构成要素
	步骤 3：确定实施步骤	㉙完成防错 IW 的标题区域；㉚描述防错 IW 的缺陷；㉛记录防错 IW 的缺陷率；㉜明确防错 IW 中缺陷的发现地点；㉝明确防错 IW 缺陷的发生地点；㉞描述防错 IW 缺陷发生地点的现行操作程序；㉟明确防错 IW 中关于错误和偏差的程序标准；㊱调查、分析导致每个错误、偏差的原因
	步骤 4：创建并安装所选择的防错装置、措施、方法	㊲确立改善、消除和检测防错；㊳创建防错装置并测试其效果
	步骤 5：对实施结果和优点进行衡量、记录，并使之标准化	㊴衡量并记录防错 IW 的改进情况；㊵衡量并记录防错 IW 的影响；㊶对比防错的结果和目标；㊷更新 QPS 表单及其他相应的文件
	步骤 6：通报其他领域	㊸思考谁将从改进程序中受益；㊹填写建议表格；㊺考虑改进直观化的途径；㊻祝贺小组所取得的成就

注：IW(identification worksheet)在此指待确认是否存在异常的工作表单。

思考题

1. 何谓现场？何为现场管理？现场管理有哪些特点？
2. 5S 管理的最终目的是什么？应该遵循什么原则？如何实施？简述 5S 管理各环节之间的关系。
3. 推行目视管理的目的及其基本要求是什么？
4. 现场定置管理的主要内容是什么？怎样进行定置管理的设计？
5. 简述异常管理的步骤。
6. 防错法的定义及应用原理有哪些？各包括哪些内容？
7. 在进行防错法时，应遵循的原则有哪些？
8. 异常检测的方法有哪些？各包括哪些具体内容？
9. 生产异常报告单通常包括哪些内容？
10. 许多企业实施了 MES(制造执行系统)，这对做好现场管理有什么作用？

参考文献

[1] 汪应洛.工业工程手册[M].沈阳：东北大学出版社,1999.
[2] 范中志.工业工程基础[M].广州：华南理工大学出版社,1996.
[3] 阚树林.基础工业工程[M].北京：高等教育出版社,2005.
[4] 易树平,郭伏.基础工业工程[M].北京：机械工业出版社,2006.
[5] 周信侃,姜俊华.工业工程[M].北京：航空工业出版社,1995.
[6] 李春田.工业工程(IE)及其应用[M].北京：中国标准出版社,1992.
[7] 粟滋,陈熙,王仁康.工业工程原理与应用[M].北京：机械工业出版社,1997.
[8] 李冠生,何杏清,林韵琴.企业劳动定额[M].北京：中国劳动出版社,1997.
[9] 张正祥.工业工程基础[M].北京：高等教育出版社,2006.
[10] 傅志明.确定科学合理的劳动定额水平衡量尺度[J].中国劳动,1997(02)：26-28.
[11] 蔡启明,张庆,庄品.基础工业工程[M].北京：科学出版社,2005.
[12] 肖智军.5S活动推行实务[M].广州：广东经济出版社,2004.
[13] 蔡启明,张庆,庄品.基础工业工程[M].北京：科学出版社,2009.
[14] 张忠新.中国式5S管理[M].南京：东南大学出版社,2009.
[15] 范中志.工作研究[M].广州：华南理工大学出版社,1991.
[16] 胡宗武.工业工程[M].上海：上海交通大学出版社,2007.
[17] 徐学军.现代工业工程[M].广州：华南理工大学出版社,2000.
[18] 黄卫伟.生产与运作管理[M].北京：中国人民大学出版社,1997.
[19] 许文治.NPS现场管理操作手册[M].广州：广东经济出版社,2002.
[20] 肖智军,程海林.卓越班组长——基础篇[M].广州：广东经济出版社,2006.
[21] 肖智军.卓越班组长——领导篇[M].广州：广东经济出版社,2006.
[22] 孙少雄.如何推行5S[M].厦门：厦门大学出版社,2003.
[23] 聂云楚,余弟录,孙亚彬.6S实战手册[M].深圳：海天出版社,2004.
[24] 唐苏亚.5S活动推行与实施[M].广州：广东经济出版社,2007.
[25] 陈国栋.现代铁路劳动定额[M].北京：中国铁道出版社,1998.
[26] 范中志.工业工程基础[M].广州：华南理工大学出版社,2005.
[27] 何杏青,安鸿章.劳动定额学[M].北京：中国劳动出版社,1991.
[28] 李京文.中国生产率分析前沿[M].北京：社会科学文献出版社,1998.
[29] 齐二石.现代工业工程与管理[M].天津：天津大学出版社,2007.
[30] 苏伟伦.百分百现场管理[M].北京：经济日报出版社,2002.
[31] 汪应洛.工业工程[M].北京：机械工业出版社,1996.
[32] 王东华,高天一.工业工程[M].北京：北京交通大学出版社,2007.
[33] 张井泉.工业工程[M].北京：机械工业出版社,1996.
[34] 郭伏,李森.作业测定技术应用中的问题研究[J].工业工程,2003,6(03)：57-60.
[35] 张德森.当代国外提高生产率方法概述[J].经济学动态,1989(10)：16-18.

[36] 张德森.当代西方生产率理论的演变与发展[J].经济学动态,1991(03):12-15.
[37] 张黎阳.模特排时法平整轴承装配线[J].轴承,1997(11):27-33.
[38] 栗滋,等.工业工程与综合治理[M].北京:机械工业出版社,1991.
[39] 姜春凯,韩佩卿.工业工程(IE)基础教程[M].北京:机械工业出版社,1983.
[40] [美]Barnes R M.操作方法入门[M].单秀媛,等,译.北京:机械工业出版社,1978.
[41] [日]古井光.作业研究[M].李春田,译.北京:北京科学技术出版社,1986.
[42] 范中志,张树武,孙义敏.基础工业工程(IE)[M].北京:机械工业出版社,2001.
[43] 赵景华.现代工业工程[M].北京:机械工业出版社,1996.
[44] 李春田.工业工程(IE)及应用[M].北京:中国标准出版社,1992.
[45] 刘胜军.精益生产现代IE[M].深圳:海天出版社,2003.
[46] 张礼镇.工业工程[M].北京:科学出版社,1995.
[47] 《工业工程劳动定额标准》编写组.工业企业劳动定额基础[M].北京:国防工业出版社,1985.
[48] 卜家繁.工业工程在优先现场管理中的应用[J].铁道运营技术,2003(3):38-40.
[49] 张喜征.目视管理的现场运作[J].现场管理,2001(03):28-29.
[50] 杨春林.浅谈生产现场中的目视管理[J].生产技术与工艺管理,2003(09):27-30.
[51] 齐二石.中国管理与科学工程类专业教育教学改革与发展战略研究[M].北京:高等教育出版社,2002.
[52] 汪应洛,安义中.生产率工程[M].成都:四川大学出版社,2001.
[53] 汪应洛,袁志平.工业工程导论[M].北京:中国科学技术出版社,2001.
[54] [美]Salvendy G.现代管理工程手册[M].上海机械工程学会,译.北京:机械工业出版社,1987.
[55] [美]M E 蒙代尔.动作与时间研究[M].董靖,译.北京:机械工业出版社,1985.
[56] 柳克勋,金光熙.工业工程实用手册[M].北京:冶金工业出版社,1993.
[57] 李景元.现代企业现场管理[M].北京:企业管理出版社,2001.
[58] 李广泰.看板与目视管理[M].深圳:海天出版社,2005.
[59] [日]门田安宏.新丰田生产方式[M].王瑞珠,译.保定:河北大学出版社,2001.
[60] 朱昊.如何进行现场管理[M].北京:北京大学出版社,2004.
[61] 李广泰.生产现场管控[M].深圳:海天出版社,2005.
[62] 潘琳岭.新现场管理实战[M].广州:广东经济出版社,2003.
[63] 韩展初.现场管理实务[M].厦门:厦门大学出版社,2002.
[64] 李广泰.防错防误与防呆措施应用技巧[M].深圳:海天出版社,2006.
[65] 文放怀.防错法推行实务——新工厂管理[M].广州:广东经济出版社,2006.
[66] 王家兴.防呆法的活用[M].广州:广东经济出版社,2008.